D0841081

Se libérer
des prisons intérieures

DU MÊME AUTEUR
Chez le même éditeur

Vivre la santé (1987)

La guérison ou «Quantum Healing» (1990)

DR DEEPAK CHOPRA

Se libérer des prisons intérieures

UNIR L'ESPRIT
ET LA PSYCHOLOGIE POUR
REJOINDRE NOTRE RÉALITÉ
PERSONNELLE

TRADUIT DE L'AMÉRICAIN PAR CHRISTINE DELBOURG

LA COLLECTION PARTAGE EST DIRIGÉE PAR JOSETTE GHEDIN STANKÉ

Stanké

Données de catalogage avant publication (Canada)

Chopra, Deepak
    Se libérer des prisons intérieures : unir l'esprit
et la psychologie pour rejoindre notre réalité personnelle
    (Collection Partage)
    Traduction de: Unconditional life.
    ISBN 2-7604-0430-7
    1. Médecine et psychologie - Miscellanées. 2. Mala-
des - Psychologie - Miscellanées. I. Titre. II. Collection: Collection Partage (Montréal, Québec).

R726.5.C5414 1993   616'.001'9   C93-096489-6

Conception graphique et montage: Olivier Lasser

L'édition originale de cet ouvrage a été publiée aux États-Unis par Bantam Books, sous le titre *Unconditional Life.*

© 1991, Deepak Chopra
© 1993, Les éditions internationales Alain Stanké, pour le Canada

Tous droits de traduction et d'adaptation réservés; toute reproduction d'un extrait quelconque de ce livre par quelque procédé que ce soit, et notamment par photocopie ou microfilm, strictement interdite sans l'autorisation écrite de l'éditeur.

ISBN 2-7604-0430-7

Dépôt légal: troisième trimestre 1993

IMPRIMÉ AU QUÉBEC (CANADA)

TABLE DES MATIÈRES

PREMIÈRE PARTIE

Le mystère de la réalité personnelle

1

L'homme qui pouvait guérir

— Vous croyez vraiment que je peux en supporter davantage? me demanda le patient, affaissé sur sa chaise, le visage fermé. Il y a six mois, je ne pensais qu'à rester en vie. J'écoutais tous ceux qui me faisaient miroiter l'espoir d'une guérison. Même s'ils ont tous peur de s'engager et de prononcer ce mot, ils m'ont laissé entendre tant de choses. Vous ne trouvez pas ça plutôt drôle, aujourd'hui?

— Non, répondis-je calmement, je sais à quel point vous avez travaillé dur pour vous guérir.

Je posai ma main sur son épaule, mais il se crispa dans un imperceptible mouvement de recul.

— Laissons tomber, grogna-t-il, il faudrait être stupide pour s'entêter.

— Dans votre état, il y a forcément des hauts et des bas. Il faut s'y attendre, dis-je avec précaution, mais au lieu d'être tellement déçu par le nombre de vos globules blancs...

Il m'interrompit avec amertume.

— Non. Plus de numérations globulaires. Je n'en veux plus.

— Que voulez-vous?

— Une issue.

— C'est-à-dire?

— Si je le savais...

Il se tut. Un silence s'installa, long et pesant. L'homme fixait le sol, le visage figé sous un masque de dureté. Il attendait que je poursuive mais je cherchais mes mots...

Il y a un an, mon patient, Robert Amis, âgé de trente-sept ans, travaillait encore dans une petite entreprise d'informatique dans un faubourg de Boston. Encouragé par sa société à se soumettre à un examen de sang dans le cadre d'une campagne de santé, il s'était exécuté sans appréhension. Mais le résultat des analyses le surprit. Celles-ci révélaient une augmentation suspecte du nombre des globules blancs.

Quelques semaines plus tard, après des analyses complémentaires, un cancérologue lui annonça gravement qu'il était atteint d'une forme incurable de leucémie dite leucémie myéloïde chronique ou lmc, maladie encore mystérieuse dont on ne pouvait dire si elle offrait une espérance de vie de deux ou quatre ans... moins peut-être. Pour Robert, ce fut un choc violent. Devant un avenir si cruellement tronqué, il comprit qu'il devait agir.

«À la minute où je sortis du cabinet du médecin, me raconta-t-il, ce fut comme si on avait en moi appuyé sur un déclic: je sus que j'allais devoir changer l'ordre de mes priorités.»

D'abord, il épousa sa compagne puis il abandonna son travail à Boston et acheta un appartement à Miami. Et surtout, décision essentielle, il se jeta éperdument dans le projet de s'autoguérir, parce que, disait-il:

«Je lisais partout que nous sommes tous dotés d'un guérisseur intérieur et j'étais résolu à le découvrir.»

Il s'aperçut vite que les moyens d'atteindre son but ne manquaient pas: autohypnose, visualisation, psychothérapie, massages en profondeur et relaxation ne furent que ses premières découvertes. Il se mit à assister à des rencontres de soutien entre les leucémiques et passait ses week-ends en séances d'autoguérison. Des malades dits incurables venaient y raconter comment ils avaient recouvré la santé.

Quand je le vis pour la première fois, il tenait à la main quelques-unes des cassettes qu'il avait pris l'habitude d'envoyer à ses amis et à sa famille pour les tenir au courant de ce qu'était sa vie, c'est-à-dire sa maladie, car celle-ci avait pris toute la place au point que plus rien, ou presque, ne comptait pour lui.

Six mois plus tard, bien ancré dans sa nouvelle existence, il se sentait plus sûr de lui et de ses émotions qu'il ne le fut jamais. C'est en toute tranquillité qu'il se soumit à une autre analyse de sang. Le résultat fut encore une fois un choc: loin d'être maîtrisé dans sa progression, le nombre des globules blancs était monté en flèche. La maladie semblait gagner du terrain et son cancérologue lui conseilla d'un ton grave de choisir entre une chimiothérapie intensive et — solution plus radicale — une greffe de moelle osseuse, bien qu'aucune de ces méthodes ne fût susceptible de le mener à une guérison définitive. C'était là ce que la médecine conventionnelle pouvait offrir de mieux.

Cramponné à sa détermination, Robert repoussa les deux propositions mais rapidement sombra dans la dépression, perdit appétit et sommeil. Lorsque je le reçus, il était amer, solitaire et coupé des autres par son désespoir.

Et maintenant, il se tenait là, affaissé sur sa chaise, face à moi. Je pesai ce que j'allais lui dire. Sa démarche était juste — sa quête du guérisseur intérieur, sa volonté d'abandonner les vieilles habitudes insatisfaisantes, sa décision d'éviter toute situation stressante — mais au fond de lui-même, il n'avait pas changé véritablement.

— Je vous le dis clairement, repris-je, se persuader que l'on est sur le chemin de la guérison n'est pas souhaitable. Le problème n'est pas d'espérer suffisamment fort que la maladie disparaisse, car tous les patients dans votre situation veulent désespérément aller mieux. Pourquoi certains y réussissent-ils?

Haussement d'épaules.

— Un corps plus solide, de bons gènes, la chance... Dieu les aime peut-être plus que les autres.

— Je n'élimine aucun de ces facteurs et nous pourrons les reprendre un par un. Cependant, je constate que vous demandez non seulement un remède, mais vous voulez également connaître la raison pour laquelle cela vous est arrivé à vous.

Robert restait de glace, mais ses yeux semblaient s'être un peu adoucis. Je poursuivis:

— Ce serait facile pour moi d'affirmer que votre maladie n'a aucun sens, qu'elle n'est que le résultat de quelque dérèglement aléatoire dans votre corps. Ce sont à peu près les arguments que notre formation médicale met à notre disposition. Ce serait simple aussi de vous dire exactement l'inverse, de trouver quelque cause émotionnelle simpliste à votre maladie, de vous prouver que vous ne vous aimez pas assez ou que quelque forme de douleur psychique refoulée vous perturbe. Mais ce ne serait encore qu'une demi-vérité. Ces deux réponses sont préfabriquées.

— Quoi d'autre alors? questionna-t-il douloureusement.

Avec cette brève question chargée de reproches et de désespoir, nous abordions le sens profond de notre conversation. Robert avait atteint la limite de ce qu'il pouvait exiger de moi et je me savais à la limite de ce que la médecine pouvait lui offrir. Mais, en tant qu'homme plus encore qu'en tant que médecin, je ne pouvais ignorer une demande aussi clairement exprimée. Les questions cent fois ressassées: Quel est le sens de la vie? Pourquoi ne puis-je obtenir ce que je désire? avaient refait surface dans l'esprit du patient sous l'emprise de cette nouvelle phase de la maladie.

L'appel du sens

Depuis une quinzaine d'années, la médecine doit affronter des questions que, dans le passé, elle avait réussi à éluder. Le patient veut savoir pourquoi il souffre. Certes, ce n'est pas nouveau. Mais aujourd'hui, il attend une explication qui le concerne jusqu'au tréfonds de son être. Il ne suffit plus de lui expliquer pourquoi il a mal à l'estomac, aux intestins ou à la poitrine. Son interrogation profonde est: Pourquoi est-ce moi qui suis malade? Son ulcère soulagé, ses intestins débloqués, sa tumeur au sein supprimée, il revient voir son médecin dans l'espoir d'obtenir une réponse aux questions qui le hantent.

Poussé aux confins de mon prétendu savoir, je me suis penché sur cette douleur. M'exposant à une confrontation directe, face aux plus sincères de mes interlocuteurs, j'ai fait de surprenantes découvertes. La trame de leur vie quotidienne m'est apparue comme une fenêtre où l'on aurait lancé une pierre trouée en son milieu. Mais ce vide n'était pas physique. C'était une sorte de vide de sens, une absence indéfinissable sinon par la souffrance qu'elle provoque. Même s'ils sont incapables d'analyser l'effet de ce manque de sens dans leur vie, ils le ressentent cruellement. Une tristesse maladive s'installe en eux, embrumant chaque instant y compris les meilleurs. Combien d'entre nous font de l'amour, de la liberté, de la foi ou de la dévotion l'expérience profonde dont ils ont toujours rêvé? Combien sommes-nous à ne rien ressentir de cela, à tomber plutôt dans la culpabilité et le dénigrement?

En surface, mes patients cherchent tous de l'aide puisqu'ils sont plus ou moins grandement malades. Mais je suis stupéfié du fait que plusieurs semblent justement soulagés d'être malades et me le cachent à peine. Au cœur de son combat, Robert affichait un sentiment de ce type: il haïssait sa maladie, mais il reconnaissait qu'elle lui offrait des occasions que lui avait refusées sa vie jusque-là. J'ai rencontré une attitude similaire chez cette femme d'une soixantaine d'années qui me confiait: «Avant d'avoir le cancer, je ne croyais pas en Dieu, mais maintenant Il m'est très proche.» Si je ne peux juger de son expérience, je suis néanmoins heureux de ce réconfort découvert au crépuscule de sa vie, quand l'amertume aurait pu la briser. Par contre, cette femme semblait penser: «Jusqu'à ce que je sois forcée de la quitter, ma vie ne signifiait pas grand-chose.»

L'un des phénomènes les plus étranges de la culture postmoderne est cette approche optimiste de l'idée de la mort: médecins et thérapeutes se liguent pour nous faire voir la mort non seulement comme une épreuve positive mais comme l'acte majeur de toute une vie. Il y a toujours un aspect de fuite dans la maladie, un désir d'être pris en charge comme l'enfant fiévreux dorloté par sa mère. On dit d'ailleurs des malades gravement atteints qu'ils sont aux soins intensifs. Mais quand la phase terminale d'une maladie vient à représenter le comble de l'échappatoire, il faut se poser cette question: Cette vie est-elle si terrible que s'en évader soit la seule chose qui vaille la peine? Une de mes patientes atteinte d'un cancer du côlon à métastases multiples eut l'occasion d'assister à un séminaire sur la volonté de vivre, censé déclencher le mécanisme de l'autoguérison chez les malades incurables. Elle fut horrifiée de découvrir dans la brochure de présentation que les principaux commanditaires de la rencontre étaient six entreprises de pompes funèbres. Personne d'autre n'avait paru remarquer cette ironie féroce, ni même émis la moindre observation. J'ai de très fortes raisons de croire que la peur de la mort est écrasante à l'extrême et doit être vaincue au niveau le plus profond de l'être, aussi je ne veux pas traiter ce problème à la légère. Mais il est troublant de constater que notre culture offre si peu d'occasions d'être confronté au sens fondamental de la vie, et que l'on demande à la maladie et à la mort de combler cette carence en suscitant des transformations inattendues. Robert attendait impatiemment cette expérience et se révoltait qu'elle lui soit refusée. En revanche, certains autres de mes patients ont si bien vécu et intégré leur transformation que les résultats me laissèrent perplexe.

Barbara faisait partie de ceux-là. D'origine californienne, elle avait fait le voyage en avion jusqu'à la côte Est. Quand elle pénétra dans mon bureau, je ne pus qu'être séduit. Je savais qu'elle venait me consulter pour une maladie grave. Or elle paraissait radieuse, ses yeux brillaient, son teint était parfait.

Percevant ma surprise alors que je lui tendais la main, elle rit et me raconta ainsi son histoire:

— J'ai essayé la semaine dernière de venir vous voir à Boston, mais j'ai raté l'avion pour des raisons familiales. Comme il me fallait obtenir le remboursement de mon billet, j'ai demandé à mon médecin de San Diego de me fournir un certificat médical. J'insistai auprès de sa secrétaire pour qu'il ne mentionne rien d'autre qu'une simple grippe. Arrivée à l'aéroport, je me présentai au guichet. À la lecture du papier, l'hôtesse devint livide. Je m'aperçus alors que mon médecin avait écrit: «Cette malheureuse femme est en cours de traitement pour un cancer métastasique du sein en phase terminale.»

J'étais également abasourdi. Comment croire que cette femme, si jeune et si vive, ait eu à subir au cours des mois passés des interventions chirurgicales, des séances de radiothérapie et de chimiothérapie, traitements destinés à combattre une tumeur maligne qui, au-delà des seins, avait déjà largement envahi son organisme?

Plus tard, alors que je l'interrogeais sur son passé médical, elle me révéla peu à peu l'état d'esprit qui était le sien, si extraordinairement paisible:

— Voyez-vous, j'ai passé vingt années de ma vie à me pousser vers le succès. Lorsque j'étais jeune, je me suis donné des objectifs complètement artificiels. Je voulais tout: une belle maison, un mari et des enfants qui m'adoreraient, la réussite financière à quarante ans de manière à abandonner mon travail et à profiter de ma famille. Ces objectifs, je les avais présents à l'esprit avant même de quitter l'université et je ne les ai jamais perdus de vue. J'ai achevé mes études et je me suis mise à œuvrer vingt-cinq heures sur vingt-quatre pour parvenir à mes buts. L'année dernière, j'avais tout à portée de la main: la maison, un mari, des enfants et j'étais sur le point de devenir associée à part entière du cabinet juridique qui m'employait. C'est à ce moment-là que mon cancer a été diagnostiqué. Je n'ignorais pas qu'on venait de me faire une terrible révélation, et pourtant, en quelques jours mon humeur s'est transformée d'une manière étrange: j'ai commencé à me sentir très heureuse et satisfaite.

— Cette réaction était en effet imprévisible, acquiesçai-je.

— J'ai toujours été convaincue, ajouta-t-elle, qu'on obtient de la vie ce que l'on souhaite. Aussi me suis-je très vite interrogée sur le pourquoi de ce cancer du sein. Était-ce le résultat d'un désir secret? Cette question terrorise la plupart des gens. J'ai trouvé tout à fait raisonnable de me la poser. Savez-vous quelle réponse je lui ai apportée?

— Je suis très curieux de la connaître.

— Le cancer m'a permis d'atteindre mon objectif final, poursuivit-elle, avec une nuance de triomphe dans la voix. Je voulais prendre ma retraite à quarante ans, eh bien! j'ai réussi... avec la pension d'invalidité totale, j'ai enfin ma vie de loisirs.

— Mais vous avez payé le prix fort pour obtenir cette sécurité financière et vous ne semblez pas vous en rendre compte...

Tout en prononçant ces mots, je ne pouvais m'empêcher de penser que la stupéfiante assurance affichée par Barbara devait cacher des peurs qu'elle ne voulait pas affronter.

— Laissez-moi terminer mon récit, répliqua-t-elle, tout excitée. Peu après le premier diagnostic, j'ai reçu la visite de mon cancérologue à l'hôpital. Il semblait bouleversé. «Je suis vraiment désolé, me dit-il, de ce que j'ai à vous révéler, Barbara, mais la tumeur maligne a envahi plusieurs autres zones de votre corps. Sous l'angle professionnel, vous êtes en phase terminale.» Sans la moindre hésitation, je rétorquai que si j'étais en phase terminale, je pouvais dire la même chose de lui et de tout le monde autour de moi. Il fut secoué. Mais à mes yeux, qu'il vive trente ou quarante ans de plus que moi ne faisait aucune différence. La mort est inévitable, elle est une composante naturelle de la vie. J'avais compris que mourir peut être une aventure, c'est ce qui me donnait une telle tranquillité. Lorsque enfin, j'ai renoncé aux objectifs surévalués et artificiels qui m'avaient écrasée tout au long de ma vie d'adulte, la libération que j'en éprouvais s'est traduite par une sorte de mort. Et c'est pourtant la sensation la plus fantastique qu'il m'ait été donné de vivre. J'ai compris peu à peu que mourir chaque jour serait un mode de vie idéal parce que chaque matin serait une nouvelle naissance. Comment la vie peut-elle se renouveler si nous n'apprenons pas à mourir?

J'acquiesçai en murmurant, me retenant de dire: Comment la vie peut-elle se renouveler si nous n'apprenons pas à vivre? Pourtant, je ressentais intensément ce que voulait dire Barbara. Elle échappait à la menace de la mort en mourant à ses vieilles habitudes, à ses fausses valeurs. Morte, elle découvrait qu'une vie nouvelle s'engouffrait en elle, se substituant au vide, ce que le grand poète bengali Rabindranath Tagore a si bien exprimé en ces termes:

«Quand les vieux mots meurent sur la langue, de nouvelles mélodies jaillissent du cœur.»

Des peurs profondément refoulées habitaient sans doute Barbara, mais je suis heureux de pouvoir dire que sa mort lui a prodigué toute la vie qu'elle en attendait. J'ai su par son cancérologue qu'elle réagissait parfaitement bien à son traitement. Force est de constater que les masses métastatiques avaient commencé à diminuer d'une part et que les effets secondaires ne dépassaient pas les limites acceptables.

Malgré la joyeuse transformation de Barbara, je demeurai toutefois convaincu que dans ce cas précis quelque chose clochait encore. Point de résolution des questions primordiales de l'existence par la maladie. Celle-ci réduit au plus bas niveau l'aptitude de l'être à mobiliser les ressources nécessaires à une véritable transformation. Certes, la transformation de Barbara a été remarquable, mais elle n'a pas éliminé la souffrance. Elle n'apporte pas de réponse à cette question fondamentale: Était-il nécessaire de passer par la souffrance? Une croyance séculaire veut que la souffrance soit inévitable, profondément humaine, et même une bénédiction. Barbara était fière d'avoir tiré une leçon de sa douleur. «Plutôt vivre six mois avec ce cancer que sept ans comme j'étais auparavant», m'avoua-t-elle un jour. En l'occurrence, elle ne pouvait guère privilégier une autre attitude, la seule alternative étant de se laisser submerger par les forces liguées contre elle. Mais quel que soit le sens tiré de la souffrance personnelle, vivre sans douleur me paraît encore plus sensé et plus humain. Il faut que les gens se transforment *avant* la crise. Sinon ils n'auront presque plus de temps pour profiter d'une vie qui soudain devient vraiment digne d'être vécue.

Chaos dans le cœur

À ce stade de mes observations, je me suis trouvé dans l'obligation de m'avancer hors du champ de la médecine, au-delà même du domaine plus vaste de la médecine corps-esprit. Les praticiens en général, et notamment ceux que je côtoie, marquent une très grande réticence à envisager le patient tout simplement et totalement comme un humain. La médecine corps-esprit est une étiquette floue désignant un domaine qui est encore à la recherche de ses méthodes propices et de ses valeurs. Cette médecine repose sur l'idée fondamentale que pensées et sensations ne peuvent être dissociées des effets physiques qu'elles déclenchent. La science médicale ne pouvait rendre compte de la réalité tant qu'elle refusait d'admettre que la maladie est liée aux émotions, aux croyances et aux attentes. (Mais peut-être suis-je crédule quant à l'étendue de cette concession. Le bulletin de l'Ordre des médecins américains a enquêté auprès de ses membres en 1990, pour découvrir que seuls dix pour cent d'entre eux croyaient au lien entre le corps et l'esprit. Un ami cardiologue me glissa l'article sous le nez et grommela: «Et les quatre-vingt-dix pour cent restants, comment pensent-ils agiter leurs doigts de pied?»

Malgré sa percée remarquable, la médecine psycho-physiologique n'a pas réussi à clarifier les causes de la souffrance. Bien au contraire, la confusion va grandissant. Et comme elle est liée à la nature même de la vie, elle est extrêmement difficile à formuler. Tous les enfants soumettent un jour leur père et leur mère au feu roulant de ces questions: Qui suis-je? Que va-t-il m'arriver lorsque je mourrai? Pourquoi les choses sont-elles comme elles sont? Peu de parents, si tant est qu'il en est, ont pu apporter des réponses suffisamment probantes pour calmer les peurs troublantes qui se cachaient derrière ces questions et pour apaiser le besoin de les poser. Ainsi, elles subsistent en nous, plus brûlantes que jamais. À l'âge adulte, nous avons nous-mêmes tendance à laisser de côté ces problèmes existentiels jugés par trop abstraits. Ce sont en fait les questions les plus fondamentales et le vide laissé par l'incapacité d'y répondre qui créent l'essentiel des souffrances contre lesquelles nous luttons: la maladie physique, le malaise émotionnel, le sentiment envahissant d'insatisfaction, le manque de bonheur qui ne cessent de nous harceler.

Je trouve significatif que, parmi mes connaissances, les gens les plus à l'aise soient fascinés par les sans-abri. Ils ne se contentent pas d'en être préoccupés ou affligés. Les plus irrémédiablement marginaux de la rue leur font voir des spectres d'eux-mêmes. Ils éprouvent le sentiment qu'ils peuvent eux aussi être dépossédés à tout instant. Or, ce foyer qu'ils appréhendent de perdre est avant tout à l'intérieur d'eux-mêmes, ce qui légitime leur peur. En d'autres termes, leur propre centre est tellement peu sûr qu'ils se demandent s'il a jamais existé réellement.

La nouvelle branche de la physique que l'on appelle la théorie du chaos et qui, au demeurant, va très au-delà des modèles mathématiques stables et clairs de Newton ou même d'Einstein participe du même mélange intellectuel de fascination et de peur et ouvre sur un domaine de changement permanent où l'instabilité est la règle. Le chaos est l'absence de scénario et de connexions prévisibles. L'eau tourbillonnante, les volutes de fumée, les grains de poussière qui dansent dans un rayon de lumière peuvent l'illustrer. Ces phénomènes sont tous imprévisibles, aléatoires; si un modèle paraît en émerger, il se dissout à peine créé. Le comportement du chaos est inquiétant et par trop humain au regard du non-scientifique. Les collisions des grains de poussière trouvent leur correspondance dans la foule anonyme; la fumée tournoyante trouve son écho dans les relations personnelles qui ne durent que le temps de s'évanouir dans l'impondérable.

L'Univers, sous bien des aspects, opère comme une machine méticuleusement assemblée, et le fait qu'elle n'ait ni les fils, ni les poulies, ni les tringles nécessaires à son fonctionnement a longtemps préoccupé la physique. Les premières étoiles furent lancées en tous sens à l'instant du Big Bang, alors qu'elles n'étaient que gaz embrasé et informe, et, dès lors, leur voyage n'a jamais cessé. Où sont les connexions, les principes d'ordre? Pourquoi les marguerites dans les champs, les ailes des chauves-souris et la croûte terrestre constituent-elles des entités si bien agencées, alors que la machinerie cosmique dans son ensemble donne l'impression de laisser éparpiller ses parties en toutes directions?

La théorie du chaos tente de révéler l'ordonnancement plus profond, apparemment sous-jacent au perpétuel jeu de création et de destruction de la nature. Il s'agit, de ce point de vue, d'une science optimiste dans la mesure où chaque nouvelle couche découverte crée une nouvelle garantie, du moins pour le profane, que la nature a un sens. D'un autre côté, pourquoi cette organisation ne garde-t-elle pas sa tranquillité? Car ce n'est pas ainsi, semble-t-il, que la nature fonctionne. À chaque couche d'équilibre correspond l'effondrement d'une autre couche dans le désordre. Une nova qui explose n'est que pur chaos; toutefois, chacun de ses atomes est un modèle d'harmonie en soi. Une cellule unique de peau humaine prend en charge une quantité innombrable de ses fonctions biologiques dans un ordre si incroyable que c'est tout juste si la médecine en connaît les secrets. Mais trois semaines plus tard, elle meurt pour se désintégrer dans le chaos. En fin de compte, il ne semble pas que la nature veuille prouver qui, de l'ordre ou du désordre, prédomine. Les physiciens expriment quelquefois du dédain pour l'imaginaire populaire auquel leurs théories donnent jour, mais les non-initiés ont été consternés d'apprendre que rien dans la nature ne résiste aux ravages du changement. Les maladies les plus terribles encore incurables, notamment le cancer, semblent prendre racine dans la *probabilité* d'une erreur de l'acide désoxyribonucléique, l'ADN. Habituellement, l'ADN est autocorrecteur. En d'autres termes, il sait se réparer lui-même: lorsqu'il est détérioré, il a la capacité de démonter un matériau génétique aberrant, de résoudre les erreurs les plus graves pour préserver le fragile équilibre des fonctions normales de la vie.

Mais chacune de nos cinquante mille milliards de cellules contient à elle seule un jeu complet de trois milliards d'informations génétiques élémentaires et la perfection dans ce domaine s'avère donc impossible. Un nombre inconnu d'erreurs s'y introduisent (probablement quelques millions chaque année); certaines de ces aberrations devenues incontrôlables peuvent provoquer une virulente prolifération cancéreuse. La composante génétique peut jouer également un rôle dans le cas du diabète, de l'arthrite et des maladies cardiaques. Toutes ces maladies auraient leur mécanisme propre de déclenchement, chacun différent du cancer, mais l'incertitude sous-jacente n'en est pas moins insupportable.

La maladie n'est pas seule responsable de ce sentiment de manque d'assises. Le corps lui-même n'est pas constitué d'un lot défini d'atomes et de molécules: il s'agit d'un processus, ou plutôt de milliards de processus simultanés et coordonnés. Je regardais un jour, captivé, un apiculteur pénétrer dans un essaim d'abeilles. Enfermant précautionneusement la reine dans ses mains, il pouvait ainsi déplacer toute la ruche, sphère vivante d'insectes suspendue en plein ciel. Mais que déplaçait-il? Ce n'était pas une masse compacte mais plutôt une structure vivante, grouillante, virevoltante, en perpétuel changement, organisée autour d'un point central. L'essaim n'existe qu'en conséquence du comportement des abeilles. C'est une illusion de forme derrière laquelle la réalité n'est que pur changement. Ainsi est l'être humain, essaim de molécules voltigeant autour d'un centre, mais avec une capacité diminuée de confiance en lui-même. La vieille reine, l'âme, a perdu sa primauté et aucune conscience nouvelle ne semble prête à prendre la relève. La grande différence entre l'essaim et l'humain est que ce dernier accorde difficilement une réalité au centre invisible qui l'habite. Pourtant celui-ci existe puisque sans lui l'homme serait la proie du chaos. Il est facile pour l'essaim de reconnaître sa reine, elle est une abeille juste un peu plus grosse que les autres, tandis que les humains ne peuvent espérer trouver en eux un amas cellulaire primordial qui contiendrait l'amour, l'espoir, la confiance, la foi...

Le chaos est peut-être une irrésistible source de découvertes scientifiques mais il ne peut constituer un modèle de vie. L'absence de sens engendre trop de souffrance. Les grands explorateurs scientifiques qui pénètrent avec enthousiasme au cœur de l'inconnu, résolus à démanteler le noyau des atomes d'hydrogène et à mesurer les plus lointains horizons de l'espace-temps, oublient qu'à toute avancée victorieuse correspond une déroute pitoyable, que pour atteindre de nouvelles frontières il faut larguer les amarres et quitter le rivage. En un mot, plus vaste est le champ d'exploration de la nature du dehors, plus augmente le risque d'abandonner sa propre nature humaine, la réalité du dedans, celle avec laquelle l'être vit profondément.

Pour le moment, nous sommes très menacés. Freud a particulièrement souligné les bienfaits ambigus du progrès matériel: le téléphone, invention qui s'est répandue largement dans sa jeunesse, le laissait sceptique. Cet instrument lui permettait sans aucun doute de parler à sa fille, éloignée de lui, dans une autre ville. Malgré tout, disait-il, le téléphone avait probablement facilité les raisons de son départ. On ne peut toutefois en tirer la conclusion que les machines sont proprement malfaisantes ou essentiellement contraires à ce qui touche à l'humain. Une progression technologique équilibrée permettrait d'éviter les conséquences néfastes. Je ne m'appesantirai pas sur ces répercussions, si ce n'est pour citer un exemple à garder en mémoire. En mai 1986, un article d'une revue professionnelle médicale, *Pediatrics*, évaluait les bienfaits médicaux de la «stimulation tactile et kinesthésique chez le bébé prématuré». Sur les directives des médecins de la faculté de médecine de l'Université de Miami, on avait constitué deux groupes de vingt bébés nés prématurément après seulement trente et une semaines de grossesse en moyenne, ce qui équivaut à un peu moins de huit mois.

L'un des groupes fut soigné comme à l'accoutumée par l'unité de néonatalogie de l'hôpital. On gratifia les autres de quinze minutes d'attentions particulières: une personne devait caresser et faire délicatement jouer leurs bras et leurs jambes à travers les hublots aménagés dans leurs couveuses hermétiques — voilà en quoi consistait cette «stimulation tactile et kinesthésique» renouvelée trois fois par jour.

Les résultats obtenus par cet apport complémentaire à la routine hospitalière s'avérèrent captivants. Nourris à la demande à partir d'un régime analogue, les bébés caressés prirent chaque jour un poids supérieur de quarante-sept pour cent par rapport à celui du groupe témoin; plus éveillés, ils commencèrent les premiers à se comporter comme des bébés venus au monde dans des conditions normales. En bout de course, ils purent quitter l'hôpital une semaine plus tôt que prévu, ce qui eut pour résultante de réaliser pour les auteurs de l'étude une économie de trois mille dollars par enfant sur la facture finale.

Point n'est besoin ici d'insister sur le contraste presque trop flagrant entre vie et antivie. Aujourd'hui la science médicale est telle qu'il n'est pas de mise pour elle d'appeler la caresse — et encore moins l'amour et l'affection — par son nom. Au travers d'un filtre orwellien, la caresse se transforme en «stimulation tactile et kinesthésique». En fait, la pratique de telles expériences qui visent à vérifier si les bébés ont besoin de délicates attentions, dosées telles les cuillerées de sirop contre la toux, ne s'avère-t-elle pas plus orwellienne encore? Néanmoins, je demeure particulièrement ému par le groupe de bébés qui ne furent pas caressés. Lorsque je me les représente, gisant seuls dans leurs incubateurs hermétiques, esquifs échoués dans le contexte surnaturel de ces unités de soins intensifs qui paralysent les patients adultes et provoquent souvent des effondrements psychotiques, mon cœur se révolte. Bébés prématurés ou pas, nous souffrons tous lorsque notre foi en la vérité chancelle. Nous perdons la capacité de nommer les valeurs fondamentales: à ce moment précis, le risque de perdre ces valeurs elles-mêmes se fait jour.

La réalité personnelle

Progressivement, nous sommes tirés vers le monde du dedans que notre culture, sous ses nombreux aspects, n'a pas su percevoir comme il convient. Au début de ma carrière, il m'est arrivé fréquemment d'être surpris du fait que deux patients présentant des diagnostics identiques puissent réagir différemment à leur maladie. Tout compte fait, un diagnostic peut être considéré comme un simple matricule attribué à une entité pathologique cliniquement précisée.

L'écho d'une patiente atteinte d'un cancer et dont la douleur créée par l'envahissement des métastases au niveau de ses os était effroyable m'est parvenu dernièrement. Il se trouve qu'à sa propre souffrance physique s'ajoutait celle d'un mariage malheureux et, un jour, complètement exténuée par le combat permanent qu'elle menait contre son mari, elle résolut de mettre fin à leur relation. Immédiatement après lui avoir offert de se séparer, la douleur osseuse disparut comme par miracle.

— Soudain, l'expression *usée jusqu'à l'os* s'est imposée à mon esprit, raconte-t-elle, et en un éclair j'ai saisi que mon corps manifestait cette même idée dans la maladie. Ayant pu ainsi se soustraire légèrement à ce profond épuisement, elle avait pu du même coup se libérer de sa douleur devenue alors identifiable. Actuellement, elle se demande — moi tout autant qu'elle — si son cancer va lui aussi se trouver obligé de rétrograder. Sa maladie n'était-elle qu'une simple métaphore?

Le propre de notre culture est de croire que la maladie se crée au niveau matériel. Une fibre d'amiante peut tout simplement venir se nicher dans les tissus pulmonaires et ainsi, dans un laps de temps indéterminé, faire apparaître, bien que le taux de probabilité soit peu important, un type de cancer du poumon peu fréquent et singulier. D'autre part, il est généralement admis que le taux de cancer chez les hommes ayant perdu leur femme depuis peu est en nette progression. Une peine intense peut s'ancrer au plus profond d'un individu. Bien qu'une molécule d'amiante du dehors soit fort différente d'une peine du dedans, dans les profondeurs du soi elles peuvent devenir identiques. Si chaque impulsion de confiance et d'amour nourrit le corps, la défiance et la haine méritent le nom de poison.

Nous possédons, vous et moi, des cœurs très semblables. Une dose assez importante de chlorure de potassium injectée dans nos veines causera, sans aucun doute, un arrêt cardiaque. En revanche, notre acquis est totalement individuel. Les parcours que nous avons empruntés ont été différents, les lieux de recueillement où nous nous sommes arrêtés aussi. Alors que certains souvenirs vous attristent, ils n'auront pas d'effet sur moi. De même, nous partageons sans doute des évocations heureuses fort semblables, mais vos souvenirs ont une coloration particulière que je ne puis percevoir.

Le terme *réalité* est utilisé le plus fréquemment d'une manière impersonnelle; qu'il s'agisse d'arbres, de ciel, de murs, de constructions, d'établissements sociaux, tous ces éléments formulent le réel et paraissent exister indépendamment de nos pensées et émotions. Cependant, la limite entre monde intérieur et monde extérieur, entre moi et les faits du dehors, est quasiment indéfinissable. Tout ce que perçoit un individu passe nécessairement au travers d'un filtre mental avant d'être transcrit comme une réalité: en fait, nous passons notre temps à faire de la réalité.

Mais revenons à Robert, avec qui j'ai longuement discuté de tout cela. Une des dernières fois que je l'ai rencontré, je lui ai posé cette question:

— Vous êtes-vous jamais réveillé la nuit, vers deux ou trois heures du matin, avec un sentiment de frayeur? Connaissez-vous cette sensation que l'on appelle épouvante, angoisse flottante, diffuse ou tout ce que vous voudrez?...

Je n'ai pas attendu sa réponse car nous la connaissions tous les deux.

— La prochaine fois que cela se produira, vous réussirez peut-être à remarquer une chose curieuse: à l'instant où vous vous réveillez sous l'effet de cette frayeur, votre esprit trouve une façon de justifier cette peur. C'est bien souvent un bruit: un robinet qui goutte, le vent dans les arbres, le tic-tac d'une horloge, sons inoffensifs qui soudain paraissent abominables. Vous vous êtes emprisonné vous-même en vous projetant sur les choses et en leur attribuant ainsi votre couleur personnelle. Comment? L'esprit ne se satisfait habituellement pas de l'abstraction. Il préfère le concret. Si la peur surgit soudainement, il se fixe sur quelque chose de palpable. C'est une sorte de réflexe automatique qui se perpétue de lui-même car il y a toujours quelque événement — perdre son portefeuille, subir un échec d'ordre professionnel, contracter une maladie mortelle — que nous estimons légitime cause d'angoisse. Si vous vous réveillez terrifié à l'idée d'avoir un cancer, vous ne pouvez comprendre l'essentiel, à savoir le processus qui déclenche votre terreur: la peur ne vient pas du cancer, mais du réflexe de l'esprit. La prochaine fois, soyez attentif et observez-la, cette peur indéfinie qui cherche sa raison d'être. Vous noterez peut-être, couché là, dans votre lit, que comme un mendiant auquel on refuse l'hospitalité, votre esprit court d'un prétexte à l'autre jusqu'à ce qu'une bonne excuse lui ouvre la porte. Vous aviez peut-être opté pour la vibration d'une vitre. Mais à l'instant où votre esprit va s'emparer de ce prétexte, vous vous mettez à penser: Je ne vais tout de même pas avoir peur du vent! J'ai un cancer et ça au moins ça mérite que je m'inquiète!

Robert ne put réprimer un léger sourire.

— Dans mon bureau, ici avec moi, vous comprenez ce qu'il y a de ridicule dans tout cela. Pourquoi l'esprit adopte-t-il cette habitude? Par sécurité: comme un grimpeur qui progresse le long d'une corde, une main après l'autre, l'esprit se stimule, minute après minute, s'identifiant à des images, des sons, des goûts, des odeurs, des textures et, par-dessus tout, à des souvenirs. C'est ainsi que la vie entretient sa continuité, mais un esprit conditionné laisse peu de place aux nouveautés. Quand vous commencez à voir que les pensées les plus intimes ne sont peut-être que des réflexes, l'urgence de vous en libérer jaillit immanquablement. Au lieu d'être la proie des stimuli de la douleur et du plaisir, vous commencez à entrevoir l'existence de perspectives nouvelles.

— Mais je n'ai pas peur de me faire du souci, objecta Robert, j'ai peur de ma maladie.

J'insistai:

— L'inquiétude grandit sur le terreau de votre point de vue et non sur celui de votre maladie. Dans ce que vous ressentez, votre conscience intérieure joue un rôle primordial.

Robert semblait incrédule.

Imaginez deux personnes en manège, dans les montagnes russes. L'une est terrorisée et les hormones du stress saturent son corps, réduisant ses réponses immunitaires à zéro. L'autre s'amuse follement et fabrique quantité de substances chimiques comme l'interféron et l'interleukine, qui au contraire renforcent son système immunitaire, deux résultats opposés pour une cause identique, simplement question de différences de points de vue.

Je le laissai s'imbiber de ces propos avant d'ajouter:

— Ce que je cherche à vous faire comprendre, c'est qu'il est possible d'acquérir la liberté d'adopter n'importe quel angle d'observation et par conséquent de faire sienne la réalité de son choix. Il vous est difficile d'accepter d'emblée cette idée, mais sachez que votre axe essentiel est celui d'où vous devenez le créateur de votre propre réalité. Quand vous reviendrez à ce point primordial, vous ne vous verrez plus comme une victime passive de votre vie, mais vous vous positionnerez en son centre et retrouverez le pouvoir de la renouveler à chaque instant.

— Tout cela me semble devenir très mystique, répondit Robert.

— Quand vous en aurez fait l'expérience, vous changerez d'avis. Qui est l'interlocuteur avec lequel je suis en train de m'entretenir? S'il était une simple accumulation d'habitudes et de souvenirs, il serait probablement prévisible, mais tel n'est pas le cas. L'entassement des événements passés en vous n'est pas vous; vous en êtes seulement le metteur en scène, le contremaître. Vous seul attribuez un sens à chaque particule de vos données sensorielles. Sans vous, tout cela tomberait dans le néant.

Revenons à la supplique de Robert: Comment sortir d'une douleur si solidement ancrée? La frustration et la souffrance peuvent s'installer en nous grâce à un conditionnement qui vous les fait croire inévitables. Pour guérir, il convient de dépasser ce conditionnement. L'esprit se structure autour des impressions qui l'animent, tenter de les nier ou de s'en échapper est dérisoire. On a pu calculer que cinquante mille pensées de tous ordres traversent le cerveau chaque jour, soit un invraisemblable flux d'impulsions entremêlées et conflictuelles. L'agitation qui en résulte peut être douloureuse à l'extrême. L'amour et la haine se côtoient et s'imbriquent sans qu'il soit possible d'en déterminer les frontières. Les émotions les plus destructrices, le doute, la peur, la culpabilité, la honte, la solitude, accaparent le mental au-delà de la volonté consciente.

Reconnaître qu'elles s'imposent en maître serait plus proche de la vérité.

Cette prison se révèle une illusion dès que l'être comprend qu'il en est l'artisan et qu'il est aussi son propre geôlier. Un esprit capable d'ériger de tels obstacles doit être capable de les abattre. C'est dans ce sens que chaque individu est responsable de sa réalité intérieure. Il se trouve tiraillé, d'une part, entre l'ancien conditionnement qui cherche à maintenir son emprise en lui suggérant que toute tentative d'évasion est suivie d'un lot de souffrances supplémentaires, et, d'autre part, l'appel farouche de la liberté, qui le pousse à prendre conscience de l'irréalité des limites qu'il s'est forgées. Mais, enfoui sous le déchirement, ce cri libérateur est rarement entendu.

Face à la douleur comme devant une attaque ennemie, le réflexe est de reculer, alors que la souffrance est le signal d'alarme indiquant le point où devrait s'engager une riposte menant à la guérison.

L'objectif que je me suis fixé est de calmer les craintes étouffantes et déstabilisatrices, pour permettre à chacun de comprendre que la manière la plus naturelle de vivre est de tendre vers la guérison. Celui qui trouve le courage d'affronter son vieux conditionnement découvre vite que le seul moyen de le dissoudre est de tourner ses regards vers son moi intérieur.

Actuellement encore, la perspective de se retrouver en soi effarouche à l'extrême. C'est pourtant là l'unique moyen par lequel l'esprit peut se libérer de ses bastions. Aucune guérison ne peut arriver de l'extérieur. Le vide de sens dont souffre l'humanité risque d'empirer et avec le temps celle-ci pourrait bien en venir à désespérer d'elle-même au point de ne plus être en mesure de récupérer.

De meilleures images cérébrales?

J'ai peint jusqu'ici le triste portrait de ceux qui souffrent sans comprendre pourquoi et qui cherchent en vain un soulagement. Angle de vue trop étriqué. Dès qu'il s'élargit, le panorama s'inverse. Une vérité s'impose: la nature est guérisseuse. Des étoiles explosent, d'autres se créent; des cellules meurent, d'autres se divisent, se multipliant ainsi et forçant l'ADN à évoluer (en le faisant progresser aussi, car en dépit de mes épreuves, je préfère grandement être un humain qu'une amibe ou même le plus beau des chimpanzés). Sous cet éclairage, la vie se présente comme un miracle de renouvellement. L'ordre qui se dissout dans le chaos ressurgit sous une autre forme. Toute cette vie qui s'abandonne à la mort renaît continuellement. La danse des rayons sur la mer, la luxuriance des vallées alpines, la toute simple gentillesse enfantine, les frêles mains d'une vieille femme, élégantes en dépit de l'âge, tout ceci existe indépendamment de l'humeur de chacun, apte à susciter une joie intérieure. Quand des patients vivent l'expérience d'une conversion, c'est le regard qu'ils jettent sur les choses de la vie qui se transforme, non les faits eux-mêmes.

Comprendre que guérison et destruction sont deux notions inextricablement imbriquées fait naître un doute: les humains s'infligeraient-ils à eux-mêmes toutes leurs misères? L'être choisit souvent de regarder les nuages et la tristesse qu'ils annoncent plutôt que l'arc-en-ciel porteur d'espoir qui brille dans les mêmes cieux. Mon expérience m'a poussé à reconnaître la valeur de l'approche qui est aujourd'hui la mienne, mais en même temps j'admets partager la résistance qu'opposent tous ceux à qui il est suggéré de percevoir une réalité plus radieuse. Leur esprit rejette avec violence l'idée que leur souffrance, intense et incontrôlable, aurait été autoinduite. Pourtant toute douleur nous vient par le biais d'une connexion corps-esprit. Il est normal que celle-ci fonctionne dans les deux sens. Puisqu'il est admis que certaines substances chimiques cérébrales créent une sensation de bien-être, il ne peut être nié qu'il en existe d'autres provoquant la déprime et le désespoir.

Il est paradoxal de constater que les cerveaux en urgence de guérison sont ceux qui justement se protègent le plus, par une chimie cérébrale erronée. Parce qu'il est conditionné à percevoir le monde de façon triste et désespérée, l'esprit déprimé conçoit toute idée, y compris celle de sa propre guérison, comme une source supplémentaire de dépression. Il est toujours possible d'invoquer le guérisseur intérieur comme s'il était une chose, une dose de pénicilline, mais il est l'enfant abstrait des mots et des souvenirs. Il demeure insaisissable, enfoui dans le monde intime que chacun porte en soi, changeant et se transformant selon les personnalités et les événements.

Il serait possible d'en rester à cette idée que l'image mentale de la réalité est régie par la chimie du cerveau, mais il existe aujourd'hui des produits pharmaceutiques capables d'en modifier radicalement la formule et par là même d'agir sur la façon dont l'intellect perçoit le monde. Oui, un individu déprimé avale un comprimé et soudain, il lui semble que son entourage est plus amical, moins menaçant. Les situations paraissent moins désespérées, les couleurs plus éclatantes, les sons plus vibrants. Certes la transformation de l'environnement n'est pas toujours aussi spectaculaire, mais le champ d'action des produits psychotropes s'est si vite élargi que, pour la première fois, la science est capable d'offrir à chacun la vision de la réalité de son choix.

Peter Kramer, psychiatre à Providence, dans le Rhode Island aux États-Unis, relate le cas d'une de ses patientes en dépression chronique. Cadre supérieur à la situation enviable, celle-ci travaillait si dur, s'absorbait si intensément dans les détails de sa profession qu'il ne lui restait pratiquement plus de temps pour mener une vie sociale normale. Sa vie personnelle, pour peu qu'elle lui accordât quelques instants, se résumait à une ancienne liaison sans avenir avec un homme marié. Quiconque essayait de l'approcher se trouvait spontanément mis à distance.

Parallèlement à la thérapie que cette femme suivait avec succès chez une psychologue, elle faisait appel au Dr Kramer dès que la nécessité d'un médicament se faisait sentir. Il lui prescrivit d'abord un antidépresseur classique qui parut approprié: les symptômes diminuèrent de façon significative, elle dormit mieux et les crises de larmes se firent plus rares. Personne cependant n'aurait prétendu qu'elle menait une existence normale. Le psychiatre nota une rémission partielle, espérant pouvoir un jour faire plus pour elle.

Deux ans plus tard arriva sur le marché un nouvel antidépresseur particulièrement efficace. Dans sa structure, il n'était pas franchement différent des autres médicaments de la classe des tricycliques mais simplement plus spécifique. Il contribuait à normaliser l'action d'une substance chimique produite par le cerveau, la sérotonine, l'une de ces molécules messagères essentielles, appelées neurotransmetteurs, grâce auxquelles les neurones communiquent entre eux.

Le Dr Kramer prescrivit ce nouveau médicament à sa patiente et un changement spectaculaire apparut rapidement. Après une phase de frénésie et d'euphorie, celle-ci s'installa dans un état légèrement plus dynamique et optimiste qu'auparavant. Cette légère modification allait suffire à modifier sa vie. Elle devint plus conciliante avec ses collègues, cessa d'émettre des manifestations d'hostilité et commença à traiter les hommes de façon moins abrupte. Sa vie sociale connut une envolée.

— Trois rendez-vous par week-end! s'exclama-t-elle en entrant dans le cabinet du Dr Kramer. Je dois avoir une étiquette collée au front.

Elle se sépara de ses anciens amis qui entretenaient avec elle une relation basée essentiellement sur son comportement dépressif et en trouva d'autres, aussi vifs qu'elle.

Voilà comment la réalité d'un individu peut se modifier en fonction du changement intervenu dans la chimie de son cerveau. Les sentiments du Dr Kramer restaient très mitigés.

— La capacité de jugement de ma patiente reste bonne, disait-il; ce léger dynamisme supplémentaire ne semble pas mettre en danger son fonctionnement quotidien. Elle pense, elle aussi, fonctionner infiniment mieux. Pourtant, je ne suis pas à l'aise. Selon moi, ce médicament a surimposé à la personnalité de ma patiente quelque chose qui lui vient de l'extérieur. En remarquant que cette substance avait influé sur le tempérament de cette femme, le Dr Kramer exprimait son malaise en une formule extrêmement vague. Doit-on penser que la souffrance faisait partie du tempérament de sa patiente? Si oui, pourquoi ne pas lui en enlever un peu et lui permettre de mieux vivre?

Bien d'autres psychiatres, inquiets, hésitent au seuil des pharmacies. Mais un tournant est atteint. Le jour pourrait venir très vite où la dépression ne constituerait plus la condition préalable et nécessaire à la prise de telles substances médicamenteuses. Comme le disait un célèbre médecin newyorkais: «Le fait est que nous sommes déprimés. Le monde entier est déprimé. Je ne connais pas un être humain qui ne le soit.» Les médecins devront-ils un jour prescrire des antidépresseurs au monde entier?

Concrètement, la raison principale pour laquelle il est impossible d'offrir au public la réalité à la carte est d'ordre technique. Les substances psychotropes sont pour la plupart fortement toxiques, créent des dépendances ou présentent des effets secondaires insupportables. Les amphétamines apportent une sensation accrue de vivacité, de concentration et d'intensité créatrice, mais elles amplifient la paranoïa. Le Valium et les autres tranquillisants du même ordre suppriment les faibles niveaux d'anxiété mais engendrent l'accoutumance. Le LSD et les autres hallucinogènes provoquent des expériences visionnaires quelquefois très fortes, mais brouillent à ce point les perceptions que peu de gens peuvent vaquer normalement à leurs occupations sous leur influence.

Dans chacun de ces cas, la possibilité de se sentir bien est fortement pénalisée par la nécessité de se sentir aussi très mal.

À la fin de sa vie, le philosophe Jean-Paul Sartre a reconnu avoir écrit son dernier ouvrage sous l'influence des amphétamines. Bien qu'il comprit qu'il risquait de détruire son cerveau et de raccourcir sa vie, il opta pour le supplément d'intelligence que lui apportait ce produit pharmaceutique. Aux États-Unis, où le corps médical réfrène l'usage de ce médicament dangereux, Sartre n'aurait pu faire ce choix. Le praticien, en lui refusant les amphétamines, aurait pris la responsabilité de priver l'humanité d'un livre mais aurait prolongé la vie d'un auteur. Aurions-nous toujours le droit d'interdire à quiconque ce supplément de génie s'il n'y avait plus de prix à payer?

Cette question se pose aujourd'hui avec d'autant plus d'acuité que la toxicité des produits médicamenteux altérant la conscience s'amenuise. Un cerveau plus intelligent, plus vif est évidemment un avantage dans la vie. Pour le refuser à quelqu'un, il faut une bonne raison. On raconte dans le milieu médical qu'un certain médicament modifie la notion du moi avec une telle finesse que les patients pourraient omettre de le prendre s'ils n'utilisaient une minuterie, oubliant que la personne dynamique et heureuse qu'ils sont devenus n'existe pas à l'origine.

Malgré la résistance d'ordre éthique offerte aujourd'hui par les médecins, il est probable qu'ils finiront par céder et qu'ils fourniront presque sur demande les produits capables de rehausser le fonctionnement du cerveau. Selon moi, la seule raison valable pour refuser de les prescrire est la possibilité que le patient puisse passer à côté de quelque chose de mieux. Qu'est-ce qui vaut mieux que le bonheur et la créativité? Je réponds: le bonheur et la créativité véritables, qui ne s'évanouissent pas quand vous oubliez la minuterie.

Au lieu de considérer le cerveau comme une série de relais chimiques susceptibles d'être activés ou freinés comme sont allumés ou éteints les circuits électroniques d'un téléviseur, il serait plus profitable d'en explorer plus à fond le rôle créateur. S'il est vrai que chacun est cocréateur d'une réalité, son but dans la vie ne se limite plus à être brillant, vif ou imaginatif: il est de façonner l'existence elle-même. Si le cerveau parvenait à cela, alors il accéderait à la vraie plénitude, bien au-delà du coup de fouet qu'apporte un comprimé modificateur de psychisme.

Ce qui importe réellement, ce ne sont pas les choses du dehors, quel que soit leur attrait, mais l'expérimentateur siégeant au centre de chacun. Sans lui, il n'y a ni lumière, ni son, ni contact, ni odeur, ni goût. Notre magie personnelle crée ces perceptions de façon si envoûtante que c'est la seule façon de nous souvenir que nous sommes magiciens et non pas seulement spectateurs.

Dans cet ouvrage, je propose de maîtriser les forces qui modèlent la réalité propre à chacun. Il m'a fallu longtemps pour examiner par le menu et exprimer clairement ce que signifie une telle maîtrise. Une chose est sûre: il ne s'agit pas de manipuler sa psychologie ou d'élever la puissance de sa volonté à des altitudes suprahumaines. Ces deux voies ont échoué à transformer la condition humaine. La société actuelle, qui place sa foi dans le travail comme moyen de survivre et ajuste les rémunérations à l'intensité de la tâche, oblitère le fait que certaines actions n'exigeant aucun labeur sont néanmoins porteuses de récompenses immenses. La guérison, par exemple. Il est impossible d'en provoquer l'apparition, et pourtant elle apparaît. Quand elle est suffisamment profonde, elle résout des problèmes bien plus graves que les désordres physiques. La quête du sens de la vie parvient alors à son terme, libérant la capacité de la nature à purifier et à restaurer l'équilibre.

Toute pression subie, même dans le but de guérir, provoque une blessure intérieure. Dès que la pression disparaît, l'esprit de lui-même entame son acte de guérison. Rares sont ceux qui acceptent de vivre ce phénomène immédiatement. Ils préfèrent se battre contre leur douleur, évincer le tourment, la dépression, la peur, plutôt que d'accepter l'évidence que les émotions ne disparaissent jamais que d'elles-mêmes. Le combat ne fait que ralentir le processus vers le bien-être et le rendre plus pénible.

Toute guérison dépend de l'aptitude à cesser le combat. Je m'expliquerai davantage à ce sujet dans les chapitres suivants. J'y présente les principales étapes sur le chemin qui éloigne un individu de ses conditionnements et le rapproche de la liberté. Avec chaque barrière qui tombe jaillit un possible nouveau. Lire un livre ne peut rendre libre, ni guérir d'une blessure douloureuse, ni redonner un sens profond à l'existence, mais cela peut aider à comprendre les blocages qui nous retiennent. La compréhension et l'expérience sont les deux jambes de la guérison et marchent de concert. Alors, le moi perclus de peur découvre, sans tension ni pression, le pouvoir refoulé de la vérité, pouvoir renié depuis si longtemps.

2

Les lentilles de la perception

Par mes propos, j'ai provoqué un jour la mort d'un homme. Cet avocat d'une trentaine d'années, que je nommerai Arthur Elliott pour respecter son anonymat, s'était présenté après minuit au service des urgences d'un hôpital des abords de Boston, seul et vêtu d'un pyjama froissé. Une douleur fulgurante et insoutenable l'avait tiré d'un sommeil profond, raconta-t-il aux infirmières, visiblement terrifié. Il avait attendu, osant à peine respirer. Quelques minutes suffirent pour que la douleur s'estompe. Aussitôt, il sauta hors de son lit pour se précipiter à l'hôpital le plus proche.

Le jeune médecin de service aux urgences la même nuit procéda immédiatement à un examen: rien d'anormal. Ayant pris soin de s'assurer que M. Elliott ne présentait aucun antécédent cardiaque, il lui expliqua que la douleur pouvait provenir d'une crampe musculaire au niveau de la poitrine.

— Mais cela ressemblait à un coup de poignard! protesta le patient.

— Une crise cardiaque débute toujours par une étreinte sourde et non comme une sensation vive, lui confirma le médecin de service.

Pas le moindre vertige, pas de nausée ni de faiblesse soudaine, pas de perte de souffle, aucun indice avant-coureur d'une crise cardiaque. On l'incita à revenir le matin même pour subir toute une série de tests.

Rentré chez lui désappointé, la douleur le frappa une nouvelle fois dans l'heure suivante. Il revint comme une fusée aux urgences pour réveiller le médecin de garde, moi-même en l'occurrence, afin de se faire ausculter. Au passage, mon jeune confrère me signala que M. Elliott était «un peu agressif».

Dans la salle d'examen, je trouvai un homme pâle et angoissé. Le stéthoscope que je posai sur sa poitrine le fit bondir en arrière.

— Relaxez-vous maintenant, dis-je avec douceur. Il n'y a probablement rien qui puisse nous inquiéter.

— Nous? rétorqua-t-il, me clouant d'un regard furieux. Celui qui risque de mourir ici, c'est moi.

Sans répondre, j'écoutai son cœur qui battait un peu vite, toutefois sans rien d'anormal. Par mesure de précaution, je lui fis subir un électrocardiogramme (ECG); aucune anomalie n'apparut, là non plus. Je décidai malgré tout de l'admettre en observation à l'hôpital, à cause essentiellement de toute l'agitation émotionnelle qu'il affichait.

Le lendemain matin, un nouvel ECG pratiqué par l'un des cardiologues fit apparaître un petit changement par rapport au précédent: le muscle cardiaque pouvait avoir subi un léger dommage au cours des deux épisodes douloureux évoqués.

J'étais prêt à considérer que M. Elliott ne semblait courir aucun danger imminent. De petites secousses de ce type ne peuvent entamer un cœur en bonne santé. La plupart du temps il se cicatrise, se referme et continue de fonctionner. Mais à peine avais-je ouvert la bouche pour lui dire ce que je pensais, il explosa de rage et furieux se répandit en invectives.

— C'est scandaleux! J'aurai pu mourir et vous vous en foutez éperdument. Vous ne vous en sortirez pas comme cela! Je vous prendrai tout!

Il éructa, ne pouvant contenir sa rage. Aucun doute sur ses intentions d'intenter un procès retentissant à notre encontre pour négligence professionnelle et de nous y impliquer moi-même et tout le personnel d'urgence dans son ensemble. Il mit immédiatement sa menace à exécution et empoigna derechef le téléphone placé à la tête de son lit pour, tout en s'agitant de plus en plus, faire circuler la nouvelle auprès de ses confrères. Je l'exhortai à tenter de se calmer. Sa pression artérielle montait démesurément et nous fûmes obligés de lui administrer les antihypertensifs et tranquillisants les plus puissants, qui s'imposaient dans cette situation. Rien n'y fit. Devenu incontrôlable, il s'était réfugié dans son propre monde.

Il vociférait toujours au téléphone une heure plus tard lorsque des douleurs lancinantes se manifestèrent avec une telle violence qu'elles le terrassèrent. L'infirmière qui le découvrit ainsi palpa son pouls devenu inexistant. Une unité de soins intensifs fut sur place en deux minutes avec un chariot et des électrodes. Toutes nos tentatives de réanimation échouèrent.

L'annonce de ce décès me plongea dans un état d'incompréhension absolue. Pour n'importe quel malade, comprendre qu'il a été victime d'une crise cardiaque est une nouvelle très inquiétante. L'expression «un léger dommage à votre cœur», que j'avais considérée comme anodine concernant M. Elliott, avait été prise par celui-ci dans son sens le plus tragique. Elle avait déclenché une réaction en chaîne que personne n'avait pu maîtriser, lui moins que quiconque.

Les décès brutaux survenus en milieu hospitalier sont toujours suivis d'une autopsie détaillée. Dans son cas, la cause du décès annoncée fut une rupture du myocarde: à la suite d'un spasme violent, très probablement des artères coronaires, une partie du muscle cardiaque nécrosée ou morte s'était déchirée, entraînant les conséquences fatales que l'on sait.

L'atteinte au cœur devait être récente, le tissu nécrosé n'étant pas cicatrisé. Il était toutefois impossible de déterminer dans quelle mesure les deux accès de douleur avaient été d'une certaine manière responsables des dommages graves subis par le patient. Causes majeures de crises cardiaques, le tabac et l'hypertension artérielle ne figuraient pas à son dossier. Aucune défaillance du muscle cardiaque spécifique, du type valvule endommagée, aucun signe d'infection. En tout état de cause, son état de santé était aussi bon que possible — jusqu'à ce que son cœur ait décidé de s'arrêter. Je n'aurais jamais songé auparavant qu'un mot puisse tuer. Un mot n'est en fait qu'un son léger, de là à l'imaginer responsable d'une crise cardiaque paraît absurde. Sauf si on élargit son champ de réflexion. Les habitants de la Nouvelle-Guinée abattent les arbres d'une manière bien précise: debout, ils les encerclent et se mettent à crier à tue-tête. Ils partent puis reviennent quelques semaines plus tard pour constater que l'arbre a basculé de son propre chef. L'Ancien Testament raconte que Josué gagna la bataille de Jéricho en ordonnant à ses troupes de souffler dans leurs cornes de bélier jusqu'à l'effondrement des murs de la cité. Mes pensées me portaient à croire que le cas de M. Elliott n'était pas éloigné de semblables prodiges.

Le cœur humain met à contribution une somme d'énergie plus que suffisante pour se détruire lui-même: on comprend alors que le moindre stimulus puisse en effet tuer quelqu'un. L'énergie quotidienne développée par cet organe pas plus gros qu'un poing suffirait aisément à élever jusqu'au cinquième étage d'un immeuble une masse d'une tonne. La règle veut que cette formidable énergie soit canalisée pour le meilleur. Toutefois, à l'observation, le plus doux des battements de cœur est toujours prêt à basculer littéralement dans la pire agitation. Il tente littéralement de bondir hors de sa niche thoracique à chacun de ses mouvements, pour n'être stoppé que lorsque sa pointe, l'apex, cogne brutalement contre la paroi intérieure de la poitrine.

Heureusement, notre corps abrite en son sein toute une panoplie de systèmes de sécurité. La nature protège particulièrement bien notre cœur de l'autodestruction avec, en premier lieu, cette minuscule partie du cerveau que l'on nomme l'hypothalamus. À peine plus gros que l'extrémité du petit doigt, ce dernier règle à lui seul méticuleusement des dizaines de fonctions corporelles, dont la tension artérielle et les pulsations cardiaques. Par ailleurs, le nerf vague, l'un des dix nerfs crâniens, se charge de ralentir un cœur qui s'emballe et de le ramener à la normale. Le cœur est aussi protégé de l'intérieur par ses propres cellules de stimulation cardiaque indépendantes et par un système électrique «intégré» pour le cas où le cerveau, sous l'effet d'une maladie ou d'un traumatisme, se trouverait dans l'incapacité de fonctionner. Aussi sophistiquée qu'elle soit, cette machinerie à sûreté intégrée est bel et bien tombée en panne, dans ce cas, enrayée pour toujours par l'écho — insoutenable pour elle — d'une phrase anodine.

Se voir soi-même dans le monde

La déclaration précise et objective du médecin légiste: «Cause du décès: infarctus du myocarde» ne faisait même pas l'ombre d'une allusion aux causes de ce désastre. Elle se contentait de coller une étiquette conventionnelle sur un résultat. Si le rapport avait mentionné: «Cause du décès: mauvaise perception d'une situation», cela eût été plus juste.

Pour fixer un événement, un appareil photographique stocke des signaux lumineux qu'il transforme en image véritable. Ce n'est pas le cas pour nos sens: nous percevons; autrement dit, tout signal rencontré est interprété par filtrage de nos sens. Un appareil photo se moque de savoir si un autobus américain est peint en jaune, mais un Américain n'ignore pas, lui, que ce véhicule tel qu'il est saisi par l'objectif transporte des enfants et qu'il convient ainsi de prendre certaines précautions. La perception s'avère fondamentale pour que la transformation des données brutes de l'Univers s'effectue. L'ensemble de nos expériences nous amène à jeter un regard coloré sur le monde, ce qui exclut toute passivité de notre part.

Si je contemple le lever du jour un matin où je suis déprimé, mon humeur s'infiltrera dans ce spectacle et le rendra du même coup triste et empreint de solitude. Si je me trouve d'humeur joyeuse, la même aurore prendra des accents de joie que je ferai miens. Il n'y a pas non plus de limite à la quantité de sens que nous pouvons déchiffrer dans les données que nous interprétons.

Ainsi qu'a pu le démontrer une équipe de psychologues d'Harvard, il nous est tout à fait possible d'entretenir une relation d'amour et de haine avec une suite de nombres pris au hasard. Ils ont proposé à des étudiants de jouer à un jeu d'argent. Les règles en étaient simples:

«On vous donne, à vous et à votre partenaire, deux boutons à pousser, marqués zéro et un par exemple. Si vous poussez tous les deux sur zéro, vous ne recevez rien ni l'un, ni l'autre. Si vous poussez tous les deux sur un, vous recevez chacun un dollar. Mais celui qui presse sur zéro pendant que son partenaire presse sur un gagne deux dollars et l'autre rien du tout.»

L'objet du jeu consistait à observer si des individus allaient coopérer pour gagner une petite récompense plutôt que de tenter séparément de gagner davantage en essayant de se montrer le plus malin. Les étudiants furent installés dans des pièces séparées, sans pouvoir communiquer avec leur partenaire — ceci afin d'éviter tous signes ou manifestations de leurs sentiments en cours de route. Le jeu commença et, à l'issue du temps alloué, chaque étudiant qui sortait fut interrogé:

— Sur la base de ce jeu, pouvez-vous nous dire quel genre de personne est votre partenaire?

La réponse la plus fréquente fut:

— Il a l'esprit tortueux. J'ai commencé à chaque fois d'appuyer sur un afin que nous puissions gagner tous les deux, mais il est devenu vite gourmand et s'est rapidement mis à appuyer sur zéro au moment où je m'y attendais le moins. Du coup, j'ai commencé à appuyer sur zéro moi aussi.

— Mais alors ni l'un ni l'autre n'aviez plus rien! commentèrent les psychologues.

— Que voulez-vous que je fasse? Il essayait de me rouler. Il fallait bien que je lui donne une leçon.

Chacun avait son histoire. On passait de la trahison à la convoitise, de brèves tentatives de retour à la coopération, tout comme des tendances du comportement variant entre vengeance et irrationalité totale. En fait, vous avez peut-être deviné déjà qu'il n'y avait pas de partenaire. Chaque étudiant jouait contre une séquence tirée au hasard entre zéro et un attribuée par l'ordinateur. Aucun d'eux toutefois n'avait saisi l'astuce; bien au contraire, chaque joueur était ressorti des épreuves avec le portrait psychologique fignolé d'un partenaire dont le comportement allait du «sadisme» à la «manipulation brillante».

Ce test soulève une question embarrassante: où est la réalité face à une perception composite d'expériences hasardeuses réagissant elle-même à un monde aventureux? Ma personnalité, totalement élaborée, n'a peut-être pas de centre défini. Que suis-je, sinon un recueil d'habitudes et de goûts accumulés, une interprétation ambulante qui apprécie les épinards, n'aime pas les endives, se sent attirée par le jazz, rebutée par l'opéra wagnérien, etc.?

Les plus infimes gouttes d'expérience acquise nous ont permis, sans aucun doute, de nous construire. Une seule de ces gouttes rencontrées par M. Elliott a suffi pour qu'il meure. Ce que je lui avais dit n'avait aucun caractère saisissant et ce n'était pas nécessaire. Il avait suffi d'une goutte de trop. Les mots «un léger dommage à votre cœur» l'ont semble-t-il projeté dans une réalité personnelle chaotique. Il s'y trouvait déjà, à vrai dire. La violence de sa réaction provenait de la violence bouillante qu'il refoulait en lui.

Souvent la colère et la douleur du moi ne sont pas apparentes même quand elles représentent une pression énorme qu'il faudra un jour exprimer. La rétention en soi de sentiments négatifs, pratique courante, dévie la réalité intérieure. Peu importe la façon dont l'esprit enfouit cette énergie: sa présence se fait constamment sentir.

J'étais un jour en train d'examiner une jeune femme qui s'était vue diagnostiquer un cancer des poumons quelques mois plus tôt. Pendant que je la questionnais sur les maladies de son enfance, soudain elle m'interrompit d'une manière véhémente par ces propos:

— Donnez-moi tous les conseils que vous voudrez, mais ne me dites pas d'arrêter de fumer.

— Et pourquoi pas? répondis-je, interloqué.

— Parce que le type de cancer du poumon que j'ai n'a aucun rapport avec le tabac.

Médicalement parlant, son épithélioma à petites cellules lui donnait raison; il se différenciait de l'épithélioma spinocellulaire, lié, lui, à la cigarette. Elle ne me laissa pas le temps de lui dire que fumer ou pas m'indifférerait — en ces circonstances, c'était le cadet de ses soucis —, elle ajouta:

— La vie ne vaut pas la peine d'être vécue si l'on ne peut y trouver quelque plaisir. Et fumer est mon plaisir.

Face à un patient gravement atteint, ma propre réponse en tant que médecin me surprit.

— Ne pas connaître le goût de votre nourriture, ne pas pouvoir sentir les fleurs, avoir une haleine qui empeste constamment, conserver des doigts à l'extrémité demi-engourdie, faire monter votre tension artérielle au point de courir des risques aussi importants que ceux d'un cancer, tel est le plaisir que vous retirez de l'action de fumer?

Gêné moi-même par le caractère excessif de mon invective, je me sentais tout de même extrêmement déçu. Comment peut-on prendre du plaisir à des choses dont on sait pertinemment qu'elles vous font du mal?

Tout en retenant ses larmes, elle me répondit:

— Ne me dictez rien. Je sais ce que j'aime.

C'était son moi, son droit inaliénable à être *je* qu'elle me renvoyait brutalement. Le ton qu'elle utilisa pour ce *je* me donna envie de me faire plus petit qu'une fourmi — un véritable appel devant la Cour suprême. Ce moi désorienté qui avait tant souffert, subi, commis tellement d'erreurs graves était disposé à faire sien un avenir aux perspectives inéluctablement sinistres! À quoi d'autre pouvait-elle se raccrocher? *Je* était son ancrage dans la réalité, personne ne renonce de plein gré à cela. Seule la désespérance totale pousse l'esprit à lever lui-même l'ancre pour entreprendre ce que Freud nommait «le périlleux voyage de la psychose».

Le soi gère fort curieusement ses propres intérêts, notamment en changeant le bien en mal et inversement. L'esprit humain pratique la subdivision entre région de conscience et région d'inconscience, chacune d'entre elles subdivisée en de nombreuses autres couches avec en fin de course tout un réseau de milliers de compartiments. Comme un monarque dans son palais trop vite bâti pour en connaître toutes les pièces, notre esprit a perdu la clé de ses propres labyrinthes, de ses chambres secrètes, de ses combles hantés.

Les secrets contenus dans certains de ces compartiments sont tels qu'à l'évidence ils ne peuvent être révélés ou affrontés de but en blanc. Nous les mettons sous scellés afin d'éviter des conflits insupportables. Comme un bébé étouffé dans ses langes, notre perception de la réalité se recouvre de couches d'expériences jusqu'à ce que *je* ne sache plus vraiment qui est *moi*.

Pas de lumière sans les yeux qui la voient

Je me suis efforcé jusqu'ici de présenter la perception comme très personnelle, changeante, illusoire, arbitraire et non fiable. En tant que spécialiste dans ce domaine, cette position peut paraître sans doute étrange, la tendance principale de ces dernières années ayant été d'expliquer la perception en fonction des sens et de lui donner un caractère mécanique plutôt que psychologique. Pour le sens de la vue, notamment, nous savons qu'un œil humain est constitué d'environ cent vingt-cinq millions de bâtonnets et de sept millions de cônes implantés à la surface de la rétine. Les bâtonnets sont responsables de la vision nocturne, les cônes de la vision diurne. Force est de constater que l'on dispose de près de vingt fois plus de récepteurs pour la nuit que pour le jour: ces récepteurs spécialisés sont des prolongements directs du cerveau et chacun ne réagit qu'à une étroite bande de longueurs d'ondes lumineuses. Lorsqu'un photon heurte une cellule rétinienne, il crée une modification chimique qui à son tour déclenche une impulsion électrique qui est transmise au cortex visuel à l'arrière du crâne grâce au nerf optique, un faisceau de cent mille fibres neuronales réunies en un câble unique. Pendant les tout premiers instants du processus visuel, le cerveau maintient séparées les images en provenance de chacun des yeux; ce n'est que tout à la fin que celles-ci sont fusionnées pour créer un objet tridimensionnel. Et, même à ce moment précis, le cerveau ne contient aucune image du monde. L'image d'un arbre, par exemple, est exclusivement décodée en données électriques. Cependant, le cortex visuel est incontestablement une carte qui repère certains aspects de l'arbre. Les morceaux de l'image visuelle qui vont de haut en bas et de gauche à droite sont enregistrés par des cellules cérébrales elles-mêmes agencées de haut en bas et de gauche à droite.

On connaît maintenant tellement bien les mécanismes de la vue que l'on peut les imiter artificiellement: on a mis au point des yeux de robot capables de détecter la lumière et de l'envoyer, pour mémorisation et décodage, dans un ordinateur. La capacité de vision des robots est quelquefois suffisamment complexe pour interpréter, très largement comme le font nos yeux, les couleurs, les textures et les formes, pour suivre des objets en déplacement et distinguer les éléments proches ou lointains. Le seul problème, avec cet impressionnant déchiffrage du code visuel, est que l'expérience de l'acte de voir est totalement éludée. Les yeux des robots ne sont jamais ennuyés par ce qu'ils regardent, ni ensorcelés par la beauté. Le cramoisi leur est aussi indifférent que l'écarlate. Ils ne se délectent pas de la douceur des ombres des œuvres du Titien, ni de la brutale franchise mélodramatique de celles du Caravage. Aucune des qualités de lumière qui importent réellement au sens humain, personnel, ne peut se traduire en termes mécaniques. La mère de l'un de mes amis devient chauve en vieillissant, comme cela se produit parfois. Les fines mèches gris-bleu qui parsèment le haut de son crâne désespèrent cette femme qui fut belle; à l'approche des quatre-vingts ans, elle se résigna à porter une perruque. Dans l'espoir de réconforter sa mère, mon ami l'a amenée un jour à une fête où devaient se retrouver un grand nombre d'invités d'un haut rang social. Cette brillante compagnie apparemment l'impressionna vivement.

— C'étaient vraiment des gens fascinants! lui dit-il peu après, cherchant son approbation.

— Brillants, murmura-t-elle, et as-tu constaté tous les cheveux qu'ils avaient?

Notre vision du monde est tout aussi subjective. En entrant dans une pièce, seul ce qui nous importe retient notre attention, ce qui nous indiffère est automatiquement éludé. Il en est de même pour des choses invisibles: telle personne là-bas est un ancien amant, une ancienne maîtresse, telle autre un casse-pieds célèbre; ce vase vaut une fortune (sont-ils donc si riches?), cette toile de peintre a l'air d'un faux. Une carte du cortex visuel cérébral ne vous dira jamais rien des connotations délicates que la lumière révèle à l'œil. Le plan d'un piano ne vous donnera aucune indication sur la manière dont la musique ravit l'oreille.

L'œil du robot ne peut prétendre voir, justement parce qu'il a été construit par des hommes. Chacune de ses pièces a été conçue pour trouver ce qu'un humain sait chercher. Si, par exemple, nous étions incapables de distinguer entre arrière-plans et premiers plans, aucun œil de robot ne serait construit pour percevoir une telle différence et aucun logiciel ne la prendrait en considération. Même s'il pouvait copier à la perfection l'œil et le cortex visuel de l'homme, l'œil du robot demeurerait aveugle. La lumière qui baigne le monde est *ma* lumière.

Cette vérité m'a frappé en lisant l'autobiographie du grand cinéaste suédois Ingmar Bergman, *Lanterna magica.* Bergman a cessé de réaliser des films avant d'atteindre ses soixante-dix ans et assume sereinement cette situation malgré des moments de regret intense:

> «C'est par-dessus tout le travail avec Sven Nyquiste (son caméraman de toujours) qui me manque, peut-être parce que nous sommes tous deux complètement passionnés par les problèmes de lumière. Lumières douce, dangereuse, onirique, vivante, morte, claire, brumeuse, chaude, violente, nue, soudaine, sombre, printanière, tombante, directe, oblique, sensuelle, contenue, limitée, vénéneuse, calmante, blafarde. La lumière.»

Ces mots chantants, élégiaques, me font bien déceler toutes ces qualités dans la lumière. Et il en va de même pour chacun de nous, sans qui la lumière n'aurait ni éclat, ni couleur, ni tonalité d'aucune sorte. Sans *mes* yeux (ou les vôtres), il n'y aurait rien à voir, pas même les ténèbres. Les photons bondiraient au hasard, inintelligemment, à travers le vide, ne définissant jamais rien, ne devenant jamais lumière. La lumière est invisible dans l'espace interstellaire; lorsqu'elle heurte un objet, elle rebondit dans une autre direction, mais sans pour autant devenir visible. Sans nos yeux, le soleil ne rayonnerait pas, les étoiles non plus. Au mieux, ce seraient des points chauds d'émission énergétique, mais même ce terme s'appuie sur notre sens de la température.

Le dehors n'est aucunement définissable, s'il n'y a pas quelqu'un pour le percevoir. Quand les scientifiques proclament qu'ils ont déchiffré les mécanismes de la vue, ils annoncent en fait la découverte d'une simple carte qui ne doit pas être confondue avec la réalité. La carte de Tahiti n'a aucune valeur tant que vous ne savez pas qu'elle est censée correspondre à une île dont les montagnes, les côtes et les rivières ont été vues par des êtres humains. Aucune carte ne fait apparaître les principaux courants aériens, les sites de nidification propres à l'existence des oiseaux alors que cette configuration est un élément important du véritable Tahiti, tout autant que les spécificités qui nous préoccupent. La carte n'est pas le territoire. On connaît maintenant, grâce à des photographies, la vision du monde que donne le regard à multiples facettes d'une abeille, d'une araignée, d'une mouche. Ces insectes sont dotés de plusieurs cristallins, les clichés montrent une collection de huit, dix ou parfois vingt images successives qui, la plupart du temps, définissent une fleur; on peut imaginer que le cerveau de l'insecte la perçoit comme telle.

Le fonctionnement de la vision des insectes n'est pas vraiment saisi par les photographies composites. Seule la vision simultanée au travers de plusieurs objectifs photographiques permettrait à l'homme de s'en faire une idée. En fait, l'œil d'un taon est divisé en vingt mille groupes distincts de cellules oculaires. Chacun d'eux réagit différemment à une longueur d'onde lumineuse très précise, à certaines substances chimiques en suspension dans l'air. Un individu normal, en fait, ne peut concevoir l'image du monde traitée par le système nerveux d'un taon. (À propos, que signifie voir une substance chimique dans l'air?)

Le cerveau du marsouin, d'une grosseur très approchante de celle de l'être humain, réserve quatre-vingts pour cent de sa capacité au traitement des sons. Marsouins, baleines et dauphins bénéficient d'une ouïe remarquable; certaines espèces peuvent détecter les chants de leurs congénères au travers de kilomètres d'eau. Le schéma de l'oreille d'un marsouin, son type de tympan, les minuscules poils dont il est pourvu présentent incontestablement des similitudes avec ma propre oreille. Ce jumelage apparent est trompeur. L'expérience du marsouin demeure inexplicable pour l'esprit humain, indépendamment de la qualité de représentation graphique. Le terme *ouïe* demeure ambigu. L'ouïe, chez le marsouin comme chez la chauve-souris, est une sorte de sonar qui engendre une image tridimensionnelle plus proche de la vision que de l'écoute. Un marsouin entend la taille d'un requin et dans quelle direction il se dirige. Pour ma part, je ne m'engagerai pas plus avant dans cette recherche, croyant savoir qu'un marsouin entend que c'est l'été, que le soleil est bas sur l'horizon, qu'un mérou est gris ou que Mars s'incline sur son propre axe.

Voir les sons

Si toute perception est personnelle, où commencent les véritables images, les véritables sons, les véritables goûts, les véritables textures? Nous sommes certains que nos yeux voient de véritables photons, que nos oreilles entendent de véritables tremblements dans l'air, mais cette certitude s'appuie de toute évidence sur des fondements très peu solides. Le remarquable ouvrage sur le monde des sourds, *Des yeux pour entendre — Voyage au pays des sourds* du neurologue Olivier Sacks cite l'insolite histoire de l'Anglais David Wright qui crut entendre jusqu'au jour où il vit qu'il était sourd.

D. Wright, dans sa petite enfance, avait perdu l'ouïe progressivement et ne s'était trouvé totalement sourd qu'à l'âge de sept ans. Né sans anomalie, il parlait et pouvait comprendre normalement, ce qui l'empêcha de percevoir la disparition progressive des sonorités:

«Dès le début, mes yeux avaient inconsciemment entrepris de traduire le mouvement en son. Ma mère restait la journée durant auprès de moi et tout ce qu'elle me disait m'était compréhensible. Pourquoi pas? Spontanément, j'avais lu sur ses lèvres pendant toute ma vie. Quand elle parlait, il me semblait entendre sa voix. Cette illusion demeura opératoire même quand j'ai su que c'était une illusion. Mon père, mon cousin, tous mes proches, à chacun j'attribuais une voix purement fantasmagorique. L'idée que ces voix puissent être le fruit de mon imagination, puissent se manifester comme projection de l'habitude et de la mémoire conjuguées effleura mon esprit seulement à ma sortie de l'hôpital où l'on avait diagnostiqué ma surdité totale et irréversible. Un jour, lors d'une conversation avec mon cousin, celui-ci eut l'heureuse inspiration de mettre sa main devant sa bouche pendant qu'il parlait: ce fut le silence! Soudainement, une bonne fois pour toutes, je compris que, quand je ne voyais pas, je n'entendais pas.»

Pourquoi en fin de compte ne pas se contenter de voir les voix au lieu d'être condamné à cette habitude dépassée d'utiliser l'ouïe? Nombreux sont les sourds qui «entendent» le vent dans les arbres lorsqu'ils voient se balancer les branches. Dans leur esprit, une connexion convertit un signal visuel en signal auditif. À l'identique, bien des aveugles «voient» les visages rien qu'en les effleurant de la main. Un ordinateur mental a substitué les fonctions de la vue à celles du toucher. Notre cerveau dispose lui aussi de cette capacité, mais la mémoire et l'habitude l'emportent: nous voyons avec nos yeux et nous sentons avec nos doigts parce que nous y avons été conditionnés. Faut-il considérer cela comme tellement invraisemblable?

Thoreau rapporte dans *Walden ou la vie dans les bois* qu'il avait coutume de prolonger sa visite tard dans la nuit chez un ami à Concord, dans le Massachusetts, ce qui le contraignait à regagner sa hutte de Walden Pond à pied dans le noir le plus total. Il «voyait» sans la moindre hésitation son parcours dans les ténèbres, même sans lune, et atteignait immanquablement son logis, à plusieurs kilomètres de distance, sans même avoir trébuché.

Le cas de Mayer Schneider peut être cité également: cet Israélien aveugle de naissance est parvenu à recouvrer un degré de vision tout à fait étonnant par la pratique d'exercices oculaires conçus par lui-même (enseignement qu'il dispense de nos jours à bon nombre d'adeptes, depuis son domicile de San Francisco). Sa vue, selon les ophtalmologistes, atteint près de trois dixièmes de dioptries, malgré le fait que le fond de son œil présente toujours les mêmes aspects anormaux. En tout premier lieu, l'idée que nous sommes dotés de cinq sens seulement s'avère totalement arbitraire. Notre sens du toucher inclut notamment nos réactions à la chaleur, à la texture, à la pression, au positionnement de nos membres, au poids de notre corps, à la douleur — tout ce qui concerne le «sentir». Au dire de certains chercheurs qui se penchent plus particulièrement sur le domaine de la perception, lorsque notre système nerveux est en bon état, le nombre de nos sens s'élève à dix-sept. Très peu d'entre eux portent un nom, certains demeurent sujets à caution. N'importe qui semble pouvoir détecter les phéromones, ces agents chimiques que le corps émet sous l'emprise de la peur ou de l'excitation sexuelle, et notre épiphyse, dans le cerveau, modifie ses émissions hormonales selon sa perception du cycle solaire annuel. Certaines personnes, peu nombreuses il est vrai, bénéficient d'une perception extrasensorielle permettant de voir les auras lumineuses enveloppant autrui.

En définitive, la perception, sublimement élastique, rend à l'esprit les services que celui-ci choisit de se faire rendre. Nos cinq sens s'ingénient à valider la réalité des nouveaux mondes que nous inventons au sein de notre univers personnel. Il est même parfois concevable d'arriver à éteindre la réalité extérieure. Un de mes amis psychiatres a reçu un appel d'urgence et s'est rendu au centre-ville de Boston: une voiture arrêtée à un feu rouge n'avait pas redémarré au feu vert. Un policier, arrivé sur les lieux, avait découvert le conducteur immobile, plaqué à son volant. Il semblait présenter les signes d'une crise cardiaque. Les ambulanciers qui le rejoignirent quelques instants plus tard le trouvèrent en vie mais dans une immobilité absolue, sans aucune réaction à la lumière, pas plus qu'au son ou au toucher. Malgré cet état catatonique, ses pupilles se dilataient encore sous la lumière d'une lampe de poche. Assis, telle une statue, rigide, les mains agrippées au volant, il fallut l'extraire de force de son véhicule. Mon ami constata que ce conducteur était totalement rétracté sur lui-même. Il ne présentait aucun antécédent de maladie mentale (ce qui n'excluait pas toutefois l'hypothèse qu'il fût un schizophrène non déclaré comme il en existe plusieurs). Pour des motifs qui lui étaient propres, cet homme venait de décider de tout arrêter; il ne fallut pas plus d'un instant pour que tout son système perceptif cessât de fonctionner. Personne ne sait pourquoi quelqu'un décide, un beau jour, de gommer le monde extérieur. Chacun dispose de ce pouvoir souverain et dans la mesure où il le met à exécution, personne, hors de sa sphère mentale, ne représente plus rien pour lui.

Peu importe que nous ayons cinq ou dix-sept sens, chacun n'étant que le vecteur d'information des activités essentielles de l'esprit, telles que la sélection, l'interprétation, en fin de compte la création de la réalité. Un nouveau-né vit en totale union avec sa mère ainsi qu'avec chaque objet. Certes il possède une peau sous-tendue par un réseau nerveux en bon état de marche et des yeux dotés de bonnes rétines, l'ensemble de tous ces éléments de la mécanique humaine ne permettant pas de faire comprendre au bébé son individualité. Toucher et voir quelque chose dehors apparaissent pour lui comme *me* toucher et *me* voir moi-même.

Les premiers mois de vie du nouveau-né se limitent essentiellement au travail intellectuel qui consiste à s'extraire du magma homogène de la «moi-ité». Il en a été de même pour presque tous. Certains individus, autistes très jeunes, fugitivement conservent cette sensation de replonger dans cette «moi-ité» fusionnelle; il leur arrive encore de toucher en quelque sorte un mur rien qu'en le voyant. L'expérience fusionnelle est certes très agréable pour un enfant, en revanche l'adulte est déstabilisé et peut se laisser submerger par la peur si cette expérience se prolonge.

Un sens a une fonction bien spécifique, que ce soit pour voir, pour toucher, entendre, pour atteindre la réalité, mais pour cela le processus de sélection se charge d'éliminer des milliards de stimuli. Lorsque notre regard nous porte vers un individu, ses propres ondes infrarouges, le champ électrique qui le cerne, les boucles magnétiques qu'il dégage et lui reviennent, tout cela reste hors de notre atteinte; la résonance du sol sous ses pas nous échappe tout autant: aucun de ces signaux n'appartient au registre classique de nos sens. Toutefois, il est fort probable que nous y réagissions inconsciemment.

Serpents, chauves-souris, insectes en général fonctionnent avec des signaux identiques. Ils habitent un monde sensible qui se superpose au nôtre quoiqu'il en soit incontestablement différent. M'imaginer le monde vu par un caméléon dont les yeux tournent indépendamment l'un de l'autre dans leurs orbites me procure un incontestable plaisir. Pour celui-ci, un rayon de lumière qui vient heurter une table s'avère être double. Dans la mesure où son œil pivotant lui permet de gérer toute distance déterminée autant qu'il le souhaite par rapprochement ou éloignement, deux chaises ne peuvent en aucun cas se trouver à plus de trente centimètres l'une de l'autre.

À ce propos, quelqu'un un jour a vivement contesté mon propos.

— Disposant d'yeux de caméléon, je pourrais voir cette porte soixante-dix centimètres plus à gauche, mais elle ne se trouverait en fait pas vraiment là. Si je tentais de l'ouvrir, je me cognerais au mur.

— Réfléchissez, répondis-je. Cela signifie que vous vous fiez plus à votre sens du toucher qu'à celui de la vue. L'environnement peut sembler très probant, mais cela ne résout rien: pourquoi, après tout, devrions-nous nous fier à nos sens?

Réalités multiples

Si chacun crée sans cesse sa propre expérience intérieure, interprétant à l'infini des données brutes captées par nos sens, nous disposons alors d'une raison vitale et suffisante pour ne refuser à qui que ce soit sa propre version de la réalité. La génération précédente revendiquait l'hypothèse qu'une réalité — dure, scientifique, matérialiste — pouvait être exploitée dans n'importe quel cas de figure. Le temps est venu maintenant de tenter de faire avec des situations issues de réalités multiples.

Un anthropologue britannique qui se trouvait en Inde pour y entamer une étude sur le terrain s'était aventuré un soir dans la jungle. Par le fait du hasard, il y surprit une scène en tous points étrange: un vieil et saint homme dansait, enchanté, tout seul dans la forêt. Il gesticulait, se mouvait avec rapidité, embrassait les arbres, riant lorsque les feuilles bougeaient; une expression d'intense joie et de béatitude émanait de son visage éclairé par la lune. Fasciné par ce spectacle étrange, l'anthropologue ne résista plus:

— Excusez-moi, dit-il, s'extrayant de derrière les bosquets, mais qu'est-ce qui vous fait danser ici, seul dans la jungle?

Le saint homme sembla décontenancé et répondit:

— Pardonnez-moi, mais qu'est-ce qui vous fait penser que je suis seul?

Il n'y avait point de réponse à des questions formulées d'un regard si différent sur ce qui venait de se dérouler. Le saint homme se voyait entouré par les esprits naturels de la forêt là où l'anthropologue ne pouvait distinguer que bois et chlorophylle. Il y avait bien juxtaposition, superposition partielle de leurs deux réalités, mais point de fusion: elles ne pouvaient être partagées.

Ma propre vie a été dominée par des réalités antagonistes, parfois antinomiques, et c'est la raison pour laquelle j'apprécie à ce point ce genre d'anecdote. J'ai passé la plus grande partie de mon enfance en Inde, dans la famille d'un médecin militaire, et j'ai eu l'occasion de voir défiler sur le terrain, au son des cornemuses écossaises, la fanfare d'un régiment de soldats enturbannés du Penjab. Chacun de mes anniversaires était l'occasion pour nous, les enfants, de nous asseoir, yeux grands ouverts, mains sur la bouche, pour assister au spectacle d'un charmeur de serpents; néanmoins, mon cadeau préféré fut un train miniature venant d'Angleterre, avec tous ses accessoires et de minuscules gares où l'on pouvait lire «Wenbley» et «Paddington». Mon école de New Delhi, Saint Columba, était dirigée selon les sévères coutumes anglaises par des frères catholiques. Durant nos récréations sportives, je n'échappais pas aux punitions du frère McNamara qui, m'entraînant hors du terrain de jeu, à l'écart de mes camarades, baissait mes pantalons et me donnait la fessée toutes les fois où je lançais la balle à l'extérieur de l'arceau de gauche — à Saint Columba, le cricket était une question de vie ou de mort. Le jour de la remise des diplômes, ce même frère me pria de le rejoindre dans son bureau afin de m'expliquer:

«Le Christ est mort pour racheter votre damnation éternelle. Tel est le but essentiel de l'éducation que vous avez reçue ici. Qu'envisagez-vous de faire en ce sens?»

Pouvais-je lui avouer que nous avions pour voisin un *swami* qui ne survivait que grâce à la générosité de ma mère, hindoue fervente, qui lui versait chaque mois cinquante roupies? (Infimes besoins qu'étaient les siens, il demeurait assis dans les profondeurs de son *samadhi* sept jours sur sept, bougeant et respirant à peine.) Aurait-il été préférable de lui dire à quel point, d'un pèlerinage jusqu'à une grotte sacrée du nord de l'Inde, ma mère était revenue habitée? S'étant agenouillée à l'entrée de celle-ci, elle avait ouvert les yeux et reçu la bénédiction du dieu Shiva sous la forme d'un cobra dressé à soixante centimètres d'elle.

Ma perception de la vie, fragile et indécise, ballottait d'un monde à l'autre. Le jour où j'ai quitté en avion le Sri

Lanka pour passer le concours qui m'autoriserait à pratiquer la médecine aux États-Unis, dans un temple dédié à la vénération d'une dent de Bouddha, ma matinée s'est déroulée à écouter de sublimes carillons éoliens accordés des milliers d'années auparavant pour le plaisir des *devas*, des anges. L'après-midi de ce même jour fut entièrement consacré au passage d'un examen où il n'était question que de voies métaboliques et de biochimie fondamentale. Extrêmement soucieux de ne laisser entrer aux États-Unis que des médecins parlant parfaitement l'anglais, le consulat américain faisait passer une épreuve de langue dont une question est restée gravée à jamais dans ma mémoire:

«Un boxeur poids lourd est: a) un homme qui soulève de lourdes boîtes; b) une catégorie de sportifs; c) un homme costaud dont le corps évoque la forme d'une boîte[1].»

Quel est mon véritable moi? Je me sens obligé de répondre: «Tous.» La capacité à créer un être totalement neuf et singulier à la surface de la Terre, voilà l'immense victoire du moi. Le frère McNamara, ma mère, notre voisin le *swami*, Shiva sous la forme d'un cobra, mon équipe de cricket et une maquette de gare portant le nom «Wenbley» font partie d'un tout qui est mon moi intérieur. Mon identité, ma personnalité se sont définies par l'assimilation de l'ensemble des images évoquées. Chaque fois que je m'exprime, que j'agis sous une forme ou sous une autre, je laisse apparaître forcément tout un ensemble de réactions physiques qui me sont propres. Chaque réflexion nouvelle se traduira chez moi par une modification physiologique subtile. Toutefois, «subtile» sous-entend ici l'action de millions de signaux neuronaux à l'intérieur du cerveau qui, en moins de temps qu'il n'en faut pour le dire, vont créer des milliards d'autres

---

1 • Jeu de mots sur le double sens en anglais du mot *box*, qui peut désigner la boxe et une boîte. (NdT)

événements cellulaires. Dans le vrai sens du mot, toute nouvelle pensée crée une nouvelle personne. Il en est ainsi pour chacun d'entre nous. À l'évocation d'un souvenir précieux de son enfance, un vieillard peut soudain retrouver toute sa jeunesse. Bien que momentanés, les effets peuvent être frappants: ses rides s'estompent, sa peau semble plus souple, ses yeux étincellent de vie. L'adolescent demeure toujours en lui et cherche à poindre au-delà du temps. Que de regrets manifestés, dès qu'il doit revenir à la réalité et reprendre, alourdi par le poids des ans, le masque du grand âge. La profondeur et l'intensité de ces variations sont parfois abyssales. Le témoignage d'une paroissienne du père Jean Lamy, prêtre français décédé en 1931 à l'âge de soixante-dix-huit ans, m'a particulièrement fasciné. Saint homme, profondément croyant, un jour le père Lamy entama un sermon plein d'enthousiasme et cette dame vit alors un homme d'aspect très jeune apparaître mystérieusement de l'intérieur même du vieux prêtre:

«Il stoppa soudain son discours et leva son regard. Semblable à un bloc d'albâtre éclairé de l'intérieur, son visage devint complètement translucide. Malgré son grand âge, je le vis de mes yeux apparaître sous les traits d'un homme d'une trentaine d'années, éclatant et beau, les vrais traits lisses, sans une ride. Il n'avait pas d'auréole autour de la tête, une lumière toute particulière rendait son visage transparent, sans creux, sans ombre, ni autour des yeux, ni autour du nez. Cela m'a paru durer cinq à six secondes, peut-être plus, je ne saurais dire. Lumineux, il regardait droit devant lui. Puis tout redevint normal, imperceptiblement. Il a poursuivi son sermon comme si de rien n'était.»

Ce moment magique, qui fut confirmé par un autre témoin oculaire, est une manifestation de l'illumination intérieure propre aux saints et aux grands sages, quelles que soient l'époque et les traditions en usage. Sans insister sur le contenu spirituel d'une telle expérience, dont je ne m'entretiendrai pas pour l'instant, je suis extrêmement impressionné par la métamorphose que subit la matière, en l'occurence le corps physique, grâce à l'exaltation de la conscience.

Pour circonscrire totalement le champ de la conscience, force est de laisser de côté la notion qui veut que tout ce qui la compose soit limité à votre sphère mentale. Dans toutes les sociétés primitives, les humains portent leur regard sur un objet et ne conçoivent pas que cela puisse se faire sans la projection de l'esprit. Au lieu de reconnaître que la lumière extérieure permet la vision, ils prétendent que celle-ci émane de l'intérieur de l'individu. Pour ces sociétés, un chasseur particulièrement expérimenté peut hypnotiser le gibier rien que par le regard et le capturer ainsi, de la même façon qu'un chaman peut guérir les gens ou, au contraire, leur nuire.

Dans ces deux cas de figure, le regard, telle une onde porteuse, se fait le prolongement de l'intention mentale vers le monde extérieur. Au lieu de concevoir la perception visuelle comme une *appropriation* de la réalité, l'on croit que la perception confère une réalité et c'est le point de vue d'Aristote et de toutes les civilisations de l'Antiquité. Il en est de même pour les autres sens. Le son possède notamment un pouvoir qui va bien au-delà de ses vibrations physiques. C'est la raison pour laquelle les hommes des tribus de Nouvelle-Guinée peuvent abattre un arbre par un cri, et que les coups de trompettes des Israélites ont fait chanceler les murs des cités.

L'évolution dite moderne rit de tels événements, les interprétant comme des superstitions du type «mauvais œil». Nous croyons que les ondes lumineuses pénètrent l'œil, et les ondes sonores l'oreille. La question n'est toujours pas résolue, puisque c'est le flux de l'attention qui répand les énergies évoquées jusqu'ici et non les photons ni les molécules d'air.

On sait maintenant comment le corps peut vivre ou mourir en fonction d'une construction mentale. Toutefois il faut approfondir cette idée ancestrale de l'interaction de notre esprit et du monde. Sinon, il est impossible de déterminer si l'on doit vraiment tourner le dos aux superstitions et si nous ne laissons pas échapper ainsi un pouvoir, un pouvoir inopérant et que l'on pourrait extraire de son bloc de glace.

3

La pensée magique

La magie n'a eu aucune prise sur moi pendant un certain temps. Lorsque je me suis installé à Boston, j'assurais des gardes de seize heures d'affilée à l'hôpital des anciens combattants. Je voyais à peine mon épouse, et passer un doux instant avec notre petite fille était un trop rare moment privilégié, car elle allait au lit au moment où je rentrais... La modicité de mon salaire m'incita à travailler davantage, et ceci d'autant plus que nous commencions à nous sentir à l'étroit dans notre minuscule appartement. J'acceptai donc de faire — de nuit — des heures supplémentaires, et, au lieu de rentrer à la maison, je filais dans ma vieille Volkswagen vers une salle d'urgence des faubourgs où je restais de garde jusqu'à l'aube.

J'avais un compagnon de labeur: Karl, chirurgien traumatologiste très doué, travaillait avec moi. Nous prenions un peu de repos chacun à notre tour, afin de ne pas tomber d'épuisement. L'un de nous s'allongeait sur un brancard dans un couloir de service, tandis que l'autre gardait les yeux ouverts.

Comment le mot «magique» aurait-il pu s'appliquer à une telle vie? Pour moi, ce mot n'avait aucun sens. La vie était difficile et parfois à peine supportable: ainsi la fameuse nuit où je fus obligé de faire une césarienne à une femme que l'on venait d'assassiner. Karl était absent et j'étais aidé par une jeune infirmière irlandaise. Faute de temps, nous n'avions pas pu monter la civière jusqu'au bloc opératoire et avions dû rester à l'entrée des urgences. L'horreur de la situation faisait trembler nos mains, et la mère mourut quelques minutes après la naissance de son bébé. Tendus, nous attendions qu'il donne un signe de vie. Enfin il respira, puis se mit à gigoter. «Tout va bien pour le petit», murmura l'infirmière. Elle emporta le bébé vers les couveuses en le berçant doucement et je la vis sourire à travers les larmes qui roulaient sur ses joues et qu'elle ne pouvait retenir: dans l'ombre de la douleur perçait soudain la joie. «En est-il jamais autrement?» pensai-je. Le monde tourne comme un moulin qui fait sa farine, avec la vie et la mort, sans états d'âme. Et le médecin, lui, danse tout près de la meule en essayant de conserver un tour d'avance sur la mort, afin que la vie garde ses chances.

Non seulement cet affreux événement, mais aussi une vie entière d'expériences de toutes sortes m'avaient amené à penser que les choses se produisent dans la nature sans la moindre considération pour les sentiments ou les espoirs humains. Alors se déroula une curieuse série de coïncidences qui ébranla mes certitudes et m'obligea à me poser la question de savoir si l'esprit, d'une quelconque façon, ne contribuait pas à provoquer les événements — et c'est ici, d'après moi, que commence la magie.

Ces coïncidences apparurent d'abord de manière banale et en apparence inoffensive: Karl commença à tousser, ce qui n'avait rien de surprenant car il fumait beaucoup trop, même en travaillant. Il avait une toux abominable, rauque, alimentée par ses deux paquets de cigarettes quotidiens. Je l'entrepris, une nuit, sur ce sujet et lui demandai pourquoi diable il ne se soumettait pas à un contrôle radiologique de son état pulmonaire, ne serait-ce que pour vérifier. «Parce que, me dit-il gravement, si j'y découvre un cancer, je mourrai de terreur.» L'expression que je vis alors sur son visage m'empêcha d'insister.

Cependant sa toux devenait si mauvaise qu'inévitablement, son travail en souffrit. Il se rendit à mes arguments et subit l'examen requis: le cliché fit apparaître, sur l'écran lumineux, une ombre grise, ronde comme une pièce de monnaie, sur le lobe inférieur du poumon gauche.

«Mon Dieu! laissa-t-il échapper, j'ai vraiment le cancer!» Je lui répondis qu'il n'y avait pas de certitude, mais quelques jours après nous savions tous qu'il avait raison. Une semaine plus tard, il cracha du sang pour la première fois. Au bout de trois semaines, il haletait et avait peine à retrouver son souffle. Il subit une radiothérapie à hautes doses, mais sans succès. Deux mois plus tard, mon ami Karl mourut.

Il avait disparu avec une rapidité choquante; je me contraignis au fatalisme. Karl avait succombé à un cancer épidermoïde du poumon, dont la mortalité frise les cent pour cent. Tout permettait donc de penser, d'après les statistiques, qu'il n'aurait eu que fort peu de chances d'en réchapper. Mais par hasard, il m'arriva d'avoir sous les yeux une radiographie pulmonaire de Karl vieille de cinq ans. Quand, par curiosité, je la juxtaposai à la dernière en date, je fus pris d'un frisson; les deux images étaient à peine différentes: l'ombre grise de la même lésion était déjà visible sur le premier cliché, à peine plus petite mais un peu plus floue, ce qui expliquait l'absence de diagnostic précoce.

Le corps de Claude avait donc vécu cinq ans avec cette petite tache sombre et ronde. Comment, en l'espace de deux mois, avait-elle pu venir à bout de lui? Était-il en effet mort de peur, ainsi qu'il l'avait craint lui-même? Non! répond brutalement la médecine conventionnelle. Les processus des tumeurs malignes sont pratiquement mécaniques. Ils répondent à des lois physiques, chimiques et biologiques établies, et non à l'imagination du patient. On ne meurt pas d'une maladie simplement parce qu'on la craint. Pourtant, il semblait là que la crainte avait pu précipiter la fin...

Troublante magie

La peur n'est que la forme inverse, le négatif photographique de l'espoir. Si elle peut se matérialiser, les espoirs le peuvent également. Ce n'est qu'une hypothèse. En réalité, quand un psychiatre interroge un patient soupçonné de perdre la raison, l'un des tout premiers symptômes qu'il recherche est ce que l'on nomme la «pensée magique». Le signe distinctif en est la conviction qu'a l'individu de pouvoir dominer la réalité grâce à son esprit. Les feux ne passent pas automatiquement du rouge au vert: il les contrôle. Ses pensées font que les gens se rapprochent ou s'éloignent de lui. En fermant les yeux, il croit qu'il fait disparaître le psychiatre.

Qu'une pensée puisse se concrétiser n'implique pas qu'elle soit magique. Il arrive que des gens aient soudain une prémonition les avertissant, par exemple, de ne pas prendre un avion, dont ils apprendront par la suite, en lisant le journal, qu'il s'est écrasé. Ces choses adviennent, mais une fois passé le moment de stupéfaction, nous les chassons en général de notre esprit. Et si, pourtant, tout était l'œuvre d'une relation de cause à effet? Peut-être ces voyageurs ont-ils été effectivement prévenus par des puissances invisibles qui leur ont sauvé la vie. À ce niveau, nous côtoyons en effet la magie.

L'étape suivante peut conduire au dérangement mental. Certains schizophrènes paranoïdes ne parviennent plus à différencier leur esprit de celui de Dieu. Cette sorte de folie va les inciter à se croire responsables de la survie de la planète. Sans leur intervention personnelle, un tremblement de terre ferait s'effondrer l'Empire State Building, des missiles nucléaires fondraient sur le cercle polaire...

Certains paranoïaques peuvent rester éveillés vingt-quatre heures sur vingt-quatre, telles des mères soucieuses auprès d'un berceau, intimement persuadés que le monde réel disparaîtrait, s'évanouirait comme un mirage s'ils détachaient de lui leurs pensées.

Cependant, il ne s'agit là que d'une facette du mystère qui intrigue l'humanité depuis des millénaires. Peut-on vraiment influer sur la réalité par nos pensées? Modifier le temporel par le spirituel? Un mystique pur et dur répondra instantanément oui alors que son homologue rationaliste niera énergiquement. Mais la plupart des gens réagissent à cette question par la curiosité et la perplexité. Personne n'a jamais formellement démontré le caractère erroné de la pensée magique. Et cependant, certains événements ne peuvent s'expliquer autrement.

On connaît, par exemple, ce phénomène par lequel des patients en phase terminale ont, soudainement et contre toute attente, l'intuition de leur guérison. Rien ne permet au patient ni au praticien de prévoir ce revirement soudain de la psyché. Est-ce l'effet d'un hasard, comme l'endroit où tombe la foudre? Un exemple remarquable (que m'a signalé le Dr Yujiro Ikemi) est celui de patients cancéreux en phase terminale, dont la tumeur souvent énorme disparaît soudain. Ils en ont la prescience, soit au moment même, soit juste avant que cela ne se produise. Ils *savent*. Et, en un instant, le désespoir que connaît tout patient affrontant la mort cède la place, non à l'espoir, mais à un état de savoir tranquille, pratiquement surnaturel. «Je n'ai plus de tumeur», pourraient-ils dire, aussi naturellement qu'ils affirmeraient: «Je n'ai plus le rhume.» On ne sait quelle hypothèse retenir, d'un état de conscience qui a pu ou bien modifier l'état du corps ou bien simplement signaler cette modification.

Si nous acceptons l'idée de pensée magique, non pas synonyme de dérangement, mais d'un pouvoir potentiel de l'esprit, nous devons constater que ce pouvoir est presque toujours dissimulé: seuls quelques fous ou quelques innocents osent livrer le secret de leur monde intérieur.

Pour tenter d'aborder cette pensée magique, peut-être faut-il écarter, un instant du moins, la connexion corps-esprit et se concentrer sur l'idée du penseur magique et de son objectif. J'émets l'hypothèse de l'autoréférence, c'est-à-dire une évaluation de la réalité en fonction de points de repère intérieurs, par le biais de nos propres sentiments et intuitions, plutôt qu'en fonction de repères extérieurs. Cela pourrait expliquer une modification de l'état de conscience, qui provoque à son tour une transformation dans le corps, ce qui n'est pas mystérieux car *toute* nouvelle réalité est de toute façon déclenchée par un tel changement et poursuit à l'intérieur de nous ses propres métamorphoses.

En fait, nous participons à chaque événement. Même s'il apparaît fortuit. Avec plus de vigilance, nous pourrions voir nos pensées irradier, telle la lumière d'une lampe ou d'une étoile. Les pensées jaillissent de leur source invisible et viennent heurter le monde comme la houle déferle sur le rivage. Elles frappent tout le cosmos — les chênes, les nuages, les gratte-ciel, les gens et même les atomes et les particules subatomiques les plus aléatoires. Fondamentalement, ce ne sont que des reflets visibles captés par le miroir de la conscience. Et le miroir est vaste — les pensées déferlent jusqu'aux confins de l'Univers, partant d'une source limitée mais se propageant jusque dans l'infini.

Le contraire de l'autoréférence est la référence à l'objet, laquelle accorde l'importance majeure aux éléments extérieurs, aux objets, plutôt qu'à soi-même. Tous — ou presque — nous nous trouvons dans ce cas, celui de l'individu dont la pensée s'appuie sur les référents extérieurs. Et qui suppose automatiquement que son esprit n'a aucune influence sur le monde extérieur. En effet, une pensée est un événement subjectif ricochant à l'intérieur d'une sphère mentale dont elle est à jamais captive. La conscience à référents extérieurs, elle, est asservie aux objets solides de la Création qui lui semblent beaucoup plus réels et puissants que l'impalpable d'une pensée.

Même s'il peut vous apparaître difficile d'imaginer une réalité uniquement centrée sur soi-même, il semble que certains individus conçoivent fort bien, et avec bonheur, de vivre ainsi. De l'un de ses voyages au Cachemire, un ami m'a rapporté l'histoire troublante que voici:

«Srinagar, la capitale du Cachemire, au pied de l'Himalaya, est souvent visitée par de saints hommes. Un jour l'un d'eux marchait dans la rue. C'était un ascète portant une longue barbe, vieux mais très grand et apparemment vigoureux. Vêtu d'une robe orange, il tenait à la main le bâton que l'on appelle *trishul*, le trident de Shiva, que bon nombre d'ascètes indiens considèrent comme leur protecteur. Alors qu'il se rapprochait de moi, cet homme fut assailli par une bande de garnements. Leurs railleries s'accompagnèrent d'une bousculade contre le vieil homme qu'ils tiraillaient en tous sens. L'ascète restait impassible. Alors, l'un des voyous s'enfuit en emportant le trident. Le vieillard continua sa marche, toujours souriant comme si rien ne lui était advenu; pourtant ce bâton devait être sa seule richesse, et sans aucun doute l'avait-il reçu cérémonieusement de son gourou, bien longtemps auparavant! Le sac de coton pendu à son cou devait contenir le reste bien maigre de ses richesses. Soudain, un autre garçon arriva en courant derrière l'ascète, la main serrée sur le trident qu'il lui rapportait. À l'instant précis où il se trouva à proximité du vieillard, prêt à lui tendre le bâton, l'homme, qui n'avait rien vu de la scène, tendit élégamment la main pour recevoir son *trishul*. Il continua droit devant lui et ne détourna pas la tête: c'était comme si la main et le bâton n'avaient jamais été séparés. Puis il disparut.

J'ai poursuivi mon chemin, j'avais peine à oublier ce vieil homme. Comment avait-il pu rester aussi impassible? Savait-il qu'il allait retrouver son *trishul*? Je le croisai à nouveau au carrefour suivant. Il tourna son regard vers moi profondément, puis me fit un signe de complicité et enfin me proposa en anglais d'aller en sa compagnie prendre la tasse de thé traditionnelle. Il s'était donc aperçu de ma présence. Son offre paraissait quelque peu risible, mais en même temps, je me sentis entraîné dans une réalité sans faille, intangible, qui me donnait de surcroît une sensation de protection parfaite.»

Cette histoire m'amène à conclure que le moi et le monde ne sont pas séparés des entités. Et si l'incident était plus qu'une simple altercation entre un vieil homme et une bande de jeunes garçons? Ce pouvait être un divertissement à l'intérieur de la conscience de celui-ci ayant pris forme extérieure. Campée au centre de l'événement, sûre de son dénouement, la main avait retrouvé le bâton parce que telle était sa destinée. Mieux que d'autres, certains perçoivent cette magie, et comme le dit Robert Frost dans l'un de ses plus brefs poèmes:

«Nous dansons en cercle et supposons
Mais le secret est assis au milieu — il sait.»

Mon ami alla donc prendre le thé que lui proposait l'homme au *trishul*, mais il n'obtint plus de lui aucune parole. Assez de mystère dévoilé en un jour.

Pour apprendre à vivre sur la base de l'autoréférence, rien n'oblige à perdre de vue le monde matériel. Le plus austère des ascètes a besoin de nourriture, d'eau et d'un toit. Les plaisirs de ce monde ne sont pas forcément les ennemis du moi. Pourquoi ne pas considérer le soi comme facteur premier et les choses extérieures comme secondaires? Peut-être à cause de la difficulté de se situer comme pivot de la réalité pour qui se définit par le biais des objets extérieurs. Peut-être est-ce aussi la raison pour laquelle notre culture à références objectives a délaissé des mots tels que: *autonomie, esprit d'initiative, autosuffisance,* pour les remplacer par: *narcissisme, centrage sur soi, introversion, renfermement, solipsisme, égocentrisme.* Certes, la subjectivité est souvent versatile et par là même peut paraître indigne de confiance; cependant, il n'est pas moins hasardeux de se fier, psychologiquement, aux éléments de l'extérieur. Je me souviens d'une fable que l'on racontait beaucoup en Inde: il était une fois un pauvre villageois qui ne possédait que deux richesses — son fils de seize ans et un superbe poney gris. Il les aimait plus que tout au monde. Un jour, le poney gris disparut et demeura introuvable. Le villageois tomba dans une tristesse profonde. Personne ne parvenait à lui redonner courage. Le troisième jour, le poney revint, escorté d'un magnifique étalon arabe noir. Fou de joie, l'homme embrassa son poney et mit aussitôt la bride à son compagnon.

Son fils, impatient d'enfourcher ce cheval sauvage, lui en demanda la permission, et comme il ne savait rien lui refuser, il y consentit. Une heure après, on apprit que le jeune homme avait fait une mauvaise chute sur la plage. La jambe droite brisée en deux endroits, contusionné, il fut amené chez lui sur un brancard. À la vue de son fils blessé, le bonheur du père laissa place à un désespoir sans bornes.

Il se lamentait, assis devant sa hutte, quand survint une troupe de soldats du roi. Ils avaient pour mission de recruter des hommes pour en fournir l'armée, car la guerre était imminente. Ils enrôlèrent indistinctement tous les jeunes hommes du village mais, arrivant à la demeure de cet homme et voyant que son fils était estropié, ils ne l'emmenèrent pas. Cette fois, les larmes du père devinrent des larmes d'allégresse, et il rendit grâce aux cieux pour la catastrophe sur laquelle il se lamentait un instant auparavant.

Ce qu'il y a d'intéressant dans cette histoire, c'est qu'elle n'a pas de fin. C'est à la fois sa singularité et la morale qui s'en dégage. Les hauts et les bas de l'humeur de ce villageois n'ont pas de cesse, reliés comme ils le sont aux destins capricieux d'un jeune homme et d'un poney. Dans la vie quotidienne, les gens sont préoccupés de plus de choses, mais le résultat est le même. Aussi longtemps que leur bonheur dépend des objets du monde extérieur, aussi longtemps demeurent-ils prisonniers. Pour des objets, ils ont renoncé à leur liberté.

Tristes histoires d'amour

La médecine n'en est pas encore à accepter l'idée que l'autoréférence joue un rôle essentiel dans l'apparition de la maladie ou dans sa disparition; pourtant, de nombreux patients admettent volontiers cette possibilité. D'instinct, ils se penchent sur les sensations qui accompagnent leur maladie. En général, elles sont confuses et les induisent en erreur, par exemple lorsqu'ils nient l'évidence ou en conçoivent une vive culpabilité. Parfois aussi, elles sont incroyablement précises et donnent au patient une perception bien plus claire de son état que les moyens objectifs.

À ce sujet, le célèbre auteur de science-fiction Michael Crichton, qui fit des études de médecine il y a vingt-cinq ans à la faculté de Harvard, a fait un récit captivant. Dans les pages autobiographiques de son livre *Travels*, Chrichton se remémore le temps passé dans le service de cardiologie d'un centre hospitalier universitaire de Boston. Les étudiants de troisième et quatrième années font habituellement, chacun à leur tour, de brefs stages dans les principaux services hospitaliers. Chrichton ne songeait pas à poursuivre des études de cardiologie, mais une question fondamentale, qui n'avait jamais été formulée, s'imposa à lui. Et si la maladie du cœur était différente pour chacun des patients atteints? N'aurait-elle pas une signification distincte et personnelle pour chacun d'entre eux?

Certaines découvertes médicales notoires du début des années cinquante avaient nourri la réflexion de Chrichton en ce sens. Au cours de la guerre de Corée, les autopsies faites sur de jeunes combattants révélèrent aux médecins, très surpris, la présence de signes alarmants d'atériosclérose chez plus de soixante-dix pour cent d'entre eux; leurs artères, tapissées de plaques graisseuses, n'alimentant plus le cœur en oxygène, les auraient menés fatalement à la crise cardiaque.

Si des jeunes gens de dix-sept ans portaient déjà les signes de cette maladie, pourquoi, se demanda Crichton, l'infarctus ne frappait-il généralement que des hommes parvenus à quarante ou cinquante ans? Crichton écrit:

«En supposant que tous ces patients aient vécu depuis leur adolescence avec des artères rétrécies, une crise cardiaque aurait pu survenir à tout âge. Pourquoi se passait-il vingt ou trente ans avant qu'elle ne se produise? Pourquoi une année plutôt qu'une autre, une certaine semaine plutôt que la précédente?»

En quête de réponses à ses questions, il demanda à ses malades de préciser les sentiments qu'ils entretenaient envers leur maladie. Privilégiant une relation directe avec ses patients, Crichton les interrogea sans ménagement: «À quoi attribuez-vous votre crise cardiaque?» leur demanda-t-il. Il s'aperçut qu'il pouvait provoquer des réactions inattendues.

«La question ainsi posée sous-entendait que les patients avaient une certaine part de responsabilité dans l'évolution de leur maladie et pouvaient éventuellement la contrôler. Craignant de leur part une réaction agressive, j'abordai un malade d'une quarantaine d'années, peu atteint, d'humeur agréable:
— À quoi attribuez-vous votre crise cardiaque?
— Voulez-vous réellement le savoir?
— Assurément.
— À la suite d'une promotion, la société qui m'emploie désire que je m'établisse à Cincinnati. Ma femme s'y oppose. Toute sa famille étant à Boston, elle refuse de me suivre. Voilà la raison.»

Le malade s'était exprimé calmement, sans le moindre emportement. Crichton poursuivit ses investigations auprès des autres patients et tous répondirent de façon analogue:

«Ma femme envisage de me quitter.»

«Mon fils ne veut pas faire son droit.»

«Je n'ai pas eu d'augmentation.»

«Ma femme désire un autre enfant et je pense que cela n'est guère possible.»

Aucun d'eux ne restait sans réponse, mais pas un n'attribuait son infarctus à l'atériosclérose ou à l'un des facteurs de risques courants tels les régimes trop riches en lipides, l'hypertension artérielle, la sédentarité, le tabac. À la fin des années soixante, l'interaction corps-esprit ne paraissait pas sérieuse et la manière de voir de ses patients mit Crichton dans l'embarras. Y songeant à nouveau, il écrivit:

«J'observais que leurs raisons prenaient un sens si on les rapportait à l'organisme tout entier, comme si celui-ci reflétait une crise intérieure. Ces malades relataient des événements ayant touché leur cœur, au sens métaphysique: des histoires d'amour. De tristes histoires d'amour dont leur cœur avait pâti. Leur femme, leur famille, leur patron y étaient indifférents, leur laissant un cœur meurtri et bientôt *littéralement* blessé.»

Ces exposés intuitifs n'apportaient pas d'élément nouveau sur les maladies cardiaques. Néanmoins, Crichton eut le mérite d'avoir pressenti un concept corps-esprit fondamental largement répandu aujourd'hui, associant le monde de nos sentiments à celui de nos cellules. C'est toutefois le déclenchement à point nommé de ces crises cardiaques, déterminé inconsciemment par la victime, qui rend le récit de Crichton particulièrement fascinant. Ses patients ne prenaient conscience de ce qu'ils avaient fait qu'après l'avoir fait. Cette «tache aveugle» nous conduit à un aspect nouveau du mystère. Le corps mime les scènes de l'esprit mais le responsable de l'agencement des scènes ne nous a pas encore livré son secret. Car l'esprit a choisi de nier une part de lui-même.

Un lieu par-delà la raison

La magie paraît si étrangère à la zone rationnelle de notre esprit que, forcément, cette dernière en redoute la part irrationnelle. Pour beaucoup d'entre nous, le mot *magie* même implique un sous-entendu sinistre, sombre, dangereux et inquiétant. Le tableau est largement noirci. Objectivement, une grande partie de notre vie se déroule dans un lieu par-delà la raison. Lorsque je dis: «Je vous aime», les ondes sonores de ma voix rebondissent sur la membrane de vos tympans, créant une vibration dont l'oreille interne fait un signal électrique transmis le long des neurones au centre cérébral du langage, faisant apparaître la joie sur votre visage.

La raison connaît tout de ce parcours, sauf l'étape ultime, la plus importante. Pourquoi le fait que je vous aime est-il source de plaisir? Pourquoi ces influx électriques parvenant au cerveau ont-ils un sens? Pourquoi, si je vous annonce: «Vous souffrez d'un cancer et vous êtes en phase terminale», le même influx physique vous plongera-t-il dans le désespoir? Scientifiquement, les signaux sont on ne peut plus semblables, mais leurs résultats ne sauraient être plus opposés. Un électroencéphalogramme (EEG) ne peut décoder le sens de l'activité du cerveau; les sinusoïdes d'un graphique ne distinguent en rien l'amour de la haine, la joie de la peine, l'inspiration de l'ennui. L'énergie électrique générée par un *swami* baignant dans la félicité ressemble énormément à l'énergie générée par une crise épileptique. La tension électrique produite par le système nerveux d'un poète n'est pas forcément moindre que celle émanant d'un psychopathe.

Pour peu que l'on s'intéresse à la signification de ces phénomènes, le fait qu'elle échappe à la connaissance scientifique constitue une bonne raison de prendre la magie au sérieux. Le fort penchant matérialiste de la science la conduit à esquiver tout ce qui ne peut être directement capté par les sens. Pourtant, la nature offre tout un éventail de choses impossibles à voir, toucher, ou évaluer. Avez-vous jamais observé un vol d'hirondelles au crépuscule? Vous les voyez tournoyer et virevolter ensemble, et, en un clin d'œil, changer diamétralement de direction selon des trajectoires imprévisibles. Des chercheurs ont affirmé qu'aucun des oiseaux n'a rôle de chef, et que l'impulsion est commune à tous les oiseaux à la fois. La magie est à l'intérieur de chacun mais aussi entre eux, au-dessus d'eux et tout à l'entour. Fluide comme l'air. Tout aussi invisible que l'air.

Encore un autre mystère: je prends au hasard le mot *archipel.* Pour cela, des millions de cellules cérébrales doivent, exactement au même instant, suggérer un modèle précis. Ce ne peut être une cellule isolée qui rêve le mot et le passe ensuite à ses voisines. Le mot surgit de partout en même temps. Mais lorsque je n'y pensais pas, où se cachait *archipel?* La géographie de l'espace mental est aussi insondable que l'espace extérieur de l'Univers.

Tellement inconcevable qu'il pourrait apparaître totalement magique. On a programmé des ordinateurs jouant aux échecs au niveau des champions reconnus. Ils ne se fatiguent pas, n'ont pas d'accès de colère et ne font pas la tête lorsqu'ils ont perdu, mais ils n'ont pas non plus les traits de génie ou les caprices d'un être humain. On connaît l'histoire de ce grand maître qui, très en colère lors d'un tournoi, refusait de continuer à jouer tant qu'un sorbet à l'ananas ne lui aurait pas été apporté près de l'échiquier. C'est cela le propre de l'esprit humain, l'accès au désir et au plaisir. Et si jamais un ordinateur devait affronter le meilleur joueur d'échecs de tous les temps, ce serait son partenaire humain qui, des deux, aurait tout le plaisir!

La pensée magique n'est pas un écart de raison; au contraire, elle en prolonge l'exploration vers un lieu encore plus vivant et plus signifiant. En cela, elle nous est aussi naturelle que la rationalité, peut-être plus encore. À sa naissance, un bébé est entièrement centré sur lui-même. Rien de surprenant donc à ce que nous débutions dans la vie au travers de la magie. Le jour de notre naissance, notre premier regard a été pour un monde né avec nous. Bientôt un objet particulier est apparu dans notre champ de vision: doux, d'apparence plutôt floue, il s'agitait au hasard à portée du regard. Nous ne nous sentions pas attaché à cet objet, mais bien vite se produisit la découverte. Poussé par le désir intense du sein ou du biberon, sur une pulsion, nous avons tendu un bras vers le but. En même temps que s'accomplissait ce geste, en vertu de ce réflexe nouveau, nous avons compris — mais seulement à ce moment-là — le mécanisme: l'entité ballante face à nos yeux était à nos ordres. Nous venions de découvrir notre main.

Des talents psychomoteurs complexes, comme jouer du violon ou faire de la gymnastique, se développent de la même façon. Un désir de dire ou de faire quelque chose. Découvrir ce qui est possible, ce qui ne l'est pas. En fonction de cette information, l'esprit va modifier son attitude, et commandera de faire davantage ou de faire moins: qu'il s'agisse de violon ou d'équilibre. Dans l'un et l'autre cas, l'esprit s'est renouvelé.

La zone d'influence de l'esprit semble illimitée, même devant des obstacles apparemment impossibles à franchir. Dans son ouvrage *Sagesse, déraison et folie, la fabrication d'un psychiatre,* R.D. Laing, psychiatre écossais renommé, raconte l'histoire étonnante de Jacqueline du Pré, la célèbre violoncelliste britannique morte de sclérose en plaques à l'âge de quarante ans.

Cette artiste, tragiquement frappée par la maladie à l'âge de vingt-huit ans, dut interrompre sa carrière musicale brutalement, ayant perdu la capacité de coordonner ses bras. Elle passa une année entière sans toucher à son instrument.

Un matin, elle se réveilla guérie. Inexplicablement. Elle retrouva, intacte, sa coordination musculaire, sa virtuosité musicale. Elle enregistra aussitôt en studio, magnifiquement, des morceaux de Chopin et de César Franck, sans les avoir travaillés de toute l'année. La rémission dura quatre jours, à la fin desquels elle revint à son état antérieur, sans plus aucun espoir.

Bien que ce récit soit insensé du point de vue purement médical, il est impossible de nier que, pendant quatre jours, Jacqueline du Pré fut *totalement* libérée de sa maladie. La sclérose en plaques détruit progressivement le système nerveux: la myéline, gaine graisseuse recouvrant chaque nerf, se désagrège par plaques éparses dans le cerveau et la moelle épinière. Parfois le processus dégénératif dure plus de cinquante ans. Parfois il s'accomplit en quelques mois ou quelques semaines.

Jacqueline du Pré en était déjà au stade où les neurones étaient atteints de dysfonctionnement. Comment recouvrat-elle ses capacités? Comment un système nerveux incapable de faire bouger un bras put-il soudain rendre la maîtrise des mouvements — tellement précis et délicats — que doit accomplir un violoncelliste? Il faut conclure que Jacqueline du Pré — qui n'avait à aucun moment imaginé pouvoir guérir — avait transcendé la maladie à un point tel que tout simplement, la réalité en avait été changée. Mais ni le courage ni la volonté ne semblent avoir ici joué le moindre rôle.

Dans la droite ligne de ce récit, Laing raconte comment il aida un patient à créer ce même effet magique: cet homme approchant la quarantaine, prisonnier de son fauteuil roulant, répondait au portrait clinique parfait de sclérose en plaques.

«J'expérimentai sur lui l'hypnose et lui dis de se lever de sa chaise roulante et de marcher. Il y parvint et fit quelques pas, mais serait tombé si on ne l'avait pas soutenu et aidé à se rasseoir. Mais peut-être marcherait-il encore aujourd'hui si je n'avais — comme lui — perdu courage après ces trois ou quatre pas. Depuis un an, on l'avait décrété incapable de marcher!»

Ainsi, Laing avait-il permis à son patient de pénétrer, pour un instant, dans un espace où sa sclérose en plaques n'existait plus. Ou bien ses neurones ravagés s'étaient comportés comme s'ils avaient été en bon état, ou bien ils n'avaient pas été pris en compte, tout à fait mystérieusement: deux concepts amenant à la conclusion que la paralysie dépendait (dans une mesure que l'on ne peut déterminer) d'un état particulier de conscience du patient.

Nous serions tous paralysés si nos pensées ne recelaient quelque invisible force d'animation, même si une telle affirmation est repoussée par les vrais scientifiques. L'autisme nous en apporte la preuve poignante. Cette maladie infantile rare, diagnostiquée pour la première fois en 1943, a été ainsi désignée, à partir d'une étymologie grecque, pour souligner que l'individu devient autocentré ou indépendant; elle frappe moins d'un bébé sur dix mille et affecte quatre fois plus de garçons que de filles. Sa cause reste incertaine. Les théories psychologiques les plus anciennes montraient du doigt les «mères mortifères» de ces enfants; elles ont cédé la place à des théories biologiques faisant l'hypothèse d'un déséquilibre chimique ou d'une éventuelle lésion physique du cerveau de l'enfant.

Quoi qu'il en soit, un enfant autiste ne montre pratiquement aucune réaction au monde extérieur et à autrui. Installé dans une balançoire que l'on pousse d'avant en arrière, il peut paraître vaguement concerné, mais dès lors qu'on le laisse se balancer lui-même, il tombe dans l'apathie. Si on lui lance une balle, il ne lève les mains ni pour l'attraper ni pour détourner sa trajectoire. L'essentiel de son temps libre se passe en mouvements répétitifs, mécaniques, assimilables à ceux de quelqu'un qui se tourne les pouces. On ne sait trop comment, l'étincelle du désir s'est perdue dans un noir et tortueux dédale d'absorption en soi.

On peut quelquefois, par la ruse, contourner la situation. Je me souviens d'une bande vidéo montrant des enfants autistes qui, à trois ou quatre ans, ne savaient toujours pas marcher. Retirés dans leur monde étanche, ils ne pouvaient se lever que si on leur donnait un tuteur sur lequel s'appuyer; sinon, ils tombaient immédiatement et ne tentaient pas de se relever. Un ingénieux dispositif fut réalisé pour aider ces enfants.

On installa tout d'abord, à trois mètres l'une de l'autre, deux chaises reliées par une corde solide. On cajola chaque enfant pour qu'il se tienne à la corde et fasse quelques pas. Après un certain temps, ce travail étant maîtrisé, l'enfant pouvait aller, sans tomber, d'une chaise à l'autre. De jour en jour la corde devenait de plus en plus fine, sans que l'enfant remarquât la différence. Et il finissait par marcher, soutenu symboliquement par une simple ficelle.

C'est alors que quelqu'un eut une idée géniale: pour libérer les enfants de ce mécanisme, on leur donna chacun un morceau de ficelle à tenir dans la main. Persuadé d'être en sécurité, l'enfant pouvait maintenant marcher librement. Quelle magie dans cet instant d'envol! L'image de ces enfants récemment libérés, errant pour la première fois d'un endroit à l'autre de leur salle de jeux, m'a fait mesurer combien de petits fossés m'apparaissent comme des bras de mer infranchissables et me séparent de la liberté, tout simplement parce qu'il me manque le petit morceau de ficelle pour franchir l'obstacle.

Deux mondes à relier

Jusqu'ici mon plaidoyer pour la pensée magique n'a pas quitté le champ clos du cerveau et du corps qui est sous son contrôle. Il arrive que des gens aient la certitude de voir leurs pensées influer sur des événements totalement hors d'atteinte de leurs signaux nerveux. Des études parapsychologiques sont venues étayer la crédibilité encore fragile de cette théorie. Si beaucoup de gens ont connu des prémonitions qui se sont vérifiées, nous avons cependant déjà observé que la pensée magique déborde le cadre de la perception extrasensorielle et la connaissance anticipée lorsqu'un individu influence à volonté le comportement des gens ou le cours des événements.

Je souhaiterais démystifier cette sorte de magie afin de nous débarrasser de la crainte et des solides préjugés que nous y attachons. Si une autre personne accomplit une action que nous avions à l'esprit, cela ne signifie pas qu'elle est un automate ni que l'on a empiété sur son libre arbitre. Ces peurs-réflexes se présentent spontanément, et elles sont raffermies par la conviction logique que chacun d'entre nous occupe une part définie d'espace et de temps.

Imaginons un instant que ce soit une idée préconçue. Lorsqu'on tient dans sa main un aimant, sa très faible charge est en apparence isolée. Mais l'aimant ne pourrait être chargé sans l'existence de l'immense champ magnétique terrestre. Il se crée une connexion invisible entre le premier et le second, et même au-delà. La Terre est soumise au champ magnétique solaire, lui-même dépendant de forces galactiques, etc., à l'infini. En fin de compte, l'aimant au creux de votre main est un maillon dans la chaîne universelle tout entière.

La chronologie des évolutions est tout aussi continue, du Big Bang jusqu'à l'avènement de mon esprit, que celle qui va jusqu'à l'aimant. Évidemment, dans mon esprit chaque pensée est infime, mais elle émerge au milieu d'innombrables pensées potentielles, qui elles-mêmes sont subordonnées à l'évolution humaine qui a cours depuis des millions d'années, jusqu'à la structure actuelle de mon cerveau. Cette évolution, à son tour, est fonction de celle de l'Univers tout entier, depuis le Big Bang. C'est dans cette mesure qu'une simple pensée peut être considérée comme un microscopique affleurement dans le champ universel.

Bien entendu, la distinction fondamentale est que l'on peut évaluer le champ électromagnétique jusqu'à des millions d'années-lumière, alors qu'il n'est pas démontré que le cosmos possède un esprit. Il est plus rassurant de croire que l'intelligence est venue plus tard, à la dernière minute de la vingt-troisième heure de la vie dans l'Univers, et qu'elle est une mouture toute particulière de cet événement radicalement isolé. À part quelques scientifiques évolutionnistes, la science élude fort bien cette question épineuse: Où et comment l'intelligence est-elle née?

Si j'aborde ici cette question, c'est parce que la pensée magique paraît être dotée d'un grand nombre des caractéristiques du champ électromagnétique de l'Univers. Ce dernier est indivisible, pénètre tout et réagit à la moindre modification interne. Toutes les boussoles de la planète suivent les déplacements du pôle magnétique terrestre; en revanche, le champ magnétique terrestre est affecté de manière infime par votre boussole personnelle. Enfin, aucune partie ne peut se mouvoir sans que l'ensemble ne soit affecté.

Transposons cela à l'esprit. Donc, chacune de nos pensées influe sur tous les autres esprits, non par la mise en œuvre de pouvoirs psychiques, mais parce que chaque esprit affleure dans le champ. Je pose ici un paradigme très important et je suis déterminé à en fouiller chaque ramification. Laissons de côté certaines questions très importantes soulevées par cette affirmation. L'idée que tout appartient à un même réseau d'intelligence est la conclusion logique de l'argument selon lequel les deux réalités du dedans et du dehors sont reliées. L'intelligence n'est elle pas le meilleur instrument de connexion?

Et si, d'après notre conclusion concernant la perception, l'esprit de l'individu est impliqué dans un échange créatif avec le monde, il existe nécessairement une espèce de terrain commun. Il peut sembler ridicule d'affirmer que l'esprit de tout un chacun puisse influencer une pierre ou un arbre, néanmoins, à l'intérieur de nos cerveaux, l'activité mentale altère constamment la structure des substances chimiques dont ils sont constitués. Les substances se composent de molécules et d'atomes tout comme les pierres et les arbres. La présence d'un atome de carbone dans la matière grise cérébrale ne le rapproche pas davantage de ce dont est fait l'esprit que s'il se trouvait dans un arbre. Le gouffre séparant l'esprit de la matière demeure infranchissable.

La pensée magique nous prouve que nous l'enjambons sans cesse. En réalité, cette métaphore linéaire est bien trop statique, car les champs frémissent de vie en permanence. Il est plus vrai de dire que l'esprit et la matière dansent de manière instinctive ensemble, silencieusement conscients de leur trajectoire. Pour illustrer cette idée, j'ai choisi le cas de Sheila, une Anglaise d'une cinquantaine d'années qui fut profondément marquée par une pensée magique.

Il y a environ trente ans, alors fraîchement émoulue d'une institution religieuse, Hélène devint enceinte sans être mariée. Ses parents, catholiques pratiquants, refusèrent cette maternité. Pour sa part, Hélène ne se sentit pas prête à élever seule un enfant et, bien que angoissée à l'idée d'abandonner son bébé, elle choisit d'aller au terme de sa grossesse et de permettre à une famille d'adopter le bébé. Elle me narra son expérience dans une lettre remarquable:

«J'ai regardé mon bébé venir au monde grâce à un miroir placé au pied du lit. Je me rappelle mon émerveillement, mon excitation et le sentiment d'accomplissement que j'ai ressenti quand ce superbe petit garçon est apparu. Je me souviens également d'un sentiment de vide: il n'y avait personne à mes côtés avec qui partager ce que je vivais. Quand mon enfant est né, nous avons pleuré ensemble. Je le tenais contre ma poitrine, pour nous réconforter tous deux et sentir son cœur battre à l'unisson du mien. Je lui ai donné le biberon pendant six jours, alors que la lente mais irréversible procédure d'adoption façonnait notre avenir à tous deux. Personne pour me conseiller, sinon pour m'entendre dire ‹pauvre petite›, qu'il fallait tout oublier, partir à l'étranger et recommencer à zéro. Une souffrance aiguë s'est installée dans mon âme.»

On avait trouvé une bonne famille pour son petit garçon et Sheila promit de ne pas s'immiscer dans son éducation, ni même de faire connaître son existence. Par contre, elle demanda qu'il portât le prénom choisi par elle: Simon.

Durant vingt ans elle tint parole, bien que la séparation lui devienne chaque jour plus odieuse. Elle ne put jamais se décider à avoir un autre enfant, par peur de ramener à la surface l'énorme traumatisme de sa première grossesse. Quand Simon eut vingt et un ans, Sheila décida de rentrer chez elle, en Angleterre, pour demander à le voir. Ne sachant rien de la famille adoptive, elle engagea un détective privé. Pendant ce temps, elle s'installa chez de vieux amis à Oxford. C'est alors qu'un événement donna une autre dimension à l'histoire de Sheila:

«Pour m'occuper, je faisais de grandes promenades au fil des superbes clochers d'Oxford. J'étais impressionnée par l'allure médiévale de la ville. Après avoir visité Christ Church College, un après-midi je suis descendue par les champs vers la rivière. Près de là, huit rameurs s'entraînaient à l'aviron.

Je me mis tout de suite à frissonner et sans raison je sentis monter mon adrénaline. J'avais les mains moites et la bouche sèche. Mon esprit s'emballait et j'entendis appeler: ‹Simon!› Bouleversée, je suis rentrée précipitamment. Écroulée sur le canapé, gelée devant le feu, en état de choc, j'avais l'esprit confus. Je fus certaine sans savoir pourquoi que mon fils étudiait à Oxford et que je l'avais vu ramer sur la rivière cet après-midi-là!

Dans une deuxième vague d'intuition, j'ai dit tout haut à mes amis: ‹Je sais quelque chose que je devrais ignorer. Il est étudiant en médecine. Simon suit les traces de sa grand-mère.› (La mère de Sheila était une spécialiste des maladies organiques.) Comment se faisait-il que ma conscience se fut à ce point aiguisée? Je l'ignorais.»

Ses amis l'incitèrent vivement à consulter le registre des étudiants et, ainsi qu'elle l'avait pressenti, le nom de son fils s'y trouvait effectivement. Déconcertée par sa troublante découverte, Sheila n'avait aucune idée de ce qu'elle pouvait en faire et ne fit rien. Le détective lui fournit un rapport lui confirmant avec précision ses intuitions et fut sidéré de constater qu'elle savait déjà.

Nos études conventionnelles sur la psychologie humaine ne parviennent pas à éclairer cet événement, mais dans mon esprit il n'y a pas de doute: Sheila avait magnétisé les circonstances, attirant vers elle l'enfant perdu qu'elle aspirait tant à revoir. Comme si toute sa frustration refoulée refusait d'être contenue. Elle avait besoin de se libérer, et dans ce but, elle avait franchi la barrière artificielle entre les réalités intérieures et extérieures.

Dans l'histoire de Sheila, autre chose m'a inspiré un double sentiment de crainte respectueuse et de reconnaissance. Ses étranges intuitions n'aboutirent pas sur le coup à d'heureuses retrouvailles. Son fils subit une forte pression de sa famille adoptive afin qu'il rejette la brusque irruption dans leur existence de cette indésirable. La mère et le fils ne trouvèrent le courage mutuel de se rencontrer et de s'accepter que neuf ans plus tard.

Ces touchantes retrouvailles eurent lieu en 1989, quand Simon, devenu médecin à Oxford, convia sa mère à venir le voir. Malgré son inquiétude, le vœu le plus cher de Sheila se réalisa: on l'admit pour ce qu'elle était — ce sont ses propres mots — et on l'accueillit comme un membre de la famille de Simon. Lorsqu'elle arriva chez lui, son fils lui offrit de se promener dans les bois, près de son ancien collège. Il opta par hasard pour la même rive que celle où sa mère l'avait aperçu des années plus tôt. Captivé, il l'écouta lui narrer ses prémonitions.

«En vérité, dit-il, d'une voix entrecoupée, ce jour-là, lorsque j'étais en train de ramer, je me rappelle avoir levé le regard sur une femme seule, au bord de la rivière. J'ai senti ma nuque se hérisser, mon dos frissonner et la nervosité me gagner. Elle paraissait m'observer. Une pensée a traversé mon esprit comme l'éclair: ‹C'est ta mère.»

Sheila et Simon restèrent silencieux. Ils ne pouvaient comprendre ce qui les avait réunis ce jour-là, mais ils percevaient la présence d'un phénomène surnaturel.

«Nous avons marché jusqu'à la chapelle de Merton College, raconte-t-elle. Simon a retiré mes gants et délicatement a pris ma main dans les siennes, pendant que nous remerciions le ciel. Il a murmuré: ‹Je suis troublé, c'est comme un premier rendez-vous d'amour.› J'ai ri et nous avons pleuré doucement en silence. Les larmes lavaient ma souffrance, pour ne laisser dans mon cœur qu'amour et pardon. Je ne savais plus qui était pardonné, ni quoi, mais à cet instant j'ai été délivrée de ma colère passée et de ma solitude.»

L'histoire de Sheila est exceptionnelle, mais elle illustre un phénomène plus vaste. Le monde du dedans est fait pour se fondre dans celui du dehors, et lorsque nous contrarions cette interpénétration, nous ne faisons que reporter le jour où l'esprit parviendra à rétablir l'ordre naturel des choses. C'est inévitable, à petite ou à grande échelle, et cela se produit beaucoup plus fréquemment que nous ne le croyons ou que nous ne l'admettons. On peut ainsi être amené à croire que la pensée magique est un acte de guérison et que les esprits les plus magiques sont les mieux portants.

4

Courber la flèche du temps

Comme sous le coup d'une terrible fatalité, Malcom eut à vivre successivement les deux pires journées de son existence. Le lundi matin, son frère eut un malaise dans le parc, pendant son jogging quotidien. Le voyant s'écrouler en chemin, un sportif vint à son secours, mais constata qu'il était mort, terrassé par une crise cardiaque. Pourtant, ce frère, de sept ans son cadet, avait à peine cinquante ans et n'avait jamais souffert de troubles de cet ordre.

Le lendemain, dans la soirée du mardi, Malcom eut à subir un nouveau choc: l'épouse de son meilleur ami, un pédiatre du quartier proche également de la cinquantaine, l'appelait en larmes et lui annonçait qu'elle venait de perdre son mari. Ce dernier avait été victime d'un malaise au volant de sa voiture en rentrant de l'hôpital dans l'après-midi. Ainsi, son ami venait-il à son tour de succomber à une attaque cardiaque aussi fatale qu'imprévisible, alors que personne ne soupçonnait qu'il était atteint d'une maladie de cœur.

Malcom fut terriblement affecté par ce double drame. Effondré, totalement déprimé, il broya du noir et ne cessa de songer à la précarité de la vie. Sans attendre la fin de la semaine, il décida de consulter son médecin pour connaître l'état de son propre cœur. Le cardiologue fit un ECG, aux résultats très normaux, suivi d'un contrôle de résistance à l'effort sur tapis roulant, pour vérifier si la crise cardiaque du frère n'indiquait pas chez lui une prédisposition familiale. Malcom se tira de cette épreuve à la perfection, pouvant faire grimper ses pulsations à cent quatre-vingts sans ressentir la moindre douleur ni affecter la courbe de son rythme cardiaque. Le médecin fut on ne peut plus rassurant: «Ne vous faites aucun souci, vous avez un cœur de jeune homme.»

Or, le lendemain matin, arrêté au feu rouge et plongé dans l'abîme de ses pensées morbides, songeant au vide laissé dans sa vie par les deux cruelles disparitions, Malcom ne vit pas le feu passer au vert. Il se retrouva soudain cause d'un énorme bouchon de trois files et d'un monstrueux concert de klaxons, avec de tous côtés des chauffeurs fous furieux qui le dépassaient en pétaradant. Ahuri, surpris, il lui fallut quelques secondes pour se ressaisir; au moment de démarrer, il éprouva une pénible sensation en plein milieu de sa poitrine: impossible de préciser si c'était une véritable douleur ou une simple pression, toujours est-il qu'il fut pris au même moment d'un bref étourdissement.

Malcom se fit alors examiner par un nouveau cardiologue, qui parla d'éventuelles irrégularités dans le déroulement des premiers tests.

«Pourquoi ne pas les refaire? conseilla-t-il... Histoire de vérifier.»

Malcom arriva tôt au laboratoire de contrôle et il fut prié de s'asseoir en attendant son tour. Il prit place et observa distraitement de l'autre côté de la vitre l'homme apparemment bien-portant qui affrontait à petites foulées énergiques et rapides l'épreuve du tapis roulant. Comme au cinéma muet, il le vit ouvrir la bouche sans produire un son, se tenir le cœur en haletant puis s'écrouler à même le sol. Une infirmière entraîna rapidement Martin vers la sortie. L'homme, apprit-il un instant plus tard, était mort d'infarctus. Son propre examen devait être reporté d'une semaine.

Malcom se crut poursuivi par le destin. Il rentra chez lui extrêmement angoissé. Pour la première fois, il perçut distinctement des pincements douloureux au niveau de son sternum. Il en avisa aussitôt son nouveau cardiologue.

«Écoutez, répondit celui-ci, aucun test d'endurance à l'effort n'est totalement probant. Si vous voulez vraiment savoir ce que vaut votre cœur, nous ferons une angiographie.»

L'angiographie permet d'observer le cœur sur un écran tout en éclairant les artères coronaires par injection d'un produit de contraste. Cette méthode est considérée bien supérieure aux autres dans la détection des coronaropathies.

L'examen fut pratiqué, confirmant à Malcom les pires de ses appréhensions: il avait deux artères coronaires bloquées à quatre-vingt-cinq pour cent, ce qui réduisait gravement l'afflux de sang vers son cœur. Ses douleurs thoraciques, de plus en plus intenses et fréquentes, lui devinrent bientôt insupportables. Si Malcom se livrait à une quelconque activité physique, les signes typiques de l'angine se manifestaient aussitôt. Prévenu, le cardiologue lui prescrivit des comprimés de nitroglycérine pour venir à bout des crises. Durant toute la semaine suivante, Malcom resta au repos chez lui. Pour résister à l'abattement, il voulut s'occuper de bricolage et dut monter à une échelle pour installer de massifs châssis de fenêtre.

Quand il revit son médecin, il raconta qu'il avait effectué ces travaux sans le moindre problème. Le cardiologue s'indigna:

«Ne recommencez jamais ça! Comprenez-vous bien qu'avec des artères coronaires aussi mal en point, vous risquez la crise cardiaque à tout moment?»

Ces mots s'écrasèrent violemment sur la poitrine de Malcom qui se sentit suffoquer, le souffle coupé. C'était sa première crise d'angor instable, stade tardif et alarmant d'une maladie cardiaque. Ce type d'attaque est dit instable car la douleur, précédée ou non par un effort physique, frappe à l'improviste. Le cardiologue ne vit d'autre recours qu'une opération en urgence. Et ce vendredi-là, moins de deux mois après le choc des mortels infarctus qui l'avaient durement privé de ses proches, Malcom subit un double pontage par greffe.

Cette opération ne vint pas à bout de sa maladie. Lorsque je revis Malcom quatre mois plus tard, ses vaisseaux coronariens récemment greffés restaient bien dégagés, mais ses douleurs thoraciques ne s'étaient pas atténuées pour autant. Et à ce jour, Malcom présente encore tous les symptômes les plus classiques de l'angor instable. Tout effort pouvant lui être fatal, il s'est vu contraint à la retraite anticipée. Aller lentement jusqu'au réfrigérateur suffit désormais à déclencher de douloureux déchirements dans sa poitrine. Il reste donc presque toujours enfermé chez lui. Son anxiété a atteint un tel degré qu'elle déclenche vraisemblablement ces crises, que ce soit sous forme de spasmes au niveau des artères coronaires ou sous forme de douleurs d'origine psychosomatique.

J'ai demandé à Malcom d'où, selon lui, provenait sa maladie.

— J'y pense chaque nuit, m'a-t-il répondu sur un ton sinistre. Me la suis-je infligée à moi-même, ou bien suis-je accablé d'une malchance absolue? Personne ne m'a apporté une seule explication satisfaisante. Disons que cela reste un mystère, un point et c'est tout!

Le temps et sa perception

Ce ne serait pas un mystère si Malcom en était arrivé progressivement à ce stade en quarante années et non brutalement en quatre semaines. Il aurait tout simplement vieilli. Tant de personnes souffrent, avec l'âge, d'affections des artères coronaires que celles-ci furent longtemps jugées inhérentes au processus de vieillissement. Puisqu'on sait les prévenir, ces maladies du cœur ne sont donc pas naturelles au sens strict. Pourtant, elles sont, aujourd'hui, encore premières responsables de la mortalité des personnes âgées. La médecine ne connaît toujours pas grand-chose aux causes ni même aux effets réels du vieillissement, mais elle sait par définition que vieillir prend pas mal de temps. Il est donc plus qu'anormal et extrêmement bizarre de voir un cœur vieillir en un mois!

Selon toute probabilité, même si Malcom n'en est pas conscient, il aura lui-même provoqué d'une manière ou d'une autre ces catastrophes qu'il subit en série. De prime abord, il est difficile d'admettre que son cas soit exclusivement le fait du hasard. Le déroulement des événements suivant la mort de son frère semble presque trop parfait. On dirait un drame bien construit, avec tension en *crescendo* jusqu'au dénouement fatal, tragique et spectaculaire. Malcom ignore comment il a pu produire lui-même tout cela. Pouvoir accélérer soi-même son vieillissement supposerait à la fois d'en contrôler le processus et de maîtriser le temps, ce qui semble *a priori* parfaitement impossible.

Des explications plausibles pourraient être envisagées, à condition d'échapper aux limites d'une conception purement scientifique du monde. En tout premier lieu, pourquoi ne pas reconsidérer le principe fondamental selon lequel le temps est objectif? Certes, les horloges, qui mesurent le temps écoulé, semblent égrener les heures et les minutes indépendamment de nous. Aussi les événements du quotidien se succèdent-ils sans cohérence apparente. Il s'agit là d'une manière toute conventionnelle et communément admise de considérer le temps, mais rien n'empêche de regarder les choses autrement. Nous admettons collectivement que le temps tient à ces données immuables: il avance, il se chiffre aux horloges, uniformément et en tous lieux, et ne fait grâce à personne.

Or, cette convention n'est pas inébranlable puisque, parfois, le temps devient inexplicablement élastique. Un ami suisse, également médecin, me lisait récemment un article surprenant et pathétique sur une catastrophe survenue en Allemagne dans une mine de charbon. Victimes d'un terrible effondrement, un petit groupe de mineurs s'étaient trouvés enterrés vivants. Chacun avait aussitôt compris que les réserves d'air dans le puits s'épuiseraient en quelques heures. Le seul d'entre eux qui portait une montre fit à voix haute le compte à rebours tandis que tous, angoissés, attendaient les secours. Alors, pour soutenir le moral de ses compagnons, le mineur tricha, annonçant une heure lorsque deux s'étaient écoulées en réalité. Six jours plus tard, une équipe de secours parvint enfin à délivrer du piège les mineurs épuisés. Aussi extraordinaire que cela puisse paraître, tous avaient survécu sauf un: l'homme à la montre!

Fondamentalement, cet homme avait leurré ses camarades en déformant la notion qu'ils avaient, par convention, du temps réel. Son drame fut de n'avoir pu s'abuser lui-même. Partant de ce fait, se peut-il qu'au même moment le temps attende un individu et en rattrape un autre, conformément au désir de chacun? Les sociologues de l'université de Californie ont publié au printemps 1990 à San Diego des travaux permettant d'observer des phénomènes révélateurs: chez les Chinois, le taux de mortalité chute de trente-cinq pour cent pendant toute la semaine d'hommage aux anciens qui précède la grande fête de la Lune des moissons, journée réputée parmi les plus favorables du calendrier chinois. Dès la fin des festivités, le taux de mortalité remonte brusquement au point d'atteindre, une semaine plus tard, un écart de trente-quatre pour cent au-dessus de la normale. Conclusion: à l'approche de la mort, tous ces vieillards réussissent à repousser l'inéluctable rendez-vous pour profiter une dernière fois de cette journée si précieuse à leurs yeux.

Des variations du même ordre sont observées dans les jours précédant ou suivant immédiatement la Pâque juive (tandis que les populations-témoins non juives suivent leur taux de mortalité habituel, sans que les fêtes aient une incidence sur elles). Le fait, enfin, que le taux de crises cardiaques soit toujours beaucoup plus élevé le lundi à neuf heures du matin qu'à tout autre moment de la semaine donne également bien à réfléchir aux cardiologues. En fait, ce moment précis n'est pas le choix du hasard. La reprise du travail après le week-end renvoie bien des gens à de dures réalités. Ne serait-il pas concevable que certains, lassés de pointer encore et encore, aient découvert un beau jour dans la crise cardiaque la clé de l'évasion absolue?

Ces exemples se rapportent au dérèglement du temps biologique, à l'horloge contenue dans nos cellules. Mais c'est dans nos rêves que nous maîtrisons complètement le temps. Le temps du rêve est dénué d'une évolution séquentielle comme de toute logique. À son gré, il avance ou recule, accélère ou ralentit, s'arrête ou disparaît simplement: combien de nos rêves sont en suspens, sans commencement ni fin, dans un non-temps apparent? Voler dans les nuages, lutter contre les flots, fuir à toutes jambes un agresseur, que de rêves nous paraissent avoir duré un éclair ou l'éternité, comme si le temps s'était retiré du monde?

Nous passons du rêve à la réalité, réveillant du même coup le diktat des horloges; le temps reprend sa cadence insidieusement, mais sans rien prouver de ce qu'il est vraiment. Imaginez un homme désœuvré assis près d'une fenêtre. La matinée, le midi, la soirée ont vite fait de passer; absorbés dans le champ de son vague regard, des gens vont et viennent, des scènes dans la rue s'animent et se défont. Le soir venu, notre homme s'assoupit et en deux minutes de sommeil, il revoit en rêve tout ce qu'une matinée, un après-midi et une soirée lui ont permis de voir: les mêmes gens aller et venir, les mêmes scènes se reproduire. Et tout ce rêve est le fruit de son cerveau, qui en crée aussi le temps. En quoi ce temps rêvé diffère-t-il du temps de veille? Dans les deux cas, le temps est traité par les mêmes cellules cérébrales. Aussi le temps de veille et le temps du rêve pourraient très bien être, de la même façon, des autocréations.

Selon cette hypothèse, le temps ne serait alors en soi qu'une perception personnelle, aussi changeante et circonstancielle en nous que l'humeur, le rêve, l'imagination, les pensées qui nous traversent. De nos jours, les psychologues reconnaissent au temps un caractère très personnalisé. Chacun de nous prend plaisir à régler le temps sur sa fantaisie du moment. Dans la salle d'attente du dentiste, mon ennui fait s'étirer interminablement le temps. Pour qu'il s'accélère, il me suffit de me rendre ailleurs, dans un endroit qui me rende mon entrain, par exemple un restaurant indien. Dès que je me tourne vers ce qui me procure une vraie satisfaction, je sens le temps s'envoler, fugace. La différence entre temps lourd, temps long et temps vif ou léger tient dans ma perception de l'instant. Dans la mesure où je me sens libre de sortir de chez le dentiste et d'aller au restaurant, j'exerce un contrôle personnel sur ma sensation du temps.

Si, au contraire, je me sens obligé de rester chez le dentiste, je n'ai plus qu'à subir patiemment l'insidieuse pesanteur du temps propre à ce lieu. Qui ne s'est pas laissé avoir par ce genre de loi? Jour après jour, nous restons rivés au même cadre temporel sous prétexte qu'il y va de notre devoir ou de notre intérêt. En réalité, il ne s'agit que d'un pacte conclu en cours de route, et nul ne saurait dire quand. Mais chacun de nous peut s'en dégager et librement affirmer son contrôle sur le temps.

Les voyageurs du temps

La nature artificielle du temps est un thème essentiel dans toutes les traditions spirituelles du monde et les grands maîtres se sont tous appliqués à libérer l'esprit de leurs disciples du carcan du temps. Un jour, un gourou indien déclara aux siens:

— Vous vous êtes laissés enfermer dans la prison de l'espace et du temps. Vous réduisez le champ de votre expérience à la durée d'une vie humaine et aux dimensions du corps dans l'espace. Cette illusion que vous laissez vous dominer est source de tout ce qui s'oppose en vous: vie et mort, douleur et plaisir, espoir et crainte. Vous n'en finirez avec vos problèmes qu'en chassant l'illusion.

— Mais comment faire? lui demanda un disciple.

Le maître répondit:

— Vous vous débattez dans ce monde comme des poissons dans un filet. Tous les filets ont des trous. Trouvez-en un, libérez-vous. Alors vous connaîtrez la vraie réalité. Le filet du temps peut sembler plein d'accrocs, objectivement réel. Mais peut-être n'a-t-il pas plus de réalité que n'importe quelle autre idée mûrie dans notre esprit. L'éminent sage Shankara, qui domine largement la tradition philosophique indienne, a écrit cette pensée remarquable:

«Les gens vieillissent et meurent parce qu'ils voient d'autres personnes vieillir et mourir.»

Je me rappelle à quel point, dès la première lecture il y a dix ans, cette phrase m'avait ébloui. Si Shankara a raison, vieillir n'est pas un processus biologique inéluctable. Ce serait tout juste ce ramassis de perceptions que nous avons fait nôtres dans notre corps, et auxquelles nous donnons une forme physique.

Voici une expérience, fort cruelle mais très significative, pratiquée en biologie: une jeune souris est plongée dans un récipient d'eau. Les souris nagent mal, aussi la pauvre bête se débat-elle d'abord pour faire surface; puis elle essaie désespérément de remonter aux bords du réservoir mais ne parvient qu'à glisser contre les parois vitrées. En quelques minutes, elle est totalement épuisée et sur le point de se noyer. Le praticien sort alors la souris de l'eau et la laisse se reposer.

L'épreuve est répétée les jours suivants et produit très rapidement, généralement en moins de trois semaines, une transformation spectaculaire chez la souris. Cette surtension quotidienne vieillit extraordinairement les tissus de l'animal. Et si l'expérience se prolonge, la souris meurt de vieillesse en moins d'un mois. À la dissection, son cœur, son foie, ses poumons et plusieurs autres organes présenteront un aspect foncé, racorni et fibreux comme ceux d'une souris qui aurait vécu deux ans, voire plus, à un rythme normal.

Les auteurs de l'expérience ont donc su accélérer le temps de façon radicale et obligé la souris à assimiler cette accélération dans son corps. L'usure des tissus et la coloration anormale en résultant figurent alors comme autant de strates de temps figé auxquelles le vieillissement aurait prêté une forme physique. Même processus chez les humains, à ceci près que notre intégration du temps est plus complexe et liée à nos options personnelles. Contrairement aux souris de laboratoire, nous pouvons en effet choisir de vivre dans une tension plus ou moins forte. Nous pouvons de surcroît interpréter le temps de différentes manières, et donc le modifier. Ne pas savoir user de ce privilège entraîne d'excessives souffrances. Et cela ne concerne pas seulement ceux qui s'exposent eux-mêmes au stress de situations désespérées, même s'ils se comptent par millions. Car il est plus grave encore d'ignorer que le temps n'est pas une entité fixe immuable en nous.

La surprenante affirmation de Shankara — nous vieillissons parce que nous voyons les autres vieillir — peut s'avérer juste. Une étude astucieuse menée par le département de psychologie de l'université Harvard vers la fin des années soixante-dix donne dès à présent de bons arguments pour s'y pencher plus avant. De fait, l'équipe que dirigeait le professeur Ellen Langer n'était en rien guidée dans cette recherche par les propos de Shankara. Les chercheurs se proposaient simplement d'établir si vieillir est aussi irrémédiable qu'on le croit habituellement. L'Institut national américain de gérontologie a pour position officielle qu'aucune méthode éprouvée ne permet de rendre la jeunesse à qui la perd, que ce soit un produit pharmaceutique, un régime, l'exercice physique ou une technique mentale. Bien que beaucoup d'études aient étayé cette position, l'équipe d'Ellen Langer émettait des réserves. Ces chercheurs avaient l'intuition que vieillir est peut-être une opération mentale que l'esprit peut faire ou défaire à volonté.

Afin d'étudier cette hypothèse, ils recrutèrent par petite annonce dans un quotidien de Boston des hommes âgés d'au moins soixante-quinze ans, à qui ils offraient une semaine de vacances tous frais payés. Les volontaires sélectionnés furent rapidement embarqués en estafette à destination d'une luxueuse retraite, avec cinq hectares de forêt à l'écart du monde, quelque part dans la belle nature de la Nouvelle-Angleterre.

Ils allaient retrouver dans ce lieu sauvage une fidèle reconstitution de la vie quotidienne qu'ils avaient vécue vingt ans auparavant et des objets qui les entouraient. À commencer par les journaux posés sur les tables à café: des numéros du *Life* et du *Saturday Magazine* datés de 1959 au lieu des magazines d'actualité en 1979. La radio diffusait les musiques, les débats, les infos sur la vie politique et les *stars* de cette époque. Après avoir entendu une vieille allocution du président Eisenhower, ils eurent au programme le film *Anatomie d'un meurtre* qui avait reçu l'Oscar en 1959. En plus des accessoires recréant le décor, tout était fait pour ramener chacun à sa façon d'être, de se présenter, de parler, de ressentir et d'agir quand il avait vingt ans de moins.

Le groupe devait tout exprimer au présent, jouer le jeu, faire comme si 1959 était l'environnement, l'immédiate actualité. Pour répondre par exemple à la question: «Pensez-vous que Castro devienne un pantin de Khrouchtchev? tout comme pour parler de sa famille, de ses enfants, de ses amis, chacun devait veiller dans ses commentaires à ne pas déborder le cadre de ladite année. Les enfants des participants, tous âgés dans le présent d'au moins la quarantaine, vivaient donc encore au foyer ou entamaient leurs études à l'université. Quant à eux, ils en étaient au sommet de leur carrière.

Chacun, d'ailleurs, s'était présenté au groupe en montrant de soi-même une photographie prise vingt ans plus tôt.

Simultanément à cette semaine de reconstitution du passé, un autre groupe témoin composé d'hommes de plus de soixante-quinze ans devait évoquer, mais cette fois au passé, les mêmes événements de 1959. Tel champion de baseball, Castro, Eisenhower et Marilyn Monroe étaient donc pour eux des personnages historiques, dont ils mentionnaient la vie globale, sans rien y retrancher. Eux entendaient à la radio la musique de 1979, lisaient dans les journaux du jour les vraies dernières nouvelles et voyaient des films très récents.

Chez chacun de ces hommes, Ellen Langer nota et mesura au jour le jour les signes de son vieillissement avant, pendant ou après cette coupure du monde. Pour le groupe 1959, les résultats furent remarquables, traduisant tout au long de la semaine et en très fort pourcentage un net recul des effets du temps. Ces hommes commençaient à retrouver de la mémoire, de l'agilité. Ils se montraient plus actifs et plus autonomes (ils allaient chercher leur repas et débarrassaient leur plateau plutôt que de se faire servir, par exemple).

Bien sûr, de tels changements étaient prévisibles chez ces vacanciers âgés jouissant du plaisir d'un séjour si gracieusement offert. Mais au-delà des effets normaux du contentement, certains signes de vieillesse jugés normalement irréversibles s'étaient mis à faire machine arrière. Le jury indépendant à qui furent soumises des photos prises des participants avant/après leur donna trois ans de moins sur la photo après. D'après les mesures, les mains, notamment, avaient changé: effectivement, leurs doigts s'étaient allongés et leurs articulations avaient plus de souplesse. L'ensemble du groupe s'était métamorphosé: tous se tenaient assis plus droit, offraient des poignées de main plus énergiques. À présent, de plus, ils voyaient et entendaient mieux. Certaines de ces évolutions furent aussi constatées, mais à moindre degré, dans le groupe témoin. Par contre, la dextérité manuelle et la longueur des doigts avaient diminué durant ce séjour.

Dans *L'esprit en éveil*, livre intrigant et passionnant, Ellen Langer attribue certains des changements observés au fait que, plus que dans leur environnement habituel, ces hommes se sont vu offrir ici d'être réellement maîtres de leur vie. Ils étaient traités exactement comme des hommes s'acheminant normalement de la cinquantaine vers la soixantaine, naturellement habitués à porter leurs bagages et à choisir eux-mêmes leurs repas. Dans les discussions, leurs opinions étaient prises en compte et les capacités de leur esprit, vif et alerte, tombaient sous le sens, considération probablement peu fréquente dans leur quotidien. Non plus passive, leur existence devenait active, terme employé par Ellen Langer pour désigner une manière de vivre l'esprit éveillé, ouvert à de nouvelles idées et capable d'exercer sa puissance mentale. Comment s'expliquer cependant pourquoi le groupe revivant 1959 ait eu des résultats à ce point plus probants que celui des 1979? Il semble assez plausible que ce groupe ait rajeuni, inspiré par les objets qu'il voyait. Ou encore, en inversant la proposition de Shankara, par ce qu'il ne voyait pas: ne pas voir vieillir notre prochain paraît nous empêcher nous-mêmes de vieillir.

Voyageurs dans le temps d'un genre assez particulier, les sujets de l'expérience d'Ellen Langer ont remonté le passé en faisant marche arrière à l'intérieur d'eux-mêmes. Nous avons toujours tendance à croire que le temps est extérieur à nous, mais dans cette histoire, entreposé dans la mémoire, il est tout aussi intérieur. Se souvenir, c'est laisser son corps voyager dans le temps sans quitter son fauteuil. Et si, par exemple, je me souviens de la peur que j'ai eue dans le noir quand j'avais six ans, mon cœur aussitôt se remet à battre à tout rompre comme un cœur de six ans. L'esprit a aussi ce pouvoir de projeter le corps loin devant dans le temps. Ainsi, j'ai vu des jeunes femmes de vingt ans, apprenant qu'elles avaient un cancer, vieillir sous mes yeux et devenir, en un instant, usées comme après de longues années d'âpre lutte contre la maladie.

SE LIBÉRER DES PRISONS INTÉRIEURES

L'esprit sait ruser chaque fois pour simultanément voyager dans le temps et rester présent, se trouver à la fois ici et là. Les vieillards qui sont retournés en 1959 n'en étaient pas moins solidement présents dans l'année 1979: ils lisaient de vieux magazines, mais recevaient sur la tête la même pluie que tous les citoyens de Boston, ce qui atténuait en partie l'illusion d'avoir immobilisé le temps. Le raisonnement va plus loin. Si j'oubliais tout ce qui, en voyant les autres vieillir, a pu me conditionner, peut-être pourrais-je éternellement garder mes vingt ans, tout en menant la même existence et en faisant l'expérience du temps qui passe comme tout un chacun. J'aurais alors la totale maîtrise de mon temps.

Pourquoi ne pas parler de mon temps et de votre temps? La pendule posée sur l'étagère égrène machinalement ses secondes et ses minutes, mais notre horloge intérieure a autant d'intelligence que le cerveau qui la berce. Au cours de la dernière décennie, des physiologistes sont parvenus à localiser, après des années de recherche, l'horloge biologique qui régit toutes les fonctions cycliques de notre corps: sommeil et veille, faim et soif, température, tension artérielle, croissance, flux et reflux des multiples hormones. C'est un minuscule amas de cellules dans l'hypothalamus, le noyau suprachismatique, qui règle tous ces rouages, orchestrant aussi bien des rythmes très longs ou très courts, qu'il s'agisse du cycle menstruel de vingt-huit jours ou de l'émission toutes les trois heures de l'hormone de croissance. Et même les milliers de réactions chimiques produites à la seconde à l'intérieur de nos cellules sont aux ordres de cette horloge, toute-puissante maîtresse de l'organisme.

Le terme *horloge* est d'ailleurs impropre, puisque l'indication en nous du temps écoulé se passe totalement de tic-tac mécanique. Nous nous réveillons, nous endormons, mangeons et respirons à notre gré, et savons dominer les cycles préétablis des principales fonctions. Certaines femmes sont apparemment capables de changer leur cycle d'ovulation et de retarder leurs règles en période de stress. (Elles ne sont pas forcément conscientes d'avoir fait un tel choix, mais leur corps réagit pourtant à un signal cérébral déclenché par leurs émotions.) Certaines femmes sujettes à un dédoublement de personnalité peuvent même — dans des cas extrêmes connus sous le syndrome d'Ève et Sibyl — avoir chaque mois, à plusieurs jours ou semaines d'intervalle, des règles correspondant à ces différentes personnalités. Une femme à triple personnalité n'a pas trois horloges intérieures pour déclencher ses trois cycles distincts. Elle a en revanche, à un point insoupçonné, la capacité de maîtriser le temps. Le libre arbitre est tel qu'il est parfois capable de complètement désorganiser des rythmes qui ne devraient pas être perturbés. Après les longs voyages en avion, les troubles provoqués par le décalage horaire détraquent momentanément notre cycle principal de sommeil/veille et la douzaine de cycles sensiblement plus courts qu'il détermine. Or, le fait même que le temps et l'esprit fusionnent permet d'envisager une totale liberté, une manière d'échapper aux horloges inéluctables et d'accéder à une réalité où chaque seconde serait pleinement vécue.

La flèche du temps

Pour le physicien, le concept de temps personnel n'est que le fruit de l'imagination. Dans son domaine, l'espace-temps est le principe constitutif de l'existence, et d'autre part le temps obéit à des lois que ne peut infléchir l'esprit. Quand les physiciens évoquent la flèche du temps, c'est pour indiquer la progression normale d'événements que rien ne peut arrêter.

Stephen Hawking cite, parmi tant d'autres, l'exemple du verre qui tombe de la table. Dès qu'il heurte le sol, il se brise en mille éclats et ne retrouvera jamais de lui-même son état initial. De par la même loi, une fois fondus dans une tasse de thé, les glaçons ne peuvent reprendre forme. Semblablement, vous verrez chez le ferrailleur des tonnes de carcasses rouiller en pathétiques amoncellements, sans la moindre chance qu'apparaissent soudainement de rutilants véhicules flambant neufs.

Sur le papier, vous pourriez vous amuser à rassembler tous les fragments du verre brisé en prenant soin de calculer l'intervention des différentes forces qui ont projeté un à un les éclats dans l'espace immédiat. Il serait en effet théoriquement possible de reconstituer ainsi le verre en inversant chaque trajectoire. En mathématiques pures, un verre entier n'est rien de plus qu'un verre brisé dont on a inversé les équations. Mais la flèche du temps défend de permuter aussi facilement les cartes du réel. Au moment du choc, le temps l'emporte, empêchant à jamais la tasse de redevenir intacte.

S'il s'agit d'une véritable loi, la sagesse recommande de nous résigner et de nous plier au temps comme le font la chaleur, la lumière, tous les corps en mouvement et toutes les formes d'énergie de l'Univers. Quant à mon temps, au temps personnel, il est bien différent. Au lieu de se lancer tout entier dans une direction, il va droit devant si je regarde l'avenir, il va à reculons si je songe au passé. «Le temps, écrit le romancier John Fowles, n'est pas une simple route. C'est aussi une salle.» Nous nommons mémoire cette salle, cet espace où l'on peut s'asseoir, entouré de souvenirs amoncelés.

Le temps personnel peut également être mort ou vivant. Il y a quelques années, des archéologues ont découvert dans une pyramide en Égypte une vasque d'argile contenant des grains de blé. Ces grains furent aussitôt semés, bien arrosés et, en quelques jours — oh, stupeur! — après deux mille ans de sommeil, ils se mirent à germer. Il faut se mettre à la place du grain de blé pour tenter de comprendre cet événement: pour lui, cela devait ressembler à un réveil comme un autre. Tant que la graine était au repos, le temps était mort et n'entraînait ni évolution ni déclin. Les vingt siècles passés entre-temps n'avaient pas changé de saison, puisque cette période était restée sans vie. Il s'agissait en effet de temps mort, ou de temps endormi dans l'enveloppe de la graine, dans l'attente d'un coup de baguette de la vie.

Ce temps enveloppé se trouve dans l'ADN du blé, cet ADN qui fait aussi pour nous des réserves, conservant le temps sous la forme de notre propre mémoire génétique. Impossible de survivre à aucun rhume, à aucune maladie, si notre thymus n'avait gardé trace en mémoire des anticorps qui, il y a des millions d'années, lui ont appris à vaincre les virus et les bactéries. Notre système immunitaire est une véritable encyclopédie de toutes les maladies que l'homme a attrapées dans le passé: les milliers de générations qui nous ont précédés ont péri d'innombrables fièvres et d'épidémies pour nous sauver la vie.

La science est loin d'avoir toujours reconnu à l'ADN sa magie. Mais imaginez-vous un instant debout dans une pièce vide, face à un escalier en spirale. Un escalier de bois en tout point semblable à ceux des vieilles maisons et des églises. Vous admirez ce bel ouvrage de charpente, lorsque survient une chose très bizarre. L'escalier lentement se met à tourner et à littéralement se fendre en deux, de bas en haut, ouvert juste en son milieu comme une fermeture éclair. Les deux moitiés, à présent séparées, se font face.

Vous remarquez alors un détail qui vous avait échappé au départ. Un tourbillon de sciure en volutes enveloppe l'escalier. Le nuage vous paraît d'abord informe, mais bientôt des mouvements et divers courants se précisent et, phénomène inexplicable, petit à petit le nuage reconstruit les deux moitiés, rajoutant ici des marches, là des bouts de rampe ou de pilastre, jusqu'à ce que surgissent à présent devant vous deux escaliers entiers, exactes répliques du premier.

Très curieusement, c'est exactement la façon dont procède l'ADN. Dès que vous avez besoin de fabriquer une nouvelle cellule (c'est-à-dire quelques millions de fois par minute), une molécule d'ADN doit pour vous se fendre en deux. Elle se dédouble alors ainsi que l'escalier imaginaire: la double spirale de départ se divise en deux égales moitiés, quitte à priver provisoirement la cellule d'un ADN en complet état. Mettant ensuite à l'œuvre ses volutes de substances biochimiques en action, l'ADN restaure en chacune de ses moitiés une copie conforme de la molécule initiale. La complexité du phénomène n'est pas ce qui surprend le plus — même si pour chaque cellule l'opération nécessite de remettre en place avec une parfaite précision trois milliards d'informations génétiques élémentaires. Mais le plus fascinant, c'est de savoir que tout ce travail de reconstruction est réalisé par des choses. Une molécule d'ADN, comme un escalier de bois, est une simple chose. Elle est constituée de molécules très ordinaires — d'hydrogène, de carbone, d'oxygène et d'azote — qui sont elles-mêmes des choses plus petites. Des molécules de ce genre peuvent composer un morceau de sucre, une goutte d'huile, une motte de terre. Mais aucune n'est capable d'effectuer ce dont nous avons été les témoins imaginaires. Comment s'expliquer alors que des molécules — petites choses toutes bêtes et inertes — sachent construire un escalier mille et mille fois plus complexe que le plus ingénieux système construit par l'homme?

La réponse est que l'ADN n'est pas exactement une chose. C'est en réalité une mémoire vivante résidant dans une chose. La mémoire n'est pas inhérente aux atomes de carbone, d'hydrogène ou d'oxygène qui la composent. Si c'était le cas, alors le morceau de sucre serait, lui aussi, vivant. Avant tout, l'ADN est un masque matériel sous lequel on découvre une conscience riche, mais abstraite.

Quelle maîtrise peut exercer l'ADN sur le temps? Pour nous, êtres humains, il suffit qu'un film déroule vingt-quatre images à la seconde pour s'animer à nos yeux, parce que notre cerveau saisit ces séquences en mouvement continu. Cela ne ferait, par contre, nullement illusion pour le taon, son œil étant assez rapide pour capter les bandes noires entre les cadres. Le cerveau de cette grosse mouche ne verrait là qu'un diaporama. Le serpent, en revanche, qui ne peut saisir de nouvelle image qu'à intervalle de quatre secondes, manquerait les trois quarts du film. Il n'y verrait qu'un indigeste pot-pourri d'images saccadées (vous pouvez donner facilement à un serpent l'illusion qu'une fleur s'est volatilisée sous ses yeux si vous la cueillez assez rapidement). L'ADN adopte en effet une configuration spécifique pour chaque créature, ce qui détermine un mode de conscience original qui lui convient, la dotant de ce fait d'un sens temporel différent.

L'ADN est l'équivalent d'un central d'aiguillage entre l'éternité et toutes les formes de vie qui font usage du temps. Il tronçonne clairement le fil du temps infini en fonction de la forme de conscience et de la durée de vie imparties à l'espèce considérée. Le temps de l'homme, celui du taon, celui du serpent... Autant de cadres spécifiques. Et la capacité de l'ADN à exercer sa maîtrise du temps dans n'importe quelle direction est encore tellement plus impressionnante! Les dents de sagesse, que nous avons tous un jour, sont un bon exemple de l'héritage que nous transmet l'ADN du passé. Or, il lui faut aussi explorer le futur pour savoir dès le départ que cette dent ne poussera que vers notre douzième année, comme une touche finale à notre dentition d'adulte.

Ce même brin d'ADN infime, tout juste déposé dans l'utérus, sait déjà orchestrer des millions d'actions qui n'auront pas d'utilité immédiate dans les prochaines années ou même avant quelques décennies. D'emblée, nos gènes savent aussi bien comment rapprocher les os du crâne du nouveau-né ou comment compenser une décalcification dans un fémur de soixante-dix ans. Ce savant dosage de temps et de vie dépasse de très loin tout ce que peut imaginer le cerveau humain. Selon les plus récentes estimations, six mille milliards de réactions chimiques sont produites chaque seconde dans notre corps. Et toujours ce même petit brin d'ADN qui les contrôle toutes, avec un taux d'erreur quasiment nul, à quelque distance que ce soit dans l'espace ou dans le temps.

Si encore cette effervescence de réactions restait constante d'un moment à l'autre, un biologiste spécialisé finirait bien par produire une étude exhaustive sur la manière dont l'ADN dirige les courants de la vie. Mais il faut compter avec une quatrième dimension, où chaque cellule suit sa propre destinée: la durée de vie d'une cellule cutanée est d'un mois, et celle d'un neurone, bien que régi par le même brin génétique, dure autant que dure notre vie. Il est difficile d'imaginer comment nos gènes réussissent à coordonner des trajectoires de vie si radicalement différentes. Toujours est-il qu'un filament infime de nulle part et de nul temps est mêlé en filigrane à nos gènes; tel un pêcheur sur la berge, vous pouvez vous y poster pour lancer la ligne dans le courant. De ce point de vue hors du temps, vous voici vieux avant d'être jeune, chauve avant d'avoir vos doux cheveux de bébé, et vous expirez sur votre lit de mort avant d'avoir poussé votre premier cri.

Le soi au-delà du temps

Puisque de toute évidence l'ADN apporte une telle maîtrise du temps, nous devons y prendre part. Et c'est là que l'énigme de Martin va trouver directement sa solution. Martin s'est libéré lui-même de la flèche du temps, s'émancipant de sa voie linéaire comme un train quitterait les rails. Il a plongé dans l'inconnu, pris tous les risques. Mais il s'est davantage approché de la vérité que la plupart d'entre nous, car le temps s'apparente beaucoup plus à une contrée sauvage qu'à une voie de chemin de fer.

Lorsque nous englobons du regard tout le paysage du temps, nous voyons disparaître toute frontière en ligne droite et il ne reste plus alors que l'éternité, le non-temps. D'une façon ou d'une autre, toutes les traditions spirituelles se sont efforcées de convaincre l'homme que le non-temps a bien plus de réalité que tout ce dont il peut faire l'expérience dans le temps. Or, au physique comme au mental, nous en sommes toujours au même point, échoués dans le courant. Les rares personnes qui réussissent à s'échapper sont difficiles à trouver, et, à l'époque où nous vivons, ce ne sont pas nécessairement des hommes de foi.

Erwin Schrödinger, cet important théoricien des débuts de la physique quantique, a fait le saut conceptuel dont nous sommes, en grande majorité, incapables:

«Aussi inconcevable que cela puisse sembler à la raison ordinaire, vous — comme tous les autres êtres conscients — êtes tout dans tout. De ce fait, la vie qui est vôtre et que vous vivez n'est pas seulement une miette de l'Univers, en un certain sens elle en est le tout.»

Cette affirmation prive de tout repère l'ego singulier. Comment quelqu'un peut-il être le tout, c'est-à-dire tout ce qui existe, tout en restant ce qu'il paraît être: un individu pourvu d'idées et de souvenirs qui lui sont propres?

Même si notre monde est esclave du temps, différents indices tendent à prouver que nous sommes en parfaite harmonie avec une réalité beaucoup plus vaste: celle de ce «tout est dans tout». Un éminent neurologue japonais, le Dr Tadanobu Tsunoda, a consacré quatorze années de sa vie à tester les fonctions des parties gauche et droite du cerveau. Un mécanisme d'aiguillage logé dans le tronc cérébral nous permet d'adresser nos ordres à l'hémisphère gauche du cerveau dès que nous activons la parole, le calcul, la logique, et à l'hémisphère droit pour tout ce qui concerne la musique, la reconnaissance des formes, la déduction par analogie et tout ce qui sollicite nos facultés émotionnelles. (Il s'agit ici d'une transmission temporaire de pouvoir, et non d'une quelconque domination du cerveau gauche ou droit si souvent évoquée ces dernières années.)

Le Dr Tsunoda a pu établir une nouvelle cartographie de ce mécanisme d'aiguillage en partant des retards observés dans les retours de son, c'est-à-dire un peu comme s'il se re-présentait le cerveau d'une personne dans l'intervalle où lui parvient le son de sa voix quand elle parle. Bien des particularités très subtiles ont été mises en évidence dans cette passation des pouvoirs entre le cerveau gauche et le cerveau droit, mais la plus remarquable fut la découverte suivante: le pouvoir change d'hémisphère lorsqu'on fait entendre à quelqu'un un son dont la fréquence correspond à un multiple de son âge (par exemple un multiple de quarante vibrations/ seconde si la personne a quarante ans). Autre observation des plus extraordinaires et confirmée sur trente sujets au Japon: celle d'une permutation durable de pouvoir entre les deux cerveaux constatée chez ces personnes le jour de leur anniversaire. Pendant un laps de temps assez variable, ces personnes passent d'une prépondérance de l'hémisphère droit à celle de l'hémisphère gauche, ou vice versa. Ce phénomène s'est produit chez plus de la moitié des sujets en observation et, chez certains d'entre eux, s'est répété trois années de suite.

Face à ces énigmes, Tsunoda s'est demandé dans quelle mesure nos hémisphères gauche et droit ne sont pas réglés sur la rotation de la Terre autour du Soleil, les cycles lunaires et tant d'autres horloges cosmiques:

«Le lien avec l'activité cosmique, écrit-il, suggère la présence d'un cosmos inscrit en miniature dans le cerveau humain. Mais nous avons perdu notre aptitude à percevoir en nous-mêmes ce microcosme, bousculés que nous sommes dans l'agitation chaotique de la civilisation.»

En Occident, on jugera cette conclusion un peu hâtive, étant donné la minceur des données récoltées à l'appui. Mais à en croire les vieux sages indiens:

«Le macrocosme est comme le microcosme,
L'atome comme l'Univers,
L'esprit humain comme l'esprit cosmique.»

En d'autres termes, rien dans l'Univers ne se trouve en dehors de nous-même. Et pour reprendre Schrödinger:

«Vous êtes une partie d'un être éternel et infini. Vous pouvez donc vous jeter au sol et vous allonger à plat ventre sur la terre nourricière avec la conviction absolue de ne faire qu'un avec elle tout comme elle ne fait qu'un avec vous. Vous êtes aussi solide, aussi invulnérable qu'elle; en fait, mille fois plus solide et invulnérable.»

Cette affirmation ne tient en rien d'une adoration mystique. Schrödinger prenait simplement très au sérieux l'hypothèse que la sensation du moi, du «je suis», est primordiale dans l'Univers et plus invulnérable que la Terre, qui ne subsiste qu'en tant que morceau de matière, matière d'ailleurs sans cesse grignotée par le temps. Quant à moi, j'éprouve chaque jour en m'éveillant un sentiment de vie tout neuf, et je me sens régénéré dans la certitude enracinée d'exister.

Comment cette sensation du «je suis» est-elle venue? Elle est apparemment dans la nature même de la vie. La plupart des humains sont de nos jours incapables d'admettre l'existence de la vie dans tout ce qui les entoure. Cet aveuglement met notre culture à part, l'écartant des grandes traditions de pensée de l'humanité. Autrefois, d'un seul fleuve la vie irriguait le monde entier, émanant de plusieurs ou d'un seul dieu. Cette incroyable énergie a tout à la fois créé les galaxies et veillé à la plus frêle fleur des montagnes. La vie s'est épandue très loin autour de nous, puis un beau jour, elle fit ce chemin à rebours, s'enroulant joyeusement sur elle-même et jubilant devant sa force infinie. Nous-mêmes étions partie prenante de ces flots. Nous en étions émergés et notre destinée suivait son cours à la surface.

Tout cela est aujourd'hui devenu très flou. Nous mettons la vie sur le compte des molécules d'ADN, au mépris du fait que l'ADN reste le même avant et après le décès. Il m'est arrivé près de chez moi, un jour où je marchais dans les hautes herbes gelées de novembre, de trouver une sauterelle accrochée sans vie à une tige fanée. L'ayant ramassée, j'ai étudié la carapace toute refroidie et me suis dit:

«Quelque chose vivait dans cet abri. Cette chose est maintenant partie je ne sais où. Ce que je tiens ici n'est qu'un étui, ses molécules vont bientôt disparaître aussi et retourner à la terre. Qu'est-ce qui leur avait donné vie, et qu'est-ce qui la leur a reprise?»

Malgré ma perplexité, je ne peux m'empêcher de me croire le meilleur juge de ce qu'est la vie. J'ai des questions à poser et je peux les poser. Pour moi, le temps existe puisque je cours contre lui. Je sais à l'avance que mes molécules reviendront aussi à la terre. Mais, contrairement à la sauterelle, je peux sciemment vaincre ce péril si je sais comment l'outrepasser. Et vu sous l'angle le plus large et le plus profond, c'est en cela que réside le sens de la vie, dans cette somme de connaissances que chacun peut acquérir sur sa propre vie et son pouvoir de la conserver. Il fut probablement des époques où les réponses à ce mystère étaient connues, où, du moins, on pouvait faire appel à la réponse toute prête dictée par la foi.

Je n'attends aucune preuve définitive, pure et dure, de ce que l'esprit existe dans la nature. Il est d'ailleurs fort possible que cette preuve ne vienne jamais, dans la mesure où notre esprit mène lui-même ces recherches et qu'il est connu pour sa manie de changer les règles. Le sens se trouve où vous le voyez, il est comme vous le voyez. En observant un écran de télévision couleur au microscope, on peut y voir des points scintillants, reflets aléatoires sur un fond chimique phosphorescent. Si l'on s'éloigne un peu, ces mêmes reflets prennent la forme d'une image. La seconde vision détecte de l'ordre et du sens, un produit de l'esprit. La première non. La différence tient uniquement à la manière de regarder et non à la chose elle-même.

Lorsque, en jetant un œil par la fenêtre, vous reconnaissez les arbres, le ciel et les nuages comme étant des parties de vous-même, il n'est pas dit que votre perception soit vraie ou fausse. Peut-être êtes-vous victime d'une hallucination schizophrénique, peut-être au contraire vivez-vous intimement la plus profonde intuition des vieux sages indiens: «*Aham Bramasmi*» (Je suis Braham, tout est en tout.) En échelle de valeur, les significations de cette expérience vont pêle-mêle de l'absurde au sacré. L'important demeure qu'en tout état de cause, ces diverses visions du monde sont contenues dans la même matière cérébrale. Et qu'à chaque nouveau degré de conscience atteint, un nouveau monde est créé.

Vivre en cette ère du doute, en fin de compte, n'est pas une si mauvaise chose. La quête de vérité inspire le respect, même avant que la première bribe n'ait été entrevue. Albert Schweitzer écrivait:

«Désirez la sagesse. Explorez tout autour de vous, pénétrez jusqu'aux plus lointaines limites de la connaissance humaine et vous arriverez toujours au bout à quelque chose d'inexplicable. On appelle cela la vie.»

Cette chose inexplicable qui s'est enfuie de l'étui de la sauterelle se répète dans ma propre vie. Et si j'interroge les données accumulées depuis le début des temps, j'y relis toujours le même mystère. Cela signifie que ma quête de vérité n'est rien d'autre que la vie qui se cherche elle-même. La nature est un miroir: l'observateur est l'observé. Là est peut-être la véritable piste pour venir à bout du mystère. J'ai eu vent d'un exercice spirituel proposé par un maître indien à ses disciples:

«Joignez votre pouce et votre index. Sentez-vous le pouce toucher l'index ou l'index toucher le pouce? C'est l'un autant que l'autre, n'est-ce pas? C'est que le pouce est à la fois, dans un cas, l'expérimentateur et, dans l'autre, l'objet de l'expérience. Demandez-vous maintenant qui opère le passage de statut d'expérimentateur à celui d'objet d'expérience.

Comme c'est vous qui menez l'épreuve, vous la dominez. Vous représentez plus que l'expérimentateur et plus qu'aucune série d'expériences. Quoi que vous soyez et fassiez, vous ne rencontrerez que vous-même par-delà toute chose connue.»

Certes, cet enseignement qui me touche ne peut concerner tout le monde au même degré. Sa démonstration me dit que mon histoire n'est pas limitée à ce corps et à cet esprit qui me contraignent si évidemmentl aujourd'hui. Et cet esprit, qu'est-il sinon l'expérimentateur, celui qui connaît? Et ce corps, qu'est-il sinon l'objet d'expérience, le connu? Si je suis capable de reporter mon attention de l'un sur l'autre, cela signifie alors qu'une part de mon moi n'est pas prisonnière du dualisme entre corps et esprit. Or, ce moi ne se laisse pas découvrir si simplement. Il m'est impossible de le voir puisqu'il est dans mon œil, impossible de l'entendre puisqu'il est dans mon oreille et impossible de le toucher puisqu'il est dans mon doigt. Que me reste-t-il alors, si ce n'est la petite voix intérieure qui me souffle: «Va plus loin»? Si je suis son murmure, je risque de m'égarer en pays inconnu. Mais peut-être aussi réussirai-je de la sorte à franchir les frontières mêmes du temps. Alors seulement je saurai définitivement ce qu'est le temps: ma vraie maison ou l'éternel infini.

DEUXIÈME PARTIE

Par-delà les frontières

5

Un mirage moléculaire

Petit garçon à New Delhi, je m'émerveillais du contraste saisissant qui opposait mes deux grands-pères. Mon aïeul paternel était un homme d'action, soldat, fils d'un petit *rajah* des hautes terres arides, au nord-ouest du pays. *Rajah*, ou prince, est un titre glorieux, trop noble pour être porté par ces petits chefs tribaux farouchement indépendants, dont les sujets étaient les plus belliqueux de toute l'Inde. La tradition familiale rapporte que mon arrière-grand-père reçut à coups de canon les soldats britanniques envoyés pour le contraindre à l'allégeance envers la couronne d'Angleterre. Mais ne disposant que d'un seul et antique engin de guerre, il connut une défaite rapide et meurtrière. Quand la troupe pénétra enfin dans le village, elle découvrit mon ancêtre et ses sujets gisant dans leur sang. Mais les fautes du père ne furent pas reprochées au fils. L'administration anglaise eut l'élégance d'offrir à mon grand-père la rente qu'elle aurait offerte au *rajah*, ainsi qu'un grade à vie de sergent de l'armée britannique.

C'était à l'époque un honneur insigne. Mon grand-père savourait la vie militaire et celle-ci façonna chaque détail de son caractère. Il fêta ma naissance en grimpant sur le toit de sa villa de Lahore, d'où il tira en l'air une salve puis souffla triomphalement dans son clairon. Heureux d'avoir ainsi averti (et terrifié) le voisinage, il redescendit terminer, tranquillement, son petit déjeuner. Mon autre grand-père, du côté maternel, était un homme de paix. Sa vie avait été également modelée par l'influence étrangère, mais d'une manière totalement différente. Lorsque la société Singer, fabricante de machines à coudre, s'installa en Inde, il en devint le représentant et se mit à voyager dans tout le pays pour vanter les mérites de cette miraculeuse mécanique qui pouvait accomplir le travail de trois femmes. Il amassa rapidement une fortune confortable et prit sa retraite avant d'avoir atteint sa cinquantième année, pour passer le reste de sa vie en méditation et en recherche spirituelle. À l'annonce de ma naissance, il quitta sans tapage sa maison de Babar Road, à New Delhi, pour se rendre dans l'une des misérables rues de la vieille ville et distribuer des aumônes aux pauvres.

Ce grand-père passait des heures en compagnie de *yogis*, de *swamis* et autres saints hommes, ou bien simplement entouré de vieux amis avec lesquels il parlait de «l'Ineffable». Si l'un d'entre eux trouvait dans la rue une roupie en or à l'effigie de la reine Victoria, ils hochaient de la tête d'un même mouvement et murmuraient, comme des complices partageant une plaisanterie commune: «Oh! revoilà l'Ineffable.» Lorsqu'une jeune maman perdait son premier enfant, c'était là encore un caprice de «l'Ineffable». En fait, nul incident, petit ou grand, ne se produisait sans que soit invoquée cette entité, jamais vue et obstinément invisible. À qui donc faisaient-ils allusion? Je n'en avais aucune idée, mais ils paraient ce personnage mythique d'enjouement insondable, de traits de caractère imprévisibles et divins.

Peu de garçons d'une dizaine d'années, même en Inde, sont dotés de penchants contemplatifs; je ne faisais pas exception. Il ne me vint pas à l'esprit que ces vieillards en vestes blanches et casquettes à visière, assis la moitié du jour sous notre véranda sans échanger trois mots, puissent être à la recherche de quelque chose qui en valût vraiment la peine. Ce grand-père mourut sans m'avoir initié à son monde. À l'inverse, ma vie fut dominée par mon grand-père militaire. La médecine s'accorde bien avec l'action, elle a quelque chose de militaire dans la rigueur de sa formation, dans l'intérêt qu'elle porte au système de défense, dans sa façon de lutter pied à pied contre l'ennemi, sans oublier — ce n'est pas la moindre analogie - la violence qu'elle inflige fréquemment au corps humain sous prétexte de lui faire du bien.

Pour la plupart des médecins, l'éventualité la plus terrible n'est pas d'avoir à faire face à un cas désespéré mais à un manque de moyens d'action. Même incurable, toute maladie a ses traitements, que l'on applique en attendant le jour où l'un d'eux se révélera parfaitement efficace. «Tenter n'importe quoi plutôt que ne rien faire» est une attitude sans laquelle la médecine ne disposerait d'aucun des traitements existants. Mais que penser quand «ne rien faire» est justement le bon traitement? C'est dans ces moments-là que «l'Ineffable» peut commencer à se manifester.

Dans *La chair et le couteau: confession d'un chirurgien*, Richard Selzer se souvient de Joe Ricker, l'un de ses patients, cuisinier, qui arrivait toujours à son rendez-vous hebdomadaire coiffé d'un chapeau mou. Il cachait sous son couvre-chef un terrible secret: au milieu de son crâne, une tumeur s'était progressivement frayé un chemin à travers la peau, les os de la boîte crânienne et les trois solides membranes du cerveau dont on apercevait la surface humide à travers ce trou béant. Face à ce spectacle éprouvant, le Dr Selzer réagit avec compassion plutôt qu'avec horreur:

«Je contemplais Joe Ricker et m'émerveillais. Quelle dignité! Comme si la tumeur qui le rongeait et dénudait jusqu'à son cerveau lui conférait une grâce qu'une existence entière de bonne santé ne lui avait pas accordée.
— Joe, lui dis-je, débarrassons-nous de tout cela! Excisons ce qui est gâté, implantons une plaque de métal et ainsi vous serez guéri.
J'attendais la réponse.

— Pas d'opération, répliqua Joe.

J'insistai donc.

— Comment ça, pas d'opération? Vous allez attraper une méningite d'un moment à l'autre. Et vous en mourrez. Cette saleté va finir par vous attaquer le cerveau.

Je la voyais, cette tumeur, dévorant les rêves et les souvenirs de cet homme. Je me demandais ce qu'ils pouvaient bien être. Certes le chirurgien connaît chaque partie du cerveau, mais il ignore tout des rêves et des souvenirs de ses patients. Un instant, je fus tenté... de prendre la tête de cet homme entre mes mains et d'y appliquer mon oreille. Mais ses rêves ne me regardent pas. Seule sa chair compte pour moi.

— Pas d'opération, répéta Joe.

— Ah, vous me donnez des maux de tête!

Et nous sourîmes — non pas de cette plaisanterie qui n'était pas vraiment drôle, mais de cette chose entre nous, comme un secret.»

Semaine après semaine, pendant six mois, le Dr Selzer n'eut pas d'autre choix que de refaire le pansement et de fixer un rendez-vous pour le jeudi suivant, toujours à seize heures. Un jour, Joe ne vint pas. Un mois passa avant que le Dr Selzer ne prit sa voiture pour aller manger à New Harlem, où travaillait Joe; il le trouva derrière son comptoir toujours coiffé et lui demanda la permission de l'examiner. Joe refusa nerveusement, mais accepta de venir à la consultation le jeudi suivant. Il arriva en retard.

«— Allez, ôtez votre chapeau.

Le ton de ma voix lui apprit que j'étais de mauvaise humeur, écrit le Dr Selzer. Joe n'en souleva pas moins son feutre, des deux mains, comme il le faisait toujours, et je constatai que la plaie... était guérie. À la place du cratère humide et brouillé, il y avait désormais un fragile pont de peau luisante toute neuve. Avec peine, je parvins enfin à articuler:

— Que s'est-il passé?

— Pour ça? demanda Joe en montrant son crâne. Oh, ben, voilà: la sœur de ma femme est allée en France et m'a rapporté une bouteille d'eau de Lourdes. Depuis un mois, je m'en sers pour me nettoyer.

— De l'eau bénite? demandai-je, ahuri.

— Ouais, dit Joe, bénite.»

À partir de ce jour, le Dr Selzer alla dîner de temps à autre dans le petit restaurant de Joe et le regardait travailler. Rien de remarquable chez lui, il n'avait rien d'un «jardin des miracles en chair et en os» ainsi que l'avait surnommé le chirurgien. Aucun changement dans la démarche traînante de Joe, ni dans ses manières un peu frustes.

«L'unique changement était peut-être dans le clin d'œil rusé dont il m'accueillait, comme pour signaler furtivement que nous avions partagé quelque chose. Un tel homme, se peut-il qu'un tel homme, ruminais-je en buvant mon café à petites gorgées, ait ressenti le battement d'ailes qui l'effleurait?»

Le masque de *Maya*

Avec cette formulation très personnelle, le Dr Selzer pose la même question que mon grand-père en quête de spiritualité: Une force mystérieuse vient-elle nous caresser par moments, élevant la vie ordinaire au-dessus des lois qui semblaient la régir? Il écrit:

«Ce qui pour telle personne n'est que coïncidence est miracle aux yeux de telle autre. Ce dont j'ai été témoin au printemps dernier, était-ce cette coïncidence, ou bien était-ce miracle?»

Mais n'y aurait-il pas une troisième voie? Le corps pourrait n'être qu'un masque, une réalité apparente adaptée aux cinq sens qui, habituellement, se conforme au jeu bien connu de la physique mais qui peut aussi prendre des libertés.

Si tel est le cas, alors les événements étranges qui se produisent de temps en temps ne seraient pas véritablement des miracles mais des aperçus de ce qui se cache derrière le masque, de petites ouvertures dans un tunnel généralement étanche.

Lorsque je dis: «Le corps est une illusion», je refuse à la structure de peau et d'os le statut fixe, prévisible et rigide qu'elle paraît avoir dans le temps et l'espace, mais cela n'implique pas qu'il faille l'abandonner et la traiter avec l'indifférence accordée aux dessins illusoires d'une fumée de cigarette. Le corps est d'autant plus précieux à l'être humain qu'il n'est ni fixe ni prévisible.

Face à l'illusion, l'éventail des réactions est très large. Il est possible de dénoncer la tromperie, l'irréel, le non-fiable, mais aussi de considérer celle-ci comme une merveille, un enchantement, une surprise, comme un spectacle du grand magicien Houdini. Chacun est libre de choisir cette seconde interprétation. C'est ce que faisait mon grand-père quand il songeait à la grande illusion de la vie: pour lui, «l'Ineffable» n'était pas un imposteur, il était la force d'animation qui fait se mouvoir l'Univers, quelquefois selon les règles énoncées par les humains, mais pas toujours. Après tout, ce sont *Ses* règles.

Dans la tradition indienne, *Maya* est le nom officiel de cette force omnipotente. *Maya*, en sanskrit, signifie «illusion» ou «fantasme», au sens fort de ces termes. L'éminent spécialiste des mythologies Joseph Campbell a retracé les nuances de sens de *Maya*. Ce mot est tiré de sa racine verbale *ma*, mesurer, fermer, construire, et indique la capacité des dieux à changer les formes, à créer les mondes, à endosser des masques et à se parer de fausses apparences. *Maya* signifie aussi «magie» ou «spectacle d'illusionniste». Dans l'art de la guerre, cela peut signifier «camouflage» ou «manœuvres trompeuses». Enfin, pour les philosophes, *Maya* est l'illusion qu'il y a à penser voir la réalité alors que seule est visible la couche de l'effet qui masque la cause, seule réalité *réelle*.

Conformément à sa nature trompeuse, *Maya* est pleine de paradoxes. Pour commencer, elle est partout même si elle n'existe pas. Elle est souvent comparée à un mirage du désert, mais contrairement à celui-ci, elle ne flotte pas seulement dehors, là-bas. «L'Ineffable» n'est nulle part s'il n'est en chacun. Finalement, *Maya* n'est pas à ce point puissante qu'elle ne puisse être maîtrisée — et c'est bien là l'essentiel. *Maya* est effrayante ou divertissante, omnipotente ou totalement impuissante, selon la façon dont elle est abordée. Si le cancer est *Maya*, sa terrible apparence de croque-mitaine pourra être dissipée par celui qui ne se laissera pas duper. L'illusion terrifiante se transforme en merveilleux spectacle dès qu'il devient possible de la manipuler.

Maya ne serait qu'une ruse sans intérêt, ou même avilissante, si son masque était indestructible et impénétrable. Qui souhaite s'entendre dire qu'il est trop ignorant pour regarder la réalité sans fard? Le médecin, lui, est pratiquement contraint de percer le masque de *Maya* grâce à ceux de ses patients qui, comme Joe Ricker, ne cessent de lui renvoyer l'image de sa propre ignorance. Mon patient, M. Elliott, avait au moins une mince raison objective de laisser échapper une colère irraisonnée: ce qu'on venait de lui apprendre à propos de son cœur était terrifiant. Cependant, je ne parviens pas à me convaincre du bien-fondé de cette raison. Au plus profond de sa conscience, tout être sait que les règles qui régissent la vie sont temporaires et qu'il est en son pouvoir de décider, quelque tenues que soient ses motivations, de cesser de s'y conformer. Celui qui prend en secret cette décision peut se réveiller un matin furieux et s'écrier avec force: «J'ai fabriqué ce corps, je le contrôle et j'en ferai ce qu'il me plaira!»

Maya ne provoque généralement pas une telle violence. Le corps a été créé pour fonctionner comme une machine bien rodée. Cependant, proclamer que ce corps n'est que pure mécanique, c'est exprimer une opinion subjective et non un fait objectif. On me demanda un jour de prendre la parole à Boston devant un auditoire de quelques médecins. Un confrère pathologiste me présenta cordialement par ces mots:

«— Je suis certain que nous allons trouver fascinantes ces vues sur la médecine corps-esprit, mais je suis un scientifique et ne puis considérer cette relation comme réelle tant que je ne l'aurai pas vue sous mon microscope.

— Je suis bien ennuyé, répondis-je, car je m'apprêtais à prouver que ce que vous voyez sous votre microscope n'a pas de réalité du tout. Je ne voudrais pas vous mettre au chômage.

— Continuez, répliqua-t-il aimablement, je ne pense pas que vous puissiez prouver quoi que ce soit, et, qui plus est, mon vœu secret est d'être psychiatre.»

Tout le monde rit, et je me suis toujours demandé s'il avait saisi que j'étais sérieux. Si tout ce qui est visible sous un microscope est exclu de l'humain, le scientifique n'a plus rien à quoi se raccrocher. Chacun des atomes qui constituent l'organisme n'est fait que de vide à quatre-vingt-dix-neuf virgule neuf, neuf, neuf pour cent; les particules solides se mouvant à toute allure ne sont elles-mêmes que des fagots d'énergie bien serrés. Ce corps d'aspect solide et convaincant n'est en fait qu'une pincée de rien. Pourtant, ce rien n'est pas vraiment un vide, mais plutôt une matrice. Avec une incroyable fécondité, notre espace intérieur fait naître

«...la solitude, le silence, le chagrin, la camaraderie, l'amour, la méditation, la prière, la veillée, les beu-

veries, la musique, la lune, les étoiles, le petit jour ...
l'envie de se baigner au clair de lune — en définitive
tout ce qui tisse la trame de la vie et fait qu'elle vaut
la peine d'être vécue.»

Voilà une liste impressionnante de sentiments et d'objets
que les scientifiques vont devoir exclure de la réalité. (C'est
R.D. Laing qui nous la propose, mais lui *est* psychiatre.) Les
scientifiques s'arrêtent aux seuls faits objectifs en disant:

«Nous pouvons voir et toucher cette chose, ses dimensions sont mesurables; elle répond à des lois objectives que les mathématiques peuvent décrire
jusqu'à la puissance *n*.»

Or, ce type de raisonnement ne prouve pas grand-chose.
Quand je suis au cinéma, je peux m'avancer jusqu'à l'écran
et compter les points de couture sur les vêtements des
acteurs. Si je les considérais sous l'angle du diagnostic, je
trouverais sûrement quelques signes de maladie dans leur
aspect et, muni d'un microscope adéquat, je pourrais probablement examiner les cellules de leur peau sur l'image en
celluloïd. Mais rien de tout cela ne rendra celle-ci réelle. Nos
corps occupent trois dimensions et non les deux du cinéma.
Je peux donc aller au plus profond dans l'examen de l'image
que je vois et que je touche, mais cela ne lui confère pas
davantage la moindre réalité.

Ce qui rend le corps plus réel qu'un film, c'est *Maya*.
Maya est plus convaincante que tout. Si elle ne l'était pas,
elle ne pourrait nous tromper; d'ailleurs, la couche suivante
de réalité est encore *Maya*... Ce processus n'est jamais tenu
de finir. Aussi longtemps que les chercheurs tenteront de
prouver que le monde sensoriel est réel, *Maya* répondra en
leur offrant à découvrir la multitude de ses couches: ainsi,
les organes sont formés de tissus, les tissus de cellules, les
cellules de molécules, puis viennent les atomes, les protons,
les électrons et les quarks et finalement le néant.

Il est clairement reconnu que l'espace vide est tout ce qui existe à la base des composants de l'Univers, mais pour garder à la vie quotidienne sa cohérence, l'intellect a établi certaines conventions. La science objective est la gardienne de ces règles sur mesure et elle s'acquitte très bien de cette tâche extrêmement précieuse aussi longtemps qu'elle se souvient que les règles sont faites pour être transgressées. Par exemple, au centre de cette machine appelée corps, rien n'est plus précis et plus fiable que le cœur. La complexité de son fonctionnement est un défi lancé aux talents médicaux les plus brillants depuis quatre siècles, depuis l'époque où William Harvey découvrit la circulation du sang. Comme toute autre partie du corps, le cœur, lorsqu'on l'examine, s'avère n'être qu'un organe vide. Le cœur réel n'est pas ce paquet convulsif de muscles qui bat trois milliards de fois avant d'expirer, mais plutôt la force organisatrice qui l'anime et le fait battre, qui crée en fait quelque chose à partir de rien.

La métaphore de William Harvey

Historiquement, le cœur a joué un rôle majeur dans l'assimilation du corps à une machine. Dès 1616, Harvey écrivait cette simple phrase dans ses notes: «Le mouvement du sang se fait constamment en cercle, entraîné par les battements du cœur.» Personne n'avait encore exprimé une pensée aussi audacieuse (en Occident, du moins, car d'anciens textes indiens permettent de penser que les médecins ayurvédiques avaient découvert la circulation sanguine des siècles auparavant). La courageuse affirmation de Harvey battait en brèche la plus haute autorité médicale de l'Antiquité, le médecin grec Galien, dont les paroles avaient force de loi depuis quatorze siècles.

Pour Galien — et donc pour tout médecin évolué en Europe —, le cœur aidait les poumons à distribuer le *pneuma* dans le corps: c'est ainsi que les Grecs appelaient la force vitale invisible qui garde les créatures vivantes. Galien affirmait que le sang ne circulait pas. Il en reconnaissait deux sortes: celui des artères et celui des veines, avec leur flux et leur reflux, semblables aux marées. Les deux sortes de sang étaient produites par le foie, puis ils se répandaient partout dans le corps et, d'une manière que l'on ne s'expliquait pas, se renouvelaient sans jamais revenir à leur source. Prisonniers de leur culture, les pères de la médecine grecque, horrifiés à l'idée de la dissection des cadavres, n'accordèrent que peu d'attention à l'anatomie du cœur. Observer un cœur vivant était hors de question et, en tout état de cause, ses battements étaient trop rapides pour être décrits avec précision puisqu'ils se produisaient en à peine une seconde chez les humains et en beaucoup moins encore chez les animaux plus petits. Plus tard, les ecclésiastiques médiévaux déclarèrent péremptoirement que seul Dieu pouvait connaître le véritable fonctionnement du cœur.

Bien sûr, les médecins avaient vu le sang jaillir d'artères sectionnées, et ils avaient pu aussi observer la différence entre le sang artériel rouge vif et le sang veineux, rouge sombre et bleuâtre. Ils avaient même détecté le pouls, mais y avaient vu la palpitation indépendante des artères elles-mêmes. D'une façon ou d'une autre, ces détails étaient intégrés au schéma de Galien.

Harvey était brun, petit, véhément et doué d'un tempérament d'expérimentateur acharné. Il payait des pêcheurs pour le fournir en crevettes vivantes venues de l'estuaire de la Tamise, car la transparence de leur carapace lui permettait d'observer le mouvement du sang. Il fit des visites dans des boucheries et examina les bêtes éventrées en train de mourir, seul moment où leurs battements cardiaques ralentissaient suffisamment pour devenir observables. Il plongea ses mains dans les corps fumants de chiens et de cochons agonisants pour comprimer leurs artères et leurs veines ; il put ainsi prouver que le sang artériel quittait le cœur tandis que le sang veineux y retournait.

L'apport de William Harvey ne consista pas uniquement en de nouvelles observations du cœur mais aussi en une nouvelle métaphore. Il s'empara de la source indicible des émotions les plus tendres, du siège de l'amour, du mystère seulement connu de l'esprit divin, pour le réduire au statut de pompe. Ce n'était pas la première fois que le corps humain était comparé à une machine, mais il s'agissait cette fois d'une révolution intellectuelle, dont la médecine ne s'est pas encore remise.

Rares sont ceux qui semblent comprendre que Harvey ne décrivait pas la vérité dans sa totalité. Une métaphore est un symbole, un jeu verbal qui remplace le monde prosaïque par un monde imaginaire. La femme aimée devient une rose, le Soleil, la Lune et les étoiles — toutes images exprimant les sentiments qu'elle inspire avec plus de délicatesse que la banale formule: «J'aime une femme.» Appeler le corps une machine est une métaphore particulièrement violente, car le mot *machine*, dur, rude, concret, n'est pas poétique. Une machine est en effet composée de matière et non de fantaisie.

Les médecins croient fermement à la matière. Leur formation renforce sans cesse cette tendance qui s'est affermie encore davantage, le jour où ils ont pointé le bout de leur scalpel sur la peau grise d'un cadavre pour le disséquer. En tant que rite initiatique, cette première incision dans la peau humaine fut sur le moment audacieuse, sournoise, choquante et très impressionnante. Trop impressionnante pour qu'il fût possible de s'affranchir aisément de cette émotion. Dans notre société, les médecins sont les seuls habilités à violer l'intérieur sacré des corps, à manipuler avec rudesse leurs tissus et leurs organes. Cette expérience est beaucoup plus forte et immédiate que ne peut le suggérer n'importe quelle planche anatomique. Ouvrir un cerveau, par exemple, est un événement terrifiant même pour le plus expérimenté des neurochirurgiens. La puissance de cette réaction vient avant tout du fait de poser les yeux sur la substance grise vulnérable, humide, qui se cache sous l'armure du crâne et d'avoir à la manipuler avec d'infinies précautions.

Contrairement aux Grecs anciens, le médecin moderne n'est plus pris de terreur face à un corps. La machine est là pour être bricolée. Le Dr Michael DeBakey, cardiologue renommé de Houston, introduit son ouvrage de référence, *The Living Heart*, par ces mots:

«Les organes du corps peuvent être comparés à une série de machines au travail. Le cœur, par exemple, lié à chacun d'eux, est une pompe à double effet. Le foie et les intestins raffinent les carburants utilisés par les moteurs du corps. Les reins, les poumons, les intestins et le foie sont des unités sanitaires se débarrassant des polluants potentiels, des déchets et des cendres laissés par la consommation des carburants.»

Poursuivant avec les poumons (la soufflerie de la chaudière), le système nerveux (un réseau de lignes téléphoniques), les veines et les artères (des tuyaux d'alimentation), DeBakey peaufine l'image d'une machinerie soigneusement organisée au service d'une machine principale, le corps lui-même. L'ensemble du modèle est éminemment commode dans un monde avide de pompes artificielles parmi les plus récentes et les meilleures, de pontages par greffes et d'artères artificielles. Accepter cette théorie selon laquelle le cœur est une machine risque de poser un problème: celui de se mettre à vivre comme une machine. Les métaphores peuvent être très convaincantes mais, une fois l'esprit séduit, la réalité se fige comme l'eau de la rivière qui, gelée par l'hiver, ne peut plus couler.

Considérer le cœur comme une pompe induit l'idée d'une similitude avec toutes les pompes, celle d'un puits par exemple ou d'un poste à essence, qui peu à peu s'use, dont les pièces se détériorent ou révèlent un défaut. On en déduit qu'avec le temps, il fonctionne moins bien. Mais à moins d'être ensorcelé par la métaphore, il est évident que le cœur n'est pas une pompe. Pour commencer, il grossit: à la naissance, le cœur pèse moins de soixante grammes et il lui faut plus de dix ans pour atteindre son poids définitif, soit à peu près cinq cents grammes. Il peut modifier son rythme et le volume de sang traité selon les changements d'activités ou les humeurs. Il peut autoréguler son débit et réparer les dommages que lui ont infligés des crises cardiaques sans gravité. Quelle est la pompe qui en ferait autant? Les sentiments se trouvent aussi associés au cœur. Quelque chose, dans ma poitrine, souffre avec ma peine et bondit avec ma joie, devient aussi dur que la pierre lorsque j'éprouve de la méfiance et fond sous la tendresse comme un flocon de neige au soleil.

«D'accord, admettons que le cœur est plus qu'une machine. Mais concrètement, le jour finit par arriver où comme toute autre pompe, il est véritablement usé.» Est-ce vraiment sûr? Il y a vingt-cinq ans, il était de bon ton de croire que les fonctions du cœur diminuaient régulièrement avec l'âge, que celui-ci devenait plus rigide et fibreux et voyait sa capacité de pompage s'amoindrir à chacun de ses battements. Or, des images parvenues de contrées reculées comme le Caucase montrent des vieillards de quatre-vingt-dix ans affichant une prodigieuse activité physique.

Les médecins occidentaux ont vu ces hommes escalader des pentes abruptes, sauter dans des torrents de montagne au petit matin et accomplir d'autres exploits que de vieilles pompes n'auraient pu permettre. Ces cœurs remarquables révélaient à l'examen médical une jeunesse biologique inattendue. Quant aux malades, ceux dont le cœur montrait une déficience, ils n'en continuaient pas moins à mener une vie active. Pour compenser les atteintes de l'âge, ces cœurs avaient épaissi leurs parois et appris à pomper différemment, et ils fonctionnaient généralement à pleine puissance.

Si l'on songe au profond respect de Harvey pour les faits, ignorer ceux-là serait un curieux sort fait à son héritage. Les médecins d'aujourd'hui entendent se consacrer à la recherche de la vérité avec le même zèle que leur illustre prédécesseur. Cependant, ils ne jaugent pas tous les faits selon des mesures identiques. Certains sont rejetés sans ménagement parce qu'ils ne cadrent pas avec leur idée de machine.

Lors d'expérimentations contrôlées, des *yogis* indiens ont démontré qu'ils peuvent ralentir leur cœur à volonté, au point que le sang cesse de parvenir au muscle cardiaque. Pour les normes occidentales, un tel phénomène n'est pas seulement déroutant, il est en contradiction avec le maintien de la vie. Un cœur arrêté survit quinze minutes à l'absence d'oxygène; après quatre minutes seulement, les cellules cérébrales sont irréversiblement endommagées. C'est contre ces seuils critiques que les unités de secours cardiaques se battent frénétiquement lors de leurs interventions d'urgence. Or, certains *yogis* ont virtuellement arrêté leur circulation sanguine pendant des heures et vécu des jours entiers avec un cœur palpitant à peine. Si la médecine a fait vœu d'être une science objective, de telles démonstrations devraient alors faire culbuter la totalité de ses concepts sur ce qu'est véritablement le corps. Malheureusement, les métaphores ont la vie dure.

Les sensations fantômes

Rien n'oblige quiconque à essayer de passer au travers du masque de *Maya*. Aussi longtemps que le monde physique est accepté pour argent comptant, la machine se maintient en état de marche. Les rochers demeurent durs et solides, le vent souffle, l'eau mouille et le feu brûle. *Maya* est fort serviable. À un certain stade, cependant, le mirage des molécules n'est pas suffisamment réel pour être satisfaisant. L'illusion commence à se dissoudre — je vous en ai proposé quelques exemples —, alors débute la quête de la réalité vraie, celle qui se cache sous les trucages.

Pourquoi faudrait-il attendre de guérir miraculeusement d'une tumeur cérébrale pour entreprendre cette quête? Le simple fait d'observer que l'être n'est pas seulement une poignée d'espace vide est un bon début. Quelque chose fait de chacun un tout; une sorte de colle ou de pôle magnétique empêche les molécules de s'envoler en tous sens. Quelle est cette colle? Comment chacun de nous s'y prend-t-il pour s'organiser autour d'un centre stable et pourvu de sens?

Il est tout à fait étrange que l'une des pistes réside dans le phénomène qu'expérimentent certains amputés qui continuent de sentir, comme s'ils les avaient encore, les doigts, les orteils ou les bras et les jambes perdus. Olivier Sacks a très bien écrit sur ces membres fantômes ainsi qu'ils sont appelés en neurologie. Cette sensation fantôme est fréquemment observée juste après une amputation: elle peut durer pendant des jours, des semaines, voire des années. Sa manifestation est très troublante, c'est le moins qu'on puisse dire.

Le Dr Sacks raconte l'histoire d'un marin qui avait perdu un index dans un accident en mer. À l'instant de la blessure, son doigt était tendu et la sensation fantôme dont il souffrait lui rappelait sans cesse cette tension. L'homme avait l'impression très nette d'être à jamais destiné à pointer son doigt en l'air. Celle-ci était tellement constante que c'est à peine s'il posait la main sur son visage quand il se rasait, de crainte de se crever un œil. D'autres membres fantômes entraînent des douleurs, des démangeaisons ou diverses autres sensations, désagréables, à la limite du bizarre — un amputé a signalé que sa jambe fantôme souffrait régulièrement de crampes nocturnes très pénibles, auxquelles ne manquaient ni les orteils rétractés ni les mollets noués.

En plus, les membres fantômes possèdent souvent l'étrange faculté de changer de taille. C'est ainsi qu'une jambe fantôme un instant longue de deux mètres cinquante ne mesure plus que cinq centimètres la minute suivante. Ces phénomènes ne sont pas seulement trompeurs. Toute personne ayant rééduqué des infirmes découvre vite qu'il leur est plus difficile d'apprendre à utiliser une prothèse s'ils n'éprouvent pas de sensations fantômes. Marcher d'un pas ferme avec une jambe artificielle implique qu'elle soit intégrée à l'image corporelle. Aussi longtemps qu'elle reste un poids mort, son fonctionnement ne peut avoir l'air tout à fait naturel. La jambe fantôme peut finir par se mouler sur la fausse, lui conférant des impressions de vie.

Même s'il peut se révéler utile, un membre fantôme n'est pas toujours coopératif. Sacks nous parle de ce patient qui se réveillait certains matins et réalisait que la partie inférieure — fantôme — de sa jambe n'était pas là. À sa place, il y avait du vide, un néant dénué de toute force d'existence. (Bien entendu, il n'y avait rien au-dessous de son genou, *que* de l'air, mais ces matins-là, c'était de l'air mort.) Pour ramener son membre fantôme à la vie, cet homme devait se frapper vigoureusement la cuisse à cinq ou six reprises, comme il aurait donné une fessée à un enfant, jusqu'à ce que la sensation fantôme s'éveille et s'étire. Alors, seulement, il pouvait fixer sa prothèse et marcher.

Ce qui est intrigant dans ces sensations fantômes, c'est qu'en fait elles appartiennent à tout le monde et se nomment le corps. Ce corps qui n'est fondamentalement qu'un amas inerte est aussi mort qu'une jambe de bois. Ses sucres n'ont pas plus de sentiments que n'en a un bonbon; les protéines ne sont pas plus intelligentes qu'un haricot. Au travers du système nerveux qui pénètre chaque fibre corporelle, l'être a appris à se projeter dans cet amas inerte, l'ajustant comme un amputé ajuste sa prothèse. Un pied ou une main engourdis donnent une bonne idée de ce que peut être un poids mort. Être engourdi signifie être provisoirement paralysé parce que des nerfs de la main ou du bras viennent d'être comprimés la nuit sous le poids du thorax ou au cours de la journée après une trop longue position assise jambes croisées.

Les amputés ne sont pas les seuls à s'appuyer sur de trompeuses sensations fantômes. Face à son miroir, une jeune femme souffrant d'anorexie se trouve confrontée à une image de maigreur presque squelettique. Le corps qu'elle a affamé, qui pâtit de malnutrition est là, devant ses yeux. Mais intérieurement, elle entretient une autre image d'elle-même, se trouvant trop grosse (ou plutôt pas assez mince) et ce fantôme visuel régit son esprit. Elle voit donc une grosse femme dans le miroir, tout comme un amputé sent qu'il a une jambe de cinq centimètres ou de deux mètres cinquante. Tout ce que le fantôme présente comme étant vrai devient vrai. Je sais que ma jambe mesure quatre-vingt-dix centimètres de long, que mon corps pèse soixante-huit kilos, que je me tiens droit en position assise et que je suis réveillé, mais croire tout cela, c'est l'accepter sur parole, car mon fantôme pourrait bien se rire de moi. L'esprit, par nature, recherche la continuité, s'efforce de lier les pensées entre elles, de donner à chaque action des motivations cohérentes, et s'attend à découvrir la même cohérence chez les autres.

Il devient facile d'avoir quelque idée des efforts nécessaires à l'organisation d'une réalité continue en observant la situation des schizophrènes, dont le cerveau organise si mal le monde que leurs paroles ne sont qu'un déversement chaotique et embrouillé, une salade de mots. Le clairvoyant ouvrage de David Norman, *Neuro*, relate de façon vivante des exemples de ces associations déréglées qui n'offrent aucun lien logique, caractéristiques de la schizophrénie. Un patient déclare:

«Mon dernier professeur dans cette matière, c'était A. C'était un homme aux yeux noirs. Il y a aussi des yeux bleus et des yeux gris, et d'autres sortes encore. J'ai entendu dire que les serpents ont des yeux verts. Tout le monde a des yeux.»

Submergé à la fois par les pensées de son monde intérieur et par les sensations que lui envoie le monde extérieur, l'esprit d'un schizophrène ne peut plus donner une forme logique à ses raisonnements. Un autre patient qui devait exprimer son opinion sur la crise de l'énergie expliqua:

«Ils sont en train de détruire trop de bétail et trop de pétrole, simplement pour faire du savon. C'est vrai qu'on a besoin de savon pour sauter dans une piscine et quand on va acheter son essence, mais mes parents pensaient toujours qu'il valait mieux acheter du soda alors que le mieux, c'est l'huile de vidange et l'argent. Ils auraient tout aussi bien pu y aller pour échanger des boîtes de soda et ah, des pneus, des tracteurs, des garages; c'est comme cela qu'ils peuvent sortir des voitures de la casse, c'est ce que je pense.»

Il est clair que ce patient avait compris la question posée, mais ne parvenait pas à trier les images, les souvenirs et les concepts qu'elle faisait jaillir dans son esprit. Tout se mélangeait en une salade vraiment folle mais émouvante dans la transparence de ses allusions aux temps anciens où le monde avait un sens. Le désastre verbal qui en résulte me rappelle que mes propres mots sont cimentés d'une manière extrêmement étrange par une conscience que je tiens pour acquise. Je n'ai pas besoin de lutter contre moi-même pour que mes paroles aient un sens: elles en ont ou elles n'en ont pas.

Sans cette trompeuse et automatique continuité, la vie se transformerait en une salade de vie. Mais il doit y avoir là un paradoxe. Comment entretenir la continuité tout en restant ouvert à l'inattendu, au flot toujours changeant des événements et à l'éclair éblouissant de la révélation? Il appartient à chacun de choisir d'accepter le monde tel qu'il est ou de l'altérer pour qu'il s'adapte à ses désirs. *Maya* et moi-même avons très bien réussi à respecter nos conventions afin de rendre le monde prévisible. Pourtant — qui sait? — je peux demain décider de rompre le contrat. Ou même dans une minute. La réalité est toujours ouverte à l'évolution.

Rompre l'envoûtement

Milton Erickson, grand pionnier dans l'utilisation des thérapeutiques de l'hypnose, donnait un jour une conférence-démonstration devant un auditoire d'étudiants en médecine. Il demanda qu'un volontaire se joigne à lui sur l'estrade. Un jeune homme accepta, s'assit face au public et, à la demande d'Erickson, posa ses mains sur ses genoux. Puis ce dernier demanda:
— Souhaitez-vous continuer de voir vos mains sur vos genoux?

L'étudiant acquiesça. Pendant qu'il parlait, Erickson fit en silence un signe à un collègue qui arriva derrière le jeune volontaire, lui prit le bras droit et le leva. Le bras resta en place.
— Combien de mains avez-vous? demanda Erickson.
— Deux, bien sûr, répondit le jeune homme.
— J'aimerais que vous les comptiez pendant que je les désigne, dit Erickson.
— Très bien, répliqua son interlocuteur avec une nuance de mépris dans la voix.

Erickson désigna la main restée sur le genou gauche et le jeune homme compta: «Une». Il désigna le genou droit où il n'y avait plus de main et le jeune homme dit: «Deux». Puis il désigna enfin la main suspendue en l'air. L'étudiant se troubla, rempli de confusion.
— Comment expliquez-vous cette autre main? demanda Erickson.
— Je ne sais pas, dit le jeune homme, je devrais peut-être travailler dans un cirque.

Il est aisé de deviner que ce garçon était déjà sous hypnose. L'étonnant dans cette histoire est qu'il n'avait pas été hypnotisé préalablement. Erickson était tellement maître de son art qu'il avait provoqué la transe par le simple fait de poser la question: «Souhaitez-vous continuer de voir vos mains sur vos genoux?» C'est exactement cette suggestion que l'étudiant faisait ressortir en voyant une main sur son genou droit. Et moi? Tout ce que je vois, surtout à cet instant même, est tout aussi précaire que cette troisième main. Je fais confiance à mon sens de la réalité, non parce qu'il est réel mais parce que ma confiance le rend réel. Un hypnotiseur peut, en faussant mon attention de la façon la plus fine, me faire croire qu'il y a six personnes dans une pièce et non deux douzaines ou qu'une mixture au goût immonde préparée par le pharmacien du coin est le plus délicieux des vins de xérès. À Glasgow, R.D. Laing passa par ces deux épreuves avec l'aide d'un ami hypnotiseur.

Au sujet de l'histoire du xérès, Laing se lamentait:

«Comment notre goût, un sens aussi intime, est-il si facile à tromper? Je ne peux donc plus me fier à mon goût? Ce n'était pas seulement intéressant, c'était profondément troublant. Cela me déconcertait, me terrifiait.»

Ce sont de fortes émotions qui sont soulevées lorsque nous nous sentons osciller au-dessus d'un gouffre sans fond. Et Laing logiquement se demandait:

«Quel est le goût réel d'une chose? En quel sens un phénomène quelconque est-il réellement réel?»

C'est exactement cette question qui rendait perplexes mon grand-père et ses amis, réunis sous la véranda de Babar Road. Mais Laing se sentait plus consterné encore et il se demandait:

«Dans quelle mesure l'impression et la structure de notre monde habituel, quotidien, sont-elles socialement programmées? Ne sont-elles qu'une fiction induite dans laquelle nous nous empêtrons tous?»

Les seuls qui s'échappent du filet sont:

«...un petit nombre pour qui le conditionnement n'a pas ‹fonctionné› ou s'est dissous, ou qui ont rompu le charme — une poignée de génies, de psychotiques et de sages.»

C'est exactement cela. L'unique voie hors de *Maya* est de s'éveiller de son charme, de rejoindre ceux qui ne se sont pas laissés ensorceler. Dans notre culture, l'envoûtement a pris la forme respectable de la science pure, mais cela ne lui confère pas davantage de réalité. L'avantage qu'il y a à percer *Maya* à jour est que l'illusion scientifique, qui nous a certes offert une vie confortable avec avions à réaction et ordinateurs, scanners et extracteurs à jus, ne s'est pas débarrassée de la peur, de la violence, de la haine et de la souffrance. *Maya* les programme aussi puisqu'ils sont partie intégrante du rêve que vous acceptez de rêver.

Il m'arrive de rencontrer parfois un membre de cette troupe hétéroclite dont le conditionnement n'a pas tenu. Il ne s'agit pas forcément de psychotiques, ni de génies, ni de sages. Ce sont simplement des individus qui ne se laissent pas convaincre aussi facilement que les autres. Invariablement, une rencontre de ce type ébranle un peu mon rêve. Et je quitte ces personnages avide de voir ce qu'ils voient et d'être ce qu'ils sont. Il y a du bonheur, voire de l'euphorie, à comprendre ce qui attire. Pendant un instant, regardant par-delà l'illusion, nous nous sommes crus égaux: «Qui sait? semblent dire leurs yeux. Peut-être serez-vous le prochain éveillé?»

C'est surtout à Harold que je pense, qui la première fois où je le vis avait un air tout à fait ordinaire bien qu'à soixante-quinze ans son corps fût dans un état de fatigue évident. Sa fille me l'avait amené parce qu'elle s'inquiétait des progrès rapides que semblait faire l'insuffisance rénale dont il souffrait, un trouble qui est une menace sérieuse chez bien des personnes âgées.

Nous étions assis tous les trois dans mon cabinet et elle parlait fiévreusement des mesures que nous pourrions prendre, dont celle de mettre son père sous dialyse. Harold, confortablement installé dans son fauteuil, ne semblait pas concerné. Lorsque je vis le résultat des analyses, je compris immédiatement la raison des inquiétudes de sa fille. Le taux d'azote urique dans le sang approchait quatre-vingt-dix, le niveau normal étant de dix environ. Un autre indicateur, la créatinine, présentait aussi un taux beaucoup trop élevé.

Tout le monde accumule des déchets azotés dans son sang: ce sont les résidus de la décomposition des protéines dans les cellules. En quantités importantes, ces déchets sont toxiques et deviendraient rapidement mortels si le corps ne disposait pas d'un subtil mécanisme d'épuration: les reins. Un pourcentage élevé d'azote urique ou de créatinine signale toujours au médecin des problèmes rénaux graves, encore que peu précis. Harold était fort proche du stade où la dialyse est automatiquement prescrite. C'est sur ce point que son médecin de famille insistait, mais Harold la refusait.

Il devait pourtant vivre avec bien des désagréments, mais lorsque je lui énumérai les symptômes classiques de l'insuffisance rénale — nausée, étourdissements, faiblesse, perte d'appétit — il assura ne pas en souffrir bien qu'il se sentit légèrement fatigué. Mon air incrédule le poussa à ajouter aussitôt:

— Ce problème n'est pas nouveau pour moi, vous savez.

— Oh! et quand est-il apparu pour la première fois?

— Il y a quarante-cinq ans environ, répondit-il avec un regard espiègle.

Un homme ayant vécu quarante-cinq ans avec une insuffisance rénale chronique devrait être rongé par une infinité de symptômes, sans parler des détériorations définitives des os, des yeux, des poumons, des vaisseaux sanguins et des reins eux-mêmes. Harold fut pour la première fois averti de son problème au cours de la Seconde Guerre mondiale par un médecin militaire qui le réforma à cause des résultats des analyses de sang. De but en blanc, il lui fut annoncé qu'avec un tel taux d'azote urique, son espérance de vie ne dépassait pas cinq ans. Harold ne présentait alors aucun symptôme de l'insuffisance rénale chronique. L'absence à cette époque de traitement spécifique fit qu'il empocha ses papiers de démobilisation et partit. Cinq ans plus tard, il revint pour voir ce médecin, mais celui-ci était décédé.

— J'étais ennuyé qu'il ne fût plus là, me raconta Harold, car il connaissait mon état, alors je suis reparti chez moi sans voir personne d'autre. Ce n'est que vers le milieu des années cinquante qu'il chercha à consulter un spécialiste des reins. Ce dernier, affolé devant le taux d'acide urique de son patient, lui expliqua qu'il ne lui restait que peu de temps à vivre — son seul espoir était qu'une nouvelle technique, alors aux tout premiers stades de l'expérimentation, la dialyse rénale, se perfectionne suffisamment rapidement pour pouvoir le sauver. Une fois encore, Harold repartit et se mit à attendre.

— Je pensais en effet que le dialyseur allait être la réponse à mon problème, dit-il, c'est pour cela que je me suis tenu au courant de l'évolution de cette technique. Dix ans plus tard environ, il lut dans les journaux que cette invention était désormais au point. Il revint voir son urologue pour s'entendre dire que ce deuxième médecin était, lui aussi, décédé. Les résultats des analyses d'Harold continuèrent de s'aggraver et quand, il y a cinq ans, il voulut contracter une assurance-maladie, un troisième spécialiste lui révéla qu'il était si malade qu'il devait soit opter pour la dialyse régulière, soit songer à une greffe du rein.

— Ma fille a vraiment été bouleversée, continuait-il de raconter. Et comme je pensais que je devais vraiment faire quelque chose, j'ai donc de nouveau appelé le médecin le mois dernier... pour apprendre de son assistante qu'il venait de mourir d'une crise cardiaque.

Nous restâmes bouche bée pendant une seconde! Que pouvais-je ajouter? Et c'est tous les trois ensemble que nous éclatâmes de rire:

— Voyez-vous, si j'ai survécu à trois urologues, reprit Harold, dérouté par tant de chance, je crois qu'il vaut mieux que je me tienne définitivement à l'écart des médecins. Pour eux, cela vaudra mieux.

Je ne pouvais qu'acquiescer.

6

Un fil vers la liberté

— Je tiens à vous dire que je ne suis nullement effrayé par l'énorme risque que je viens de prendre en acceptant cette opération. Même s'il faut m'alimenter avec une sonde jusqu'à mon dernier jour, je ne regretterai rien. Au moins, j'aurai agi. Et la mort non plus ne me fait pas peur. Je voulais vous rassurer à ce sujet.

Les propos de Louis n'arrivaient pas à me convaincre. Il me parlait d'une voix saccadée, les yeux étrangement brillants. Malgré ses efforts, il ne pouvait contrôler le tremblement de ses mains et il ne semblait pas réaliser qu'il laissait, à son insu, deviner ses véritables sentiments. Peut-être, en effet, n'en était-il pas conscient.

J'essayais de trouver un moyen pour l'aider à se libérer de son angoisse, mais j'ignorais quelle attitude prendre, je cherchais en vain des mots assez puissants pour adoucir une épreuve aussi brutale.

Il y a encore deux mois, aucun risque annonciateur de catastrophe ne venait déranger une vie parfaite, à moins que cette perfection même ne fut en elle-même un symptôme. Louis, d'origine américaine, avait choisi de vivre en Espagne. Des rentes confortables lui permettaient de se livrer sans soucis à sa passion: l'histoire de l'art. Les premiers malaises furent anodins. Il semblait ne plus supporter de boire du vin au dîner comme, avec son épouse espagnole, il en avait pris l'habitude. Le moindre verre provoquait immanquablement des nausées et des diarrhées.

Le spécialiste madrilène qu'il consulta le rassura, affirmant qu'il s'agissait selon toute vraisemblance d'un virus intestinal dont l'action ne pouvait qu'être passagère. Mais le malaise subsista et le médecin conseilla des examens. Un scanner révéla une grosseur suspecte de cinq centimètres de long environ à la tête du pancréas. Les résultats d'analyse de la ponction réalisée aussitôt firent tomber le verdict, terrible: adénocarcinome, soit un cancer mortel du pancréas!

Louis se retrouvait brutalement face à une espérance de vie ne dépassant pas six mois, et pourtant l'absence de douleur lui donnait l'impression que rien n'était changé; même son organisme ne présentait aucun signe de cachexie, cette décrépitude des tissus typique de la phase terminale des cancers. Sans cette obstination à découvrir la cause de ses difficultés de digestion, il aurait pu continuer à ignorer tout de son état.

— Chaque matin, je m'éveille en pleine forme, disait-il, et c'est au moment de choisir mes activités de la journée, quand j'hésite entre une partie de tennis ou mettre de l'ordre dans mes papiers, que me revient à l'esprit cette terrible réalité: je suis en phase terminale. Alors, toute énergie m'abandonne et je n'ai plus de goût de rien.

Son visage s'assombrit:

— Si seulement je pouvais ne pas aller au-delà de cet instant où je me sens prêt à foncer...

Mon penchant naturel de venir en aide à mes patients se faisait sentir fortement. Louis avait choisi de revenir aux États-Unis se faire traiter. Les soins classiques faisant appel à la chirurgie et aux rayons sont difficiles à supporter. Le pancréas retiré, le patient perd sa source principale d'enzymes digestives et n'a plus guère la possibilité de digérer la nourriture. Les enzymes de substitution que peut lui fournir la pharmacopée ne sont que de piètres ersatz comparées aux sécrétions naturelles de l'organe.

J'ai fait mon stage de formation en endocrinologie au Baptist Hospital de Boston, dans le service d'un célèbre chirurgien, spécialiste du pancréas et médecin traitant fort apprécié. Malgré tout son talent, ses opérés sur leur lit avaient une mine affreuse, le teint jaune, les fonctions digestives amoindries; jamais plus ils ne pourraient se nourrir normalement. Ils passaient les derniers mois de leur vie branchés sur des tuyaux de perfusion qui leur distribuaient un liquide nutritif. Malgré des soins attentifs, ils ne survivaient que quelques semaines.

Je voulais, avant tout, éviter à Luc cette triste fin. Son médecin traitant me l'avait adressé après avoir lu un de mes ouvrages. Il lui semblait qu'une approche corps-esprit était le seul remède qui put le délivrer de sa peur. À mon avis, la nature du traitement était pour Louis un facteur d'angoisse aussi important que la maladie elle-même. Je lui suggérai donc de refuser l'intervention chirurgicale. Certes, une opération pouvait légèrement prolonger sa vie, c'est du moins ce qu'affirment les statistiques, mais l'important n'était-il pas son propre confort? Cela valait-il la peine pour une survie aussi minime de supporter autant de souffrances? Bien qu'attentif à mes arguments, Louis ne semblait pas persuadé.

— Si je laissais parler mon instinct, je ne me ferais pas opérer, me dit-il, mais si je meurs dans six mois sans avoir rien tenté, ce sera si désespérant pour ma femme... J'éprouverais à son égard un vrai sentiment de culpabilité!

Après une longue réflexion, il trouva une solution médiane: plutôt que de se faire retirer le pancréas, il limiterait l'extraction à l'excroissance incriminée et garderait intact l'essentiel de son organe. Ses fonctions nutritives s'en trouveraient protégées et il pourrait continuer à se nourrir normalement. Plus la date fatidique approchait, plus le caractère de Louis se transformait. Parfois, il affichait une confiance exagérée ou une exubérance déplacée mais, le plus souvent, il montrait un visage sombre et renfrogné. Sa déprime jetait un voile sur son identité corporelle et psychique. Il n'avait plus de prise sur lui-même. Son corps lui était devenu étranger. Plus il cherchait à l'oublier, plus il prenait de l'importance. À trop regarder un monstre, on se fait monstre soi-même. Cet adage prenait avec Louis toute sa signification. Un jour qu'il vint me voir dans mon cabinet, je lui demandai de se caler confortablement dans son fauteuil et de fermer les yeux.

— Évitons, dans l'immédiat, de parler de votre état, lui dis-je. Soyez simplement vous-même. Ne fixez pas votre pensée sur une réflexion définie. Laissez-vous aller.

Je me tus et nous restâmes dans le silence.

— Sentez-vous quelque douleur? lui demandai-je.

— Aucune.

— Bon. Ressentez le confort de votre siège et regardez simplement tout ce qui vous traverse l'esprit. Si une pensée cherche à s'installer, laissez-la tout bonnement passer. C'est un exercice facile.

Je restai un moment sans rien dire.

— Avez-vous ressenti quelque impulsion d'angoisse ou de panique?

— D'un signe de tête, il répondit que oui.

— Ne vous en occupez pas. Ce n'est qu'un nuage. Ce qu'il faut noter, ce sont les espaces entre les pensées, comme des parcelles de ciel bleu entre les nuages. Lorsque vous êtes dans un de ces espaces, faites simplement un signe de tête.

Il referma les yeux et, après quelques secondes, il fit le signe convenu. Nous poursuivîmes cette expérience pendant quelques instants.

— Ressentez-vous encore de l'anxiété?

Louis fit non en secouant la tête. Je lui demandai alors d'ouvrir les yeux. Le regard qu'il me lança reflétait la surprise.

— Comme vous pouvez le constater, il est relativement simple de cesser d'être un cancéreux, lui dis-je. Je désirais vous faire faire l'expérience du silence intérieur. Les pensées vont et viennent dans cet espace silencieux. Mais il arrive un moment où vous vous trouvez sans pensée, sans impulsion de peur, sans souvenir écrasant, sans envie d'agir non plus.

À ce moment, l'esprit est simplement seul avec lui-même. À cette seconde précise, vous avez le choix de votre prochaine pensée ou de votre prochaine émotion. Maintenant, demandez-vous quelle part de vous fait face à ce choix.

— À vrai dire, je l'ignore, répondit Louis, quelque peu désarçonné. On ne m'a jamais fait voir quelque chose sous cet angle.

Je continuai:

— Pour projeter un film, il faut un écran. Les images défilent sur l'écran, une action se trame, des émotions s'en dégagent, un histoire est racontée. Et pourtant, l'écran en lui-même n'est pas responsable du drame qui se joue, n'est-ce pas? Il ne fait pas partie du film?

— Non, bien sûr, répondit Louis, se demandant où je voulais en venir.

— L'écran, c'est notre esprit, mais la différence entre l'écran de mon exemple et notre esprit, c'est que celui-ci est partie prenante du film puisque le film est *notre* vie. Notre écran intérieur est tellement encombré d'images personnelles incontournables que nous oublions qu'il y a en nous un véritable écran, partie immuable, jamais affectée de l'esprit.

Louis et moi étions conscients d'à quel point ce langage était nouveau. Pour chacun, la signification profonde du moi repose sur les souvenirs du passé et chacun se projette sans restriction dans ses peurs, ses rêves, ses espoirs, ses amours, ses frustrations... Mais s'il fait l'effort de se détourner de toutes ses images, quelque chose de lui demeure néanmoins: le moi véritable, le décideur, l'écran, le témoin silencieux.

— Il m'est impossible de découvrir ce centre inaltéré à votre place, dis-je à Louis en y mettant toute ma conviction. Il faut que vous le rencontriez en direct. Mais je vous ai livré la marche à suivre. Les pensées, les émotions qui vous traversent comme des nuages et filent dans le ciel ne réussissent qu'à vous disperser. Votre vrai vous, c'est le ciel au-delà de tout mouvement. À chaque fois que vous réussirez à voir clairement un espace libre, vous serez face à un espace de sécurité, et là le cancer n'entrera jamais. Là vous serez en prise directe avec vous-même, l'observé étant aussi l'observateur.

Le fil du yoga

La certitude que le moi renferme un centre inaltérable tient une place considérable dans la psychologie moderne, en particulier dans le milieu de la psychothérapie. Tant qu'un sujet en thérapie n'aborde pas les couches profondes de lui-même, il ne peut régler aucun problème sérieux. Pour faire changer quelque chose en soi, il faudra atteindre le «noyau central — cette volute du moi qui possède la sagesse absolue et la connaissance de soi». Ces mots sont ceux d'Irvin Yalom, psychiatre de grande renommée et professeur à la faculté de médecine de l'université de Stanford, en Californie. Seul le thérapeute est conscient de l'existence — en son patient comme en tout être humain — d'un centre de sagesse et de connaissance. Le patient, quant à lui, trop perturbé par son désarroi mental, s'est coupé de cette partie de lui-même. La mission du thérapeute est de lui insuffler l'audace et la volonté d'extraire des ténèbres son moi le plus intime. (Je parle ici de la classique thérapie du divan.)

La première difficulté de la tâche est de le persuader de l'existence de ces couches profondes du moi. Il convient ensuite de lui dévoiler l'objectif avant même qu'il ne fasse l'expérience de cette réalité qui permet de transcender la crise, de regarder la vie avec un regard clair même lorsque l'esprit conscient vacille entre panique et stupéfaction. Le voyage intérieur est semé d'obstacles. Depuis les travaux de Freud, la psychologie des profondeurs considère que celui qui sait, le connaissant, est étouffé sous les couches multiples de l'expérience, du vécu douloureux. Pour que, enfin, celui-ci se révèle, il faut s'en saisir par surprise à travers les lapsus, les rêves, tout ce qui de temps en temps échappe au camouflage.

Je discutais un jour avec un confrère des maladies organiques et nous parlions à bâtons rompus des taux élevés de divorce. Je lui demandai subitement s'il avait eu dans sa jeunesse à faire face au divorce de ses parents.

— Non, me répondit-il, croyez-moi si vous voulez, mais après quarante-cinq ans de mariage, ils vivent toujours ensemble. De nos jours, ce sont presque des pièces de musée! Je devrais les mettre sous terre.

Avant même que j'aie pu réagir, il s'était repris:

— Mon Dieu! je voulais dire «sous verre», bien entendu.

Quatre-vingts ans plus tôt, il aurait pu laisser passer ce lapsus freudien sans se poser de questions: aujourd'hui, il lui fallait s'interroger gravement sur le sens ambigu de ses paroles, échappées au contrôle de son conscient.

Selon qu'elle est pratiquée en Orient ou en Occident, la quête du connaisseur prend un sens différent. À l'Ouest, il faut la secousse de désordres graves, de névroses ou de dépressions pour entreprendre une telle démarche. Dans la plupart des pays orientaux, en Inde notamment, elle est incluse dans le schéma de la vie. Elle fait partie intégrante de la grande aventure de l'existence. L'aventure est personnelle, mais néanmoins guidée par une tradition de savoir devenue une véritable science appelée yoga, du mot sanskrit signifiant «union».

Dans son désir d'union, le *yogi* ne se projette pas à l'extérieur de lui-même vers Dieu ou dans une recherche de l'extase ou d'une osmose avec le surnaturel, bien qu'il puisse en être ainsi à un moment ou à un autre du trajet. La volonté d'union du *yogi* est plus primaire, et profondément ancrée dans son inextinguible besoin de découvrir cette minuscule étincelle de lui-même qui appréhende directement la réalité sans intermédiaire ni subterfuge.

Les étrangers à la culture indienne sont toujours étonnés de constater à quel point l'influence de la discipline du yoga reste vivace. Lorsque les Occidentaux s'efforcent de décrire celle-ci, ils la réduisent à une succession d'exercices physiques comparables à l'acrobatie. La forme de yoga qui s'approcherait le plus de cette description est le Hatha-yoga, mais ce n'est là qu'une des huit branches du yoga (et nullement la plus importante). La quête du connaisseur — pas plus que le yoga — ne se rencontre pas en Inde exclusivement. À toutes les époques et dans tous les pays, on trouve des témoignages de cette projection vers le point silencieux qui se cache en chacun. Un poète chinois du XIIIe siècle, Wu Men, l'a résumée en quatre vers:

«Un instant est l'éternité,
l'éternité est le maintenant.
Si tu vois au travers de cet instant,
tu vois au travers de celui qui voit.»

Djalãl Al-Din Rumi, grand poète soufi, en trois lignes d'une provocante beauté, invite à prendre le large:

«Dehors, au-delà des idées du bien et du mal faire
il y a un champ.
Je t'y attends.»

Pour comprendre au mieux le sens du yoga, il faut examiner en soi l'instinct d'identification. C'est ce problème-là qui se résout lorsque l'union est atteinte. L'être évolue dans sa vie en s'identifiant à ce par quoi il se définit: *sa* maison, *sa* carrière, *sa* femme, autant de pôles qui sécurisent et qui réconfortent. Ceux-ci sont fragiles, pourtant, et non immuables. L'attention doit se mouvoir sans cesse de l'un à l'autre car rien n'est jamais acquis: la maison se révèle trop petite, la vie professionnelle se déstabilise, la femme s'ennuie! S'il arrive à vivre avec ces modulations dans un état de relative harmonie, l'être peut préserver son sentiment de sécurité, bien qu'il risque de le voir s'effondrer à tout moment puisqu'il a fondé ses attachements sur des éléments non stables. Louis s'était identifié à sa maladie, non pas délibérément mais parce que l'identification au corps est tout à fait logique. Pour un malade, la douleur pourrait ne pas constituer un handicap si l'emprise de son corps sur sa psyché n'était pas aussi envahissante. Solidement installée au sein de l'esprit, l'identification devient inexpugnable. C'est pourquoi le *yogi* préfère contourner l'obstacle en changeant d'objet d'identification. L'élève en yoga devra apprendre à choisir son modèle d'identité dans son témoin intérieur. Seule la méditation permet une telle permutation. Le processus consiste à suivre le fil de la toile jusqu'au moment où l'on trouve l'araignée qui l'a tissée. La toile de chacun est tissée avec un fil qui lui est personnel, composé des mille fibres de ses expériences: il révère tel maître ou tel enseignement, tel livre ou telle religion, ou peut-être est-il ignorant de tout ce qui concerne le yoga. Quoi qu'il en soit, les questions fondamentales sont les mêmes pour tous: Quel est mon fil conducteur? En trouverai-je l'origine avant qu'il ne se rompe?

La finalité du yoga est de libérer le chercheur des schémas de sa vie ordinaire. Le hiatus entre le corps et l'esprit est résolu. La vie alors s'exprime à un niveau plus élevé tant sur le plan physique que mental. Certains *swamis* ont acquis une telle maîtrise qu'ils peuvent à volonté interrompre leur respiration et leurs battements cardiaques. De véritables *yogis* ne s'attachent pas à considérer ces pouvoirs comme des réussites essentielles de leur évolution. Ils sont trop déterminés à découvrir la vérité sur l'esprit, l'âme et le corps. En ce sens, ils se comportent en scientifiques dans leur domaine de recherche intérieure.

Mon grand-père avait pour les *yogis* une grande admiration, il les vénérait à l'égal des saints. Il fit un jour un récit dont je garde le plus vif souvenir. À son retour d'un pèlerinage dans l'Himalaya, il dit à ma mère d'une voix vibrante:

— J'ai vu la plus fantastique des merveilles.

Puis, remarquant ma présence et mon air attentif, il murmura sourdement:

— Il pourrait être effrayé...

— Non, protestai-je avec véhémence, je n'aurai pas peur!

Mais il se refusa à poursuivre son histoire. Ce n'est que plus tard que je la connus. Avec ses compagnons de voyage, il avait visité un *yogi* dans sa grotte de la vallée du Gange. Tandis que celui-ci, accueillant, s'entretenait avec eux, mon grand-père remarqua de nombreuses cicatrices zébrant ses bras et ses jambes.

— Qu'est-ce que c'est? demanda mon grand-père à l'un de ses amis.

Soudain, il comprit que c'étaient des morsures de serpents. En effet, cette zone de basse montagne était infestée de reptiles. Regardant anxieusement autour d'eux, ils aperçurent un énorme cobra ondulant paresseusement dans l'herbe.

— Baba, s'exclama mon grand-père, vous vivez environné de serpents!

— Des serpents, répondit le *yogi*, je n'en ai jamais vu un seul par ici.

— Mais vous êtes couvert de morsures! insista mon aïeul.

— Le *yogi* le fixa avec une grande douceur.

— Vous voyez peut-être d'affreux serpents ici, mais moi je ne vois que Dieu et, soyez-en sûr, monsieur, il ne mord pas.

Cette histoire me subjugua, bien que je n'en comprisse pas le sens véritable. Ce n'est qu'à l'âge adulte que le concept du yoga prit tout son sens quand je l'eus comparé avec celui de *Maya*. Le yoga est la discipline qui réduit l'emprise de *Maya*. Il devient ainsi possible de choisir une réalité plus vaste que celle imposée par les sens. Les sens détectent le cobra, mais le *swami* ne voit que Dieu et la réalité devient autre. Les morsures qui auraient foudroyé un homme ordinaire ne pouvaient le tuer, car il était déjà mort, mort à la vie dominée par les sens.

C'est là que le processus habituel de l'identification subit un revers. Il est difficile de ne pas s'identifier au monde. Lorsque l'image d'une rose atteint la rétine, elle laisse une impression sur le cortex visuel. Le processus se déroule sans qu'un choix conscient l'accompagne. Le système nerveux, captant instantanément l'image, poursuit son œuvre sans discontinuité. L'image de la rose habite la conscience jusqu'à ce que celle-ci soit distraite de sa perception. Il y a bien là une sorte d'union ou de yoga, mais pervertie par l'importance accordée à un objet. Il n'en est pas moins vrai que dans la contemplation de la rose, il y a oubli de soi.

Il est difficile de réaliser que le regard posé sur les choses constitue une sorte d'asservissement. Une rose est une rose, le feu est le feu, l'eau est l'eau — tous ces éléments naturels s'agencent eux-mêmes en une unité apparemment préordonnée, grâce au phénomène de l'identification. Pour les *yogis*, l'asservissement des sens constitue un lourd handicap car il nous engage envers des choses du dehors et envers nos souvenirs (qui sont totalement remplis de choses du passé). Lors d'un accident corporel, rien ne semble pouvoir intervenir sur la douleur qui s'ensuit alors qu'elle n'est qu'une réaction semblable à celle que j'ai déjà éprouvée dans le passé. Ce triste apprentissage peut-il s'oublier?

Il suffit souvent de replonger dans un livre passionnant pour surmonter une légère migraine. Si ce type de distraction est efficace, c'est que l'être possède un choix d'identification beaucoup plus étendu qu'il ne le pense en général. L'attraction qui relie les sens au monde est puissante, mais la liberté de rechercher de nouveaux pôles d'intérêt est absolue. Aucune douleur ne peut porter atteinte à la liberté.

Les martyrs chrétiens des Ier et IIe siècles, jetés en pâture aux lions, acceptaient leur mort comme une grâce, heureux de démontrer leur foi. Elaine Pagels, dans *Les évangiles secrets*, cite des lettres de chrétiens condamnés suppliant leurs amis de n'entreprendre aucune démarche pour les sauver du supplice. Des spectateurs romains ont fait des récits stupéfiants sur ces martyrs au visage empreint de bonheur angélique face aux animaux féroces et affamés qui les attaquaient. Désireux d'imiter la vie du Christ, ils rivalisaient de zèle. C'est une des façons qui ont permis au christianisme de conquérir le monde, emplissant de stupéfaction l'esprit des païens et démontrant, sans contestation possible, que l'esprit domine la matière et non l'inverse. Les théories modernes sur la douleur s'attachent surtout à la complexité du cheminement nerveux aboutissant au signal qui déclenche cette douleur et à la nature des diverses substances qui l'accompagnent. Ceci étant dit, croire au Christ n'est pas un choix chimique, c'est un choix de l'esprit. C'est pourquoi, quand les *yogis* parlent de l'identification, ils utilisent un langage plus proche de celui de la vie que ne le sont les termes scientifiques. Pour actionner l'interrupteur qui fait apparaître ou disparaître la douleur, il faut passer au-delà de la frontière séparant les molécules visibles des croyances invisibles. C'est dans cet espace abstrait qu'il devient alors possible de décider si un état est douloureux ou pas. Le sens du moi s'attache à certains événements et se détache de certains autres.

Stephen Locke et Douglas Colligan, dans *The Healer Within*, racontent le cas exemplaire d'un ouvrier fondeur dont les jambes furent brutalement immergées dans une cuve d'aluminium en fusion. Transporté inconscient à l'hôpital, il fut hypnotisé à son réveil par un psychiatre spécialiste des grands brûlés. Celui-ci induisit dans l'esprit de l'accidenté qu'il était tombé dans l'eau froide et non dans un métal en fusion à trois cent soixante-dix degrés Celsius. Cette suggestion fut si bien admise par cet homme que non seulement il ne souffrit pas mais qu'il guérit très rapidement, ne gardant pour toutes marques de son terrible accident que des cicatrices très légères. Voilà ce qu'il est possible de réaliser par le détachement mental.

Quand le problème de l'identification se trouve résolu, le cerveau n'en continue pas moins à envoyer le signal de la douleur, mais l'être ne la convertit plus en *sa* douleur et cette différence, infime et majeure à la fois, tranche le fil de la souffrance. L'individu cesse alors de croire que la perception qui l'envahit est créatrice de sa conscience. Dans ce cas, c'est la conscience qui va s'affirmer et s'exprimer pour créer sa sensation.

En permettant à la conscience de rejoindre les profondeurs de l'esprit, là où tout être demeure libre de faire l'expérience de son choix, le yoga offre la possibilité de déraciner, à sa source, toute souffrance.

L'esprit peut-il se libérer?

Partir à la chasse aux illusions peut sembler une démarche tentante, mais qu'en est-il dans la pratique? Pour beaucoup, elle consiste à remplacer toute pensée destructrice ou déstabilisante par des pensées positives. Apparemment, cette technique peut donner des résultats intéressants. Il est toujours possible de forcer l'esprit à s'identifier aux seuls événements ou idées agréables et valorisants. Hélas, avec le temps, les vieilles peurs remontent à la surface (Freud appelait cela le retour du refoulé). Avant d'en arriver là, les efforts déployés à se maîtriser auront demandé une grosse dépense d'énergie.

J'ai reçu plusieurs fois en consultation une femme fascinée par la théorie de la pensée positive. Soignée avec succès d'un cancer du sein deux ans auparavant, elle demeurait fort inquiète à l'idée d'une rechute. Son angoisse était évidente pour tout le monde sauf pour elle et elle ne semblait pas prête à l'affronter. Quand je lui demandai: «Vous avez peur, n'est-ce pas?» je reçus pour toute réponse un sourire de convention qui m'accusait tacitement d'avoir parlé dans le seul but de la tourmenter. En sa présence, je me sentais de plus en plus nerveux tant elle ressemblait à un lien tendu, prêt à craquer.

Je pris le parti de lui exprimer ma pensée de but en blanc, lui faisant remarquer son optimisme artificiel et lui demandant de cesser d'être aussi strictement positive.

— Voulez-vous dire qu'il serait bon pour moi d'avoir des pensées négatives si j'en éprouvais le désir? dit-elle d'un air touchant.

— Bien sûr, lorsqu'elles sont naturelles et inévitables.

Elle s'esclaffa et avoua:

— Grands dieux! j'avais besoin que l'on me donne la permission! J'ai lu tant de choses sur les dommages que l'on peut infliger à son corps avec les pensées négatives que j'ai passé toute l'année qui a suivi mon opération à éviter cela. Puis il m'est venu à l'esprit que la crainte aussi est une pensée négative. Vous ne pouvez imaginer à quel point j'ai été troublée.

Une telle objectivité m'impressionnait. Les efforts engagés pour mettre l'accent sur le positif n'apportent pas forcément de solution aux problèmes. Il se peut même que ceux-ci s'amplifient. Ceux qui utilisent cette technique désirent voir la fin de leur souffrance mais font une erreur de tactique en niant leurs véritables sentiments sous prétexte qu'ils sont trop négatifs pour être exprimés. Avec cette patiente, nous avons poussé plus loin la réflexion:

— Prêter attention à ses propres peurs et douleurs est une source de culpabilité pour la plupart d'entre nous, soulignai-je, car une telle démarche ressemble à un apitoiement sur soi, trait de caractère fort peu apprécié. Nous nous refusons notre propre pitié alors que nous l'accordons volontiers à d'autres; cela aussi est mauvais. Nous avons tous des douleurs cachées; tenter de les étouffer n'est pas la solution. C'est tout simplement impossible. Il se peut que vous trouviez important de cultiver une bonne attitude. Mais une attitude en soi n'est pas très fiable. Qui de vous ou de votre attitude remonte le moral à l'autre? Tout ce qui est à l'intérieur de vous est vous, même si vous faites une différence entre le vous courageux et le vous peureux, le premier essayant de bâillonner ou de démolir le second, si une des parties déclare à l'autre: «Courage, ne désespère pas», est-ce que ce n'est pas simplement une sorte de jeu?

Elle reconnut qu'il en était sans doute ainsi, mais qu'elle ne se sentait pas réconfortée pour autant:

— J'ai toujours eu peur de voir mes pensées négatives m'engloutir si j'arrêtais ce jeu.

— Est-ce que le fait de prendre le contre-pied de ses pensées négatives diminue leur virulence? Est-ce que cela ne fait pas que différer l'instant où elles émergeront d'une façon ou d'une autre? Pensez-y. Sans doute passez-vous beaucoup de temps à vous surveiller pour ne pas tomber dans la pensée négative. Mais dès que votre vigilance se relâche, ces sentiments que vous évitez ne surgissent-ils pas avec une vigueur décuplée? Si j'étais dans votre situation, je ne pourrais pas poser ma tête sur l'oreiller sans être assailli de pensées négatives.

Elle avoua que trouver le sommeil était un véritable supplice.

— Les pensées négatives se présentent sans que vous les appeliez, même face à une vigoureuse opposition, dis-je. Il faut l'accepter, il en est ainsi pour tous. Nous serons toujours perdants au jeu qui consiste à résister aux pensées que nous n'acceptons pas. La vraie question est: «Est-ce que je peux renoncer complètement à jouer ce jeu?» Rares sont ceux qui songent à cette alternative.

Elle réfléchit un instant et fit ce commentaire:

— Peu importe ce que vous dites, je ne crois pas qu'il soit si simple d'arrêter de jouer.

Elle avait bien sûr raison, le conditionnement créant l'engrenage de la routine est fort puissant. Les anciens sages indiens, les *rishis*, n'ignoraient rien de tout cela. Ils étaient arrivés à cette conclusion que l'esprit ne peut se libérer lui-même au travers d'une activité mentale quelle qu'elle soit, combat, vigilance ou répression. Tenter d'échapper à ses propres pensées revient à essayer de s'extraire des sables mouvants en tirant sur ses propres cheveux. Car si positive que soit une pensée, elle est toujours du domaine de la pensée. Le yoga propose une autre voie, dont le secret peut s'exprimer ainsi: il y a dans l'esprit plus que la pensée. Car en fait, la pensée est encore une facette de *Maya*, moins dense que la réalité tangible mais tout aussi peu digne de confiance.

L'antique texte indien des *Shiva Sutras* propose cent douze chemins pour échapper à *Maya* qui se résument en fait à un seul moyen: la transcendance, l'expérience de la réalité profonde du témoin silencieux. Voici quelques-unes de ces techniques, directement offertes par le dieu Shiva, maître traditionnel des *yogis*:

«Lorsque tu es vivement conscient au travers de l'un des sens, *reste dans la conscience.*
Sur un lit ou sur un siège, laisse-toi devenir *sans poids*, au-delà de l'esprit.
Vois comme *pour la première fois* une personne fort belle ou un objet ordinaire.
Au bord d'un puits profond, regarde ses profondeurs sans détourner les yeux, jusqu'à *l'émerveillement.*
En regardant simplement au sein du bleu du ciel, au-delà des nuages, *l'éternité.*»

Ces techniques, qui visent à faire voir le monde autrement, sont fondées en fait sur le déplacement de la conscience, car celle-ci est à l'origine de l'acte consistant à voir. Regarder une personne très belle «comme pour la première fois» peut en effet se produire spontanément à la faveur d'une rencontre inopinée, mais ce n'est pas une expérience durable se prolongeant dans le quotidien. Il m'est difficile de regarder une certaine petite femme indienne, pieuse et réservée, sans voir ma mère, de même qu'elle ne peut me voir sans voir son fils. Nous nous sommes habitués l'un à l'autre, toutes nos facettes nous sont familières.

En revanche, si mon père la regarde, il peut prétendre voir en elle plusieurs personnes très différentes: la jeune fille aux yeux baissés qui n'était pour lui qu'une inconnue, ensuite celle à qui il a fait une cour timide, puis la future épouse, la mère et, depuis lors, la confidente, la conseillère et la compagne dont les paroles et les pensées s'enlacent aux siennes comme si elle était un second lui-même. Chacune de ces images superposées a sa couleur propre. La force d'attraction et de synthèse qui les a presque unifiése n'en est pas moins puissante parce qu'elle a œuvré en douceur et en silence.

Cette réalité partagée donne à mon père et à ma mère une intimité sans égale. Mais cette relation privilégiée se paie. Tant que sa vision ne changera pas, mon père ne pourra voir ma mère *autrement* qu'en tant qu'épouse. Sa beauté n'aura pas sur lui le même impact que sur quelqu'un d'autre. Si la relation est harmonieuse, ce prix vaut la peine d'être payé. En l'absence de cette harmonie, il devient trop élevé. Un père peut dire à son fils: «Je te critique parce que je t'aime» et il pensera être dans le juste. Mais le fils aura à démêler ce qui dans l'attitude de son père est de la critique ou de l'amour. Ce principe courant d'éducation peut faire des ravages car le jeune adulte, en âge d'aimer et d'être aimé, se méfiera de l'amour.

Depuis l'enfance, l'être a appris à se mouvoir dans ce mélange complexe de sentiments passionnels et d'émotions passagères. La vie serait plus facile si nous pouvions partager avec le *yogi* la vision des idéaux d'émerveillement et de beauté qu'il perçoit au cœur de toute vie, au centre même de chaque être. La carapace de scepticisme que notre culture a insidieusement modelée autour de chacun laisse difficilement pénétrer l'enseignement de Shiva; mais un sceptique n'est jamais qu'un idéaliste déçu. Le principe de réalité, dont Freud a beaucoup parlé en tant que point de repère de la santé psychologique, consiste pour chacun à comprendre qu'il n'est pas le créateur du monde, que son ego a donc des limites et que sa zone d'influence est restreinte. Selon cette théorie, les idéalistes naissent pour être désenchantés *a priori*.

Tout nouveau-né peut être comparé à l'être premier parce qu'il se perçoit comme le centre du monde, cédant au fantasme que tout est lui. En grandissant, l'enfant est censé se dépouiller de l'illusion infantile et primaire que sa jeune personne ne connaît pas de limites. «Moi» et «non-moi» trouvent peu à peu leur place et apprennent à coopérer. Les parents se montrent souvent impatients de voir surgir cette aptitude qui apparaît au rythme du développement de l'enfant. Leur crainte de le voir agir en égoïste leur fait oublier ses difficultés. Ils ne remarquent pas que leur attitude reflète simplement leur propre angoisse car eux aussi ont du mal à s'accepter pleinement. Leurs parents ont vertement critiqué cet égocentrisme et ils se font, à leur tour, les relais de ce jugement de valeur en considérant la plupart des formes de satisfaction comme égoïstes.

L'égoïsme naturel du tout-petit n'engage pas son comportement futur, cela va de soi, mais une guidance douce et subtile sera nécessaire pour transformer les instincts premiers en comportements altruistes. Si le mode d'éducation choisi perturbe la magie du temps de l'enfance, alors se trouve tarie irrémédiablement une source d'émerveillements et de richesses trop précieuse pour être polluée. Être, cela inclut la subtile perception d'être unique, et de cette sensation jaillit le sentiment d'union avec le monde, d'immersion dans la beauté et l'amour. Cela se déroule à un niveau plus élevé de la réalité.

Les récits rapportant les expériences de jeunes enfants, en résonance exacte avec les objectifs suprêmes de la spiritualité, sont nombreux. Voici ce qu'écrit une femme à partir d'un souvenir très net de son enfance:

«À l'âge de quatre ans, je me suis couchée dans l'herbe et j'ai fait des images avec les nuages. Ils ont fini par arrêter de bouger. Tout autour de moi était très calme, je me suis sentie fusionner avec le ciel. J'étais tout et tout était moi. Je ne sais pas combien de temps dura cette expérience, et je n'ai plus jamais retrouvé une telle sensation. Mais je sais qu'elle existe.»

Cette description reflète étroitement la méditation conseillée dans les *Shiva Sutras*: «Regarde au plus profond du bleu du ciel, par-delà les nuages» pour sentir *l'éternité.* Les enfants se souviennent facilement de l'instant qui précède le sommeil, alors qu'ils éprouvent une sensation de sublime légèreté ou celle de flotter sans entrave, comme pour donner de la substance à l'injonction faite en méditation de s'allonger et de se sentir *sans poids.* Quant à l'exercice spirituel si difficile pour l'adulte — «voir comme pour la première fois une personne fort belle» —, il est accompli spontanément et sans effort par le nourrisson de quatre mois. C'est avec délice, jour après jour, qu'il accueille sa mère avec adoration. Ses yeux demeurent fixés sur elle; tant qu'elle évolue dans son environnement, personne d'autre n'existe. Être, pour un nouveau-né, c'est être au centre d'un monde magique.

Certains enfants relatent des souvenirs reliés à un stade de leur développement encore plus tardif. Ainsi, le poète William Wordsworth raconte qu'à l'âge de cinq ou six ans il voyait les montagnes, les lacs et les pâturages autour de lui «vêtus de lumière céleste» et qu'il lui fallait serrer un arbre dans ses bras pour être sûr que toutes ces merveilles n'étaient pas des visions. Autrement, raconte-t-il, il se serait cru projeté dans un Univers idéal de pure lumière et de sensations divines. Ainsi, voir au travers de *Maya* pourrait être beaucoup plus naturel et plus fréquent qu'on le pense. Car ils sont sûrement nombreux, tous ceux qui ont joué dans les champs de lumière et en ont perdu le souvenir! Une chose est sûre: les principes d'une éducation moderne considérée comme psychologiquement saine trouvent leur base dans le réel et non dans l'idéal. De leçon en leçon, les enfants apprennent que l'écorce noueuse de l'arbre est plus réelle que les sensations divines; dès qu'il est en âge de fréquenter les cours de récréation, il constate que les trottoirs écorchent les genoux et que les coups de poing des copains font mal!

Dans la méditation, le *yogi* oublie la brutalité de la vie quotidienne et retrouve la lumière inaltérable, l'idéal, le divin. Il recherche la perfection de la vie, à partir de son centre créateur, sans camouflage ni distraction, libre de toute illusion. La réussite pour un *yogi* n'est pas seulement d'approcher ce centre omniscient, mais de *devenir* ce centre. Aussi belle que soit cette démarche, l'esprit adulte s'en protège, instinctivement. Les perspectives qu'ouvre le yoga apparaissent comme lointaines en comparaison de l'immédiateté de nos expériences de douleur et de désillusion. «Aujourd'hui, n'importe quoi peut être accepté pour vrai, aime à dire l'un de mes amis, pour autant que ce ne soit pas la vérité.» Il prouve ainsi qu'il a fort bien compris le principe de réalité.

L'éclair de l'intuition

Heureusement, la réalité supérieure se réserve le droit de faire irruption par surprise. Le noyau peut battre en brèche les étroits préjugés de l'esprit. L'être avoue alors avoir eu des étincelles d'intuition; à travers elles, il peut se faire une idée de l'illumination. Les Védas expliquent clairement que l'esprit illuminé est comme le Soleil; en comparaison, les autres esprits ressemblent à des chandelles. Mais une bougie a son rôle à jouer: dès qu'elle est allumée, la nuit n'est plus aussi profonde. L'étincelle de l'intuition éclaire une parcelle du moi, révélant une facette du paysage intérieur.

L'intuition est parfois éphémère, d'où les efforts des psychiatres pour préserver les intuitions nouvelles et faire en sorte que les anciennes ne s'échappent pas, seule façon pour protéger leurs patients de la régression. Le corps ne répond pas toujours aux injonctions de l'esprit en vue d'une meilleure santé. Mais parfois l'instant de l'intuition parvient à faire bouger tout le moi: tel est son pouvoir.

Un travailleur social d'une quarantaine d'années raconte cette histoire:

«Un matin, alors que je me rendais au travail avec un ami, je lui dis, tout en traversant le hall d'entrée, qu'à mon avis il s'impliquait trop personnellement dans les cas qu'il suivait et j'ajoutai même qu'il risquait d'en ressentir une culpabilité inutile. Soudain, il se retourna vers moi et me dit brutalement:

— Tu me prêtes tes propres émotions et je n'aime pas cela.

Puis le ton de sa voix devint plus calme et il ajouta tranquillement:

— Tu devrais travailler sur ce point. J'ai remarqué que tu as l'habitude de vouloir imposer aux autres les sentiments d'hostilité que toi-même tu ressens.

J'étais médusé. Je pensais qu'il allait s'excuser d'avoir été aussi agressif à mon égard, mais il se contenta de me planter là. J'arrivai à mon bureau dans un tel état de colère que je ne pus me mettre au travail.

J'ai fulminé ainsi pendant quelques minutes comme un enfant prêt à piquer une crise. Je me sentais insulté et je m'apitoyais sur moi-même. Pourquoi un ami me trahissait-il ainsi? Pour évacuer ma fureur, je lui ai parlé à voix haute, comme s'il s'était trouvé dans la pièce:

— On dirait que tu ne te soucies pas beaucoup de tes sentiments hostiles quand tu me les imposes, lui disais-je. Tu m'as vraiment blessé et je dois dire que ton accusation est totalement dénuée de fondement.

Ce stratagème me permit au moins de me sentir mieux pendant quelques secondes, mais au fond de moi-même je savais que je n'étais pas simplement victime d'une remarque inutile et cruelle.»

C'est à cet instant précis qu'un surprenant processus de libération émotionnelle s'est déclenché.

«D'un seul coup, je me suis vu divisé en strates. C'était extraordinaire. Les images qui se sont mises à traverser mon esprit étaient si nombreuses que ce serait trop long de les décrire: j'ai vu la pitié que j'avais éprouvée pour moi-même comme une défense contre une colère sans proportion avec les propos de mon ami. J'aurais aimé le tuer! Alors, j'ai vu mon père tel qu'il était des années auparavant. Il exigeait que j'assure quelques tâches d'entretien dans la maison, ce que je détestais quand j'étais petit garçon. La rancœur sans bornes que j'éprouvais alors, je la retrouvais aujourd'hui. Cette phase ne dura pas longtemps. Les images continuaient d'affluer: c'était comme si je me regardais en adoptant le point de vision d'un galet qui tombe dans un puits.»

En quelques secondes, cet homme comprit que sa colère vis-à-vis de son père venait de cette idée profondément ancrée en lui qu'il ne parviendrait jamais à conquérir son amour. Il réalisa alors qu'il n'avait jamais pu supporter les critiques de ses frères ni de ses amis masculins. Ceux-ci se présentaient à lui, agitant un tourbillon d'émotions intenses.

«Une demi-minute s'était à peine écoulée, poursuivit-il, et le galet tombait toujours à pic, de plus en plus vite. Curieusement, je ne succombais pas au vertige, je gardais au contraire l'esprit assez clair. J'acceptais chaque angle de vision nouveau et je regardais chaque portion de moi-même qu'il me découvrait. Étrangement, à chaque fois que je commençais à perdre la maîtrise de mes sentiments, une voix calme, impersonnelle, insistante, répétait inlassablement en moi: ‹Eh bien! est-ce vrai? Est-ce que j'impose mes sentiments aux autres?› Je savais que je n'allais pas pouvoir me débarrasser de cette voix avec des demi-vérités, quelle que fût son origine.»

Tout au long de cette course intérieure vertigineuse, cet homme avait perdu le contact avec le tangible. Il avait réussi à se concentrer intensément sur la dynamique de mise en lumière de ses sentiments les plus enfouis. Quelques secondes plus tard, la sensation de tomber comme une pierre avait cessé.

«J'avais traversé toutes ces couches et je ne me suis pas senti toucher le fond. Au lieu de cela, j'ai repris conscience pour réaliser que j'étais tout simplement assis à mon bureau. J'ai respiré profondément — apparemment, j'avais retenu mon souffle tout ce temps — et me suis remis au travail, me sentant plus calme bien qu'encore meurtri. Le changement qui s'était opéré en moi s'est concrétisé une heure plus tard. Je déjeunais avec des collègues que je connaissais depuis des années et qui, franchement, avaient cessé de m'intéresser. Soudain, je les ai trouvés captivants. Ils me regardaient chaleureusement, ils riaient lorsque je disais quelque chose de drôle et je riais avec eux. C'était étrange. Puis, je compris soudainement ce qui se produisait: je ne leur imposais plus mes sentiments. Il ne m'était jamais venu à l'idée que ces gens n'avaient jamais rien de neuf à m'offrir parce que je ne leur en laissais pas la moindre occasion. À l'instant même où je changeais, ils s'ouvraient comme des fleurs timides. Le renouvellement de ma conscience avait déteint sur eux. Les voir évoluer ainsi était bouleversant et en même temps cela me prodiguait un grand bien-être.»

L'histoire de Craig

Psychiatrie et yoga poursuivent un but commun, favoriser le jaillissement de l'étincelle de l'intuition — la révélation du connaisseur est, en effet, l'objectif des deux disciplines. Cependant, l'ambition de la psychiatrie s'arrête à l'étincelle, l'intuition étant fondamentalement un outil et non un état permanent. Les patients s'engagent dans une thérapie pour des raisons diverses: alléger un malheur, mettre de l'ordre dans une culpabilité ou une angoisse injustifiée, rectifier un comportement autodestructeur... Jamais dans leur démarche ils ne cherchent le chemin hors du rêve de *Maya*. S'ils y mettaient un tant soit peu de cela, ce serait regardé comme un fantasme confus et invalidant, contraire à la finalité, intelligente et rationnelle, d'une thérapie réussie.

Le psychiatrie se révèle imparfaite parce qu'elle est, elle aussi, incomplète: elle ne tient pas compte du centre omniscient et magique, et en fait, les thérapeutes en majorité font l'impossible pour éliminer toute pulsion vers le sublime dans l'esprit de leurs patients. Seuls les individus les plus exceptionnels parviennent à dépasser l'attrait exclusif du tangible; eux seuls peuvent commencer à capter l'extrême simplicité de l'état de pure intuition.

Je pense ici à un patient dont l'expérience transcendantale lui a permis d'établir une nette distinction entre la vie et la mort:

«Tout au long de l'année dernière, écrivait-il, j'ai su qu'un lourd combat se menait dans mon corps, mais dans mon cœur, j'étais comme le plus paisible et le plus gai des enfants. J'avais rencontré la part de moi-même que le cancer ne peut atteindre. Je suis tellement plus que cette maladie, tellement au-delà d'elle. Il m'arrive même de penser que je la maîtrise parfaitement; à d'autres moments, je me contente de l'ignorer. Quel que soit le cas, elle ne parvient pas à gâcher mon sentiment d'être en vie et entier, bien que je sois le siège du chaos et de la destruction.»

Lorsque Craig écrivit ces mots qu'il me montra après sa guérison, il était en phase terminale d'un cancer qui venait tout juste d'être diagnostiqué. Âgé d'une trentaine d'années, il enseignait la méditation dans le nord de l'État de New-

York. Deux ans plus tôt, son médecin de famille, qu'il était allé consulter pour un violent mal de gorge, avait diagnostiqué un cancer lymphatique à propagation rapide, un lymphome. La maladie s'était sans doute déclarée six mois plus tôt sans générer les symptômes qui auraient permis un diagnostic rapide. Les métastases avaient donc eu le temps d'envahir l'organisme. Craig fut dirigé vers le centre hospitalier universitaire de Boston, où il fut pris en charge par l'un des meilleurs spécialistes des cancers lymphatiques.

— Notre seul choix, lui expliqua le cancérologue, est de tenter de venir à bout de cette chose par tous les moyens à notre disposition. Ce sera une rude entreprise, je vous en avertis, mais c'est indispensable.

Craig lui demanda alors de préciser à quel point la bataille serait dure. Le médecin eut un triste sourire et lui dit:

— Imaginez que l'on commence par vous faire passer un camion sur le corps, puis qu'on recule sur vous pour être sûr de ne pas vous rater!

Il avoua plus tard qu'à ce moment-là il se demandait si Craig vivrait assez longtemps pour mener à son terme la première phase du traitement. Dès le début, Craig fut un malade fortement atypique. Les premiers soins se passèrent exceptionnellement bien. La fièvre baissa facilement et le gonflement qui faisait ressembler son visage à un ballon disparut rapidement. Il acceptait psychologiquement de mieux en mieux les épreuves qui l'attendaient encore.

C'est à cette période que Craig écrivit le passage que je viens de citer. Dans le restant de sa lettre, il ajoutait qu'il méditait chaque jour, comme il en avait l'habitude depuis dix-sept ans. Cette discipline lui avait fait acquérir une aptitude remarquable à cesser de s'identifier à sa maladie. Bien que concernant surtout l'esprit, cette attitude de non-attachement retentissait profondément sur le corps.

Après deux mois de traitement, il connut une aggravation: sa température monta de façon inquiétante. Il fut transporté à l'hôpital, où les médecins établirent que son système immunitaire était sérieusement atteint. Une numération globulaire révélait un nombre de deux cents globules blancs, alors que chez une personne en bonne santé, le nombre se situe entre quatre et onze mille. De telles crises sont souvent provoquées par la chimiothérapie. La vie des patients se trouve alors en danger, à la merci de toutes les infections, même banales. Inquiet et découragé, le cancérologue garda son patient à l'hôpital. Trois jours plus tard, une nouvelle numération globulaire montrait que les globules blancs atteignaient le seuil des quatre mille. Craig venait de passer des rives de la mort au seuil de la vie. Le personnel hospitalier n'avait jamais rien vu de pareil, pas plus qu'il n'avait entendu parler d'un cas semblable.

Balayant tous les pronostics, Craig récupérait rapidement et le cancer recula. Quatre mois plus tard, il quitta l'hôpital car il avait décidé de ne pas subir la greffe de mœlle osseuse que lui conseillait son médecin.

Pour Craig, il ne faisait aucun doute que prendre ses distances vis-à-vis de la maladie était vital.

«Les hauts et les bas émotionnels sont interminables, ce supplice m'a fait passer par toutes les émotions imaginables, mais une part de moi-même n'est pas impliquée. Je continue de rire et de pleurer, d'être heureux et de me faire du souci, mais en même temps je reste à l'écart. J'ai découvert comment libérer ma vie de l'hystérie et lorsque celle-ci s'est dissipée, je me suis trouvé guéri.»

Craig a quitté l'hôpital voilà trois ans; depuis, il mène une vie absolument normale et il est en bonne santé.

Constater que des patients trouvent le fil qui les conduit à la liberté est extrêmement réconfortant. Mais Louis? Il a parcouru la moitié du chemin, libéré de sa peur sans avoir la conviction d'avoir réglé son problème.

Finalement, Louis a subi l'opération qui devait libérer son pancréas de sa tumeur, tout en laissant l'organe intact. Mais les chirurgiens eurent la mauvaise surprise de découvrir une tumeur beaucoup plus grosse qu'ils ne le pensaient. Le malade fut déclaré inopérable tant pour une ablation partielle que totale.

Quand il se réveilla, il étonna son cancérologue par la joie avec laquelle il accueillit la nouvelle.

— Au fond, depuis le début, je redoute cette opération et, en réalité, je n'en voulais pas, m'expliqua-t-il dans sa chambre d'hôpital, et par une voie détournée, j'ai obtenu ce que je désirais.

Nous sommes tous les deux restés pensifs. À cet instant, je ne saisissais pas qu'un événement essentiel s'était produit: la sensation de malédiction qui l'accablait venait de disparaître. Il repartit vers l'Europe pour un avenir incertain, impossible à prédire. Il revint six mois plus tard et j'eus le plaisir de le voir entrer dans mon cabinet resplendissant de santé, nullement amaigri. Son appétit était resté normal et il ne présentait aucun trouble digestif. Mais Louis ne semblait pas aussi satisfait de cette situation que je l'étais moi-même.

— Ai-je l'air d'aller bien? me demanda-t-il avec anxiété.

— Vous me semblez en super forme.

— C'est ce que me dit tout le monde, mais intérieurement je n'arrive pas à savoir comment je me sens vraiment.

Ses atermoiements entretenaient au fond de lui une part d'ombre. Il ne semblait pas réaliser qu'il avait déjà déplacé des montagnes.

Je n'oublierai jamais la manière dont nous nous sommes séparés ce jour-là. Nous avions bavardé longuement. J'ai marqué une pause et j'ai regardé au dehors. Le ciel de la Nouvelle-Angleterre était ce jour-là d'un bleu porcelaine fort rare en avril. La pelouse s'égayait de crocus jaune vif et violets, étincelants comme des pierres précieuses, tandis que les arbres éclataient orgueilleusement en jeunes feuilles d'un vert tendre. Louis aussi regarda le paysage, mais avec un regard morne. Je compris immédiatement dans quelle solitude absolue sa maladie l'avait plongé.

— Regardez. Pourquoi ne sortez-vous pas un instant? C'est vraiment une belle journée!

Il acquiesça sans enthousiasme, isolé dans son impénétrable espace de grisaille. Il fallait que je m'y introduise, ne fut-ce qu'un instant.

— Pensez aux belles journées que vous aimiez, lui dis-je, surpris du ton ému de ma voix. Où sont-elles maintenant? Elles sont forcément ici, au dedans de vous. L'air que vous respiriez devenait une partie de votre sang. Le ciel que vous admiriez se gravait dans vos neurones, dans les cellules de votre cerveau. Vous captiez les rayons du soleil par tous les pores de votre peau et leur douce chaleur vous réchauffait. Tout cela existe encore aujourd'hui et non seulement sous forme de souvenirs mais comme part de vous-même. Alors, Louis, ne regrettez pas les belles journées du passé — *vous êtes elles*. Ne vous croyez pas en dehors de la vie. Comme chacun d'entre nous, vous êtes une partie du mélange qui la compose, la créant autant qu'elle vous crée. Cette journée ne peut exister sans que vous entreteniez son existence. Lui donnerez-vous une chance?

Je me tus et Louis ne prononça que très peu de mots, mais il m'embrassa chaleureusement en me quittant. Nous étions parvenus à une profonde compréhension mutuelle. Debout dans l'embrasure de la porte, je le vis de dos, une dernière fois. À la manière avide dont il regarda autour de lui, je ressentis son bonheur de retrouver le sens de la chaleureuse lumière printanière.

7

De l'immense importance
de se sentir unique

Dès l'instant de sa chute, avant même qu'il n'atteignit le sol, Raymond était probablement mort. Douze mille volts l'avaient violemment éjecté du toit où il était monté pour aider un voisin à installer une antenne de télévision. Ce qu'il avait pris pour un fil inoffensif était en fait un câble d'alimentation à haute tension. Raymond n'était nullement protégé contre la tempête électrique qui se déchaîna à l'instant même où il toucha le conducteur, ce qui provoqua presque instantanément l'arrêt de son cœur.

Le voisin horrifié accourut et trouva Raymond écrasé sur le sol, le corps disloqué, son bras droit déchiqueté au point de pénétration du courant; à la hauteur du genou, son bleu de travail carbonisé indiquait l'endroit de sortie du flux électrique. Cependant, touchant avec précaution la poitrine de Raymond, le voisin sentit un faible battement de cœur. Comment cela était-il possible? Jamais nul ne le saura.

Peut-être la vitesse acquise dans une chute quasi verticale a-t-elle redéclenché les battements du cœur? Il est courant qu'en l'absence de défibrillateur, les praticiens de la réanimation d'urgence portent des coups violents à la poitrine pour les faire repartir. Toutefois, même pratiquée par un médecin, cette méthode primaire est aventureuse: elle peut endommager le cœur plutôt que de sauver le patient, et même provoquer la fracture d'une côte ou la perforation d'un poumon. Tomber d'un toit est pire encore. Mais quelle autre explication trouver? Plus tard, cet accident exceptionnel alimenta bien des conversations parmi les membres de l'équipe d'intervention. Quant à Raymond, aussitôt qu'il put en discuter, il parla de cet événement en l'appelant «le don». Bien d'autres prodiges allaient suivre.

Les services médicaux sont plutôt rudimentaires dans les régions montagneuses de l'est de l'État de Washington où Raymond dirigeait son élevage de chevaux. Ayant à peine repris connaissance, il lui fallut supporter une longue heure de transport en ambulance sans analgésique. Un hélicoptère le transporta à Seattle, au plus proche des centres hospitaliers réservés aux grands brûlés. Là, une intervention chirurgicale complexe fut entreprise. En seize heures, les chirurgiens lui amputèrent le bras droit jusqu'au coude et s'appliquèrent à protéger précieusement les tissus récupérables sur les deux autres blessures principales, au genou droit et au poignet gauche.

Dans une lettre écrite six mois plus tard, la sœur de Raymond relatait ainsi les événements:

«Dès son admission à l'hôpital, Raymond a été remarquablement lucide et calme. Il ne s'est pas laissé aller à la dépression au cours de sa longue période de soins et, malgré ses brûlures extrêmement douloureuses, il insistait pour ne prendre qu'un minimum de médicaments. En six semaines, il a fallu cinq interventions pour parvenir à retirer la totalité des tissus morts ou endommagés avant de commencer un considérable travail de restauration dermique. Un délicat prélèvement de peau était nécessaire pour recouvrir un tendon dénudé sur son poignet gauche. Le genou droit était tellement détruit qu'il n'était plus qu'un paquet d'artères, d'os et de nerfs sans rien autour.»

Guérir est un processus individuel et, dans des cas complexes comme celui de Raymond, il est absurde de parler de récupération normale. Il est difficile d'imaginer quelles réactions seraient les nôtres si nous nous trouvions avec nos nerfs et nos os ainsi exposés à l'air libre. Nos sensations passeraient de l'inconfort extrême à la douleur fulgurante, nous plongeant dans un état psychologique propre à susciter ce qu'il est convenu d'appeler la souffrance. Beaucoup croient que douleur et souffrance sont deux sensations plus ou moins identiques. Pour Raymond, il n'en était pas ainsi. Il ressentait une douleur immense, mais à aucun moment il n'en fit une souffrance. Il s'explique ainsi:

«J'avais le sentiment que la décision de m'arracher à une mort certaine avait été prise à la fraction de seconde où je tombais. Il aurait pu en être autrement, mais il en fut ainsi. C'était un don. J'ai souvent repensé à ce moment et j'ai découvert que ce souvenir induisait en moi un état de conscience différent. La seule comparaison possible est la méditation. Je me trouvais en un lieu que la douleur ne pouvait atteindre. J'éprouvais la sensation de flotter et une grande quiétude.
Lorsque l'infirmière faisait le pansement de mon genou, c'était physiquement très pénible. Parfois, quand je la regardais accomplir son travail, le signal de la douleur se déclenchait, mais au lieu qu'il me morde l'esprit, il éveillait en moi un sentiment intense. Lequel? Ce n'était pas exactement du plaisir mais une sensation difficile à nommer, profondément douce et intime: une sorte de douleur devenant un fourmillement de joie. Chaque fois que cela se produisait, ce n'était qu'émerveillement et bonheur.»

Une fois entré dans cet état privilégié de conscience, Raymond pouvait se dissocier de sa douleur pendant des heures. Il faut préciser qu'il pratiquait la méditation depuis l'âge de dix-huit ans, c'est-à-dire depuis le début de sa vie d'adulte: il connaissait les états les plus paisibles de la conscience. Il prouva bientôt qu'il ne se contentait pas, loin de là, d'échapper à la douleur. Sa sœur écrivit:

«Quand j'ai vu, pour la première fois, ce que les chirurgiens avaient laissé de chair autour du genou droit de Raymond, j'ai été horrifiée de constater quelle quantité de muscle ils avaient été obligés de retirer. Malgré les greffes, on ne voyait que le tendon et, lorsque nous sommes revenus à Seattle, plusieurs spécialistes ont conseillé de prélever du tissu musculaire à l'arrière de la jambe pour une nouvelle greffe. Cela impliquait une intervention majeure et le médecin de Raymond décida de la reporter. Laisser le tendon exposé augmentait les risques d'infection, mais il voulait attendre un mois encore, observer un délai. Dans cet intervalle, Raymond s'est guéri lui-même, de façon extraordinaire. Nous refaisions ses pansements deux fois par jour et nous l'entourions en permanence de notre attention affectueuse. (Par la suite, Raymond expliquera que, couché sur le dos, il ressentait littéralement cet amour dont s'imbibait son corps. Il méditait beaucoup et se déplaçait à volonté, surveillant les nouveaux poulains et profitant au maximum de la vie.) Lorsque ses médecins le virent, quatre semaines plus tard, ils furent abasourdis. Un muscle neuf commençait à se former spontanément autour du tendon, apparaissant dans chaque crevasse; une nouvelle peau se reformait rapidement pour le recouvrir.»

Le processus de régénération musculaire est fort incertain et, dans les cas de dégâts importants, rien ne peut assurer qu'il se déclenchera. Personne, certainement, n'aurait pu prédire le rapide bourgeonnement de tissu neuf sur le genou détruit de Raymond. Sans cacher son émotion, l'un des médecins s'émerveilla: «Je ne sais pas pourquoi, mais vous êtes pour vous-même un grand guérisseur, Raymond!» Il n'était plus nécessaire de l'opérer.

La cicatrisation est un phénomène qui se déroule très différemment selon les sujets: satisfaisante et rapide chez les uns et beaucoup moins chez les autres. Raymond possédait nombre des qualités requises pour bien reconstituer ses plaies. Il avait eu le courage de se lever de son lit d'hôpital et de marcher, actionnant sa jambe endommagée quelques jours seulement après son accident. Après l'amputation de son bras, il avait immédiatement appris à lacer ses chaussures d'une seule main. Il avait aussi accepté l'amour que lui offraient sa famille et ses amis, sans hésitation ni réticence. Ces qualités de cœur et d'esprit sont rares.

Tous les médecins ont rencontré de tels grands guérisseurs parmi leurs patients, mais ceux-ci sont exceptionnels, ils présentent des caractéristiques trop particulières pour former une catégorie digne de faire l'objet d'une étude. Voilà pourquoi leurs secrets n'ont pas été découverts. Je crois que ce qui rend ces personnages extraordinaires n'est pas dans ce qu'ils font, mais dans ce qu'ils sont.

Or chacun de nous est cela. C'est-à-dire qu'en chacun de nous réside la certitude d'exister. Un fin dialecticien arrive à faire douter de toutes les croyances mais pas de celle-là. Le «Je suis» siège au cœur de tout individu comme un roc de certitude dont il n'a pas de raison de douter.

À moins de se laisser prendre dans un dilemme aussi pénible que celui de Hamlet, être ou ne pas être n'est pas la question. L'existence est aussi inévitable que le fait d'être né. Il est étrange que certains profitent mieux que d'autres de cet état d'être vivants. Ils n'agissent, ne sentent, ne pensent pas davantage. Comme la lumière passant au travers d'une lentille cristalline, la vie passe au travers d'eux, plus brillante, plus scintillante qu'au travers de ceux qui vivent dans la monotonie.

Ce fait n'a pas échappé à la psychiatrie, bien que celle-ci l'observe par l'autre bout de la lorgnette. Parmi les gens qui entreprennent une thérapie, rares sont ceux qui présentent une grande clarté d'esprit. Ils y viennent avec une demande pressante et en situation de dépendance extrême, ou bien parce que leur angoisse est telle qu'ils ne peuvent qu'à grand-peine faire face aux problèmes ordinaires de l'existence. Ils sont quelquefois tellement déprimés que tout dans leur vie, si vibrante et bouleversante soit-elle, leur semble une grisaille sans fin. Quelque chose en eux s'est détraqué, non seulement dans leur pensée et leurs sensations, mais dans leur être. Ils ont perdu la faculté de vivre vraiment.

Se sentir unique

D'où vient cette faculté? En ce qui concerne Raymond, elle semble découler d'une certitude aux racines très profondes:

«J'étais sûr, dès le début, que j'allais guérir. Je ne peux pas expliquer pourquoi, c'était comme un secret que je partageais avec Dieu. J'appelle cela un don, faute d'un mot plus adapté. Une chance de me reconstituer m'était accordée. Je ne savais pas comment j'allais m'y prendre, mais simplement que cela devait arriver et que rien ne pouvait m'en empêcher.»

Presque tout le monde a lu les témoignages de ces milliers de personnes qui chaque année accèdent au seuil de la mort. D'une expérience à l'autre, les détails diffèrent, mais toutes parlent d'une soudaine sensation d'absolue sécurité. Ceux qui reviennent à la vie après que leur cœur ait cessé de battre racontent qu'ils sont allés «dans la lumière» ou qu'ils ont plané au-dessus de leur corps, se regardant d'en haut et se sentant totalement protégés. Ce sentiment persiste fréquemment alors qu'ils ont réintégré, en renâclant, leur corps, ce lourd fardeau. Après ce retour à la vie, ils éprouvent quelques difficultés à rejoindre les préoccupations communes à tous, notamment en ce qui concerne la peur de la mort. Sans doute est-ce ainsi qu'il faudrait être, même sans avoir approché la mort de près.

Vivre n'est peut-être pas un choix, mais la manière de vivre en est un assurément. Certains avancent dans la vie en entretenant le sentiment secret d'être, d'une manière ou d'une autre, uniques. Ils se sentent protégés par la Providence, mais se gardent de révéler cette incroyable certitude. Le Dr Irvin Yalom raconte l'histoire de cette femme persuadée de cette faveur divine et qui perdit brutalement sa foi lorsqu'elle se fit arracher son sac à main en sortant d'un restaurant.

Le Dr Yalom écrivait à ce sujet:

«Le vol avait mis en lumière qu'elle ne bénéficiait d'aucune protection particulière et son: ‹Je n'ai jamais pensé que cela puisse m'arriver› démontrait qu'elle ne pouvait plus se croire unique au monde. Ceci, sans même faire référence à un talent particulier ou à des dons exceptionnels qu'aurait possédés cette femme, et auxquels, avec raison, elle aurait pu attacher un prix.»

Nous avons tous ce sentiment irrationnel, et, selon le Dr Yalom:

«...c'est ainsi, entre autres méthodes, que nous pouvons nier la mort.»

Plutôt que d'accorder de la valeur à ce phénomène, les psychiatres le perçoivent au contraire comme dommageable. Lorsque cette femme vint le consulter, le Dr Yalom prit le parti de la convaincre de sa banalité, c'est-à-dire qu'il entreprit rien de moins que de la spolier de sa certitude d'être protégée de la mort. Le psychisme, dans son besoin d'autoprotection, peut être amené à jouer un rôle ambigu. La perte brutale de ce refuge contre la mort est difficilement acceptable. Néanmoins, repousser la peur de la mort dans les couches profondes de l'inconscient peut générer des terreurs ignorées qui nous minent. Le Dr Yalom poursuit ainsi:

> «La part de notre esprit qui est chargée d'adoucir la peur de la mort crée la croyance irrationnelle que nous sommes inviolables et invulnérables, que les aspects déplaisants de la vie comme la vieillesse et la mort sont le lot des autres, que nous existons en dehors des lois de la biologie et de la destinée.»

Certes, il est sans doute souhaitable de dissiper les illusions et aussi d'éviter que l'esprit soit envahi de peurs irraisonnées, mais au-delà de la notion de santé mentale à préserver, il y a celle de liberté à respecter. Et pourquoi la liberté ne commencerait-elle pas par ce «sentiment de se sentir unique, d'être béni, d'être l'exception, d'être éternellement protégé» que la psychiatrie cherche avant tout à faire disparaître et que le Dr Yalom appelle des auto-illusions? Pourtant, penser que ce sont des illusions pourrait bien être une illusion plus grande encore — ainsi que l'affirment les *yogis*.

À son origine, le yoga est issu précisément de ce sentiment d'être unique, élu, protégé. Sans lui, il ne nous resterait plus, raisonnablement, qu'à pactiser avec le monde de la matière et la rude réalité tangible qu'accompagne le fardeau de la douleur, du vieillissement et de la mort, ou, pire encore, qu'à mener ce combat inégal contre un destin assuré de la victoire, celui-là même qu'évoque Montaigne quand il note:

> «Le premier jour de notre naissance nous achemine à mourir.»

Qui n'aimerait saisir l'occasion de se sentir à nouveau unique, si celle-ci se présentait? Mais le conditionnement imposé par l'éducation exclut cette possibilité à tout jamais. L'éminent psychologue Lawrence LeShan a lancé, il y a trente ans, une théorie surprenante à propos du cancer. Il avançait que cette terrible maladie pourrait avoir une composante personnelle d'ordre psychologique et que devenir cancéreux ne serait que le résultat d'attitudes névrotiques remontant à l'enfance. Il fut aussi l'un de ces pionniers qui utilisèrent la psychothérapie comme moyen de faire ressurgir les instincts enfouis et plus particulièrement l'instinct de guérison.

LeShan commença d'abord par bouleverser les méthodes thérapeutiques conventionnelles. Un thérapeute classique en charge d'une patiente atteinte d'un cancer du sein axera sa thérapie autour de ses symptômes. Quant à sa douleur psychologique, il tentera d'en identifier la source exacte et de la réduire. LeShan, en revanche, cherche à faire du cancer un tremplin, non pas dans le but d'occulter les symptômes, mais dans celui d'aider sa patiente à se projeter vers de nouvelles hauteurs. Il cerne très précisément l'aspect unique et individuel de sa patiente; atteinte d'un cancer du sein, elle s'entendra dire qu'elle a «une chanson spéciale à chanter dans la vie», une source de joie qui n'appartient qu'à elle. Lors de sa première séance de thérapie, quand LeShan dévoile sa méthode et son objectif, il se trouve souvent en butte aux résistances hostiles de ses patients. Dans son ouvrage: *Vous pouvez lutter pour votre propre vie: les facteurs psychiques dans l'origine du cancer*, il révèle les réponses qui lui sont faites dès qu'il parle du cancer comme d'un tournant dans la vie:

«Si je trouvais ma propre musique, elle serait tellement discordante que je ne l'aimerais pas, et personne d'autre ne pourrait la supporter non plus. Ma façon d'être naturelle est laide et répugnante. Voilà longtemps que j'ai appris que je ne devais pas l'exprimer si je voulais avoir des relations, quelles qu'elles soient, avec les autres ou si je voulais être capable de vivre avec moi-même.»

«Si je trouvais ma propre chanson et que j'essayais de la chanter, je découvrirais qu'il n'y a nul endroit dans le monde pour quelqu'un comme moi.»

«Ma propre chanson contiendrait de telles contradictions que cela serait impossible.»

Dans l'intensité de leur désespoir, ces patientes ressentaient la main tendue du thérapeute comme une menace énorme. Elles rejetaient ses visées «impossibles» et s'accrochaient désespérément aux valeurs «altruistes» qui leur avaient été enseignées pendant leur enfance. Ces valeurs étaient celles de la modestie, de la politesse, de la bonne humeur qu'il faut entretenir inaltérable, du respect des désirs d'autrui qu'il faut accepter, etc... tout ce que l'enfant bien élevé apprend de ses parents. Énumérés par les patientes de LeShan, tous ces beaux principes perdaient de leur signification, comme s'ils les étouffaient.

Pourtant, ce sont là des valeurs communément acceptées, de même qu'il est globalement admis que nul ne souhaite faire entendre au monde sa musique personnelle composée de ses sentiments et de ses désirs les plus intimes. Cette attitude révèle un manque profond d'acceptation de soi. Mais comme le cancer nous a épargnés et qu'il ne nous est pas nécessaire de fréquenter les salles de thérapie, nous n'avons pas à protéger notre vulnérabilité aussi férocement que ces femmes.

En fait, chaque fois qu'un individu découvre sa propre mélodie, son absence de confiance en lui-même commence à s'atténuer. Et la mélodie se révèle très belle. Il s'aperçoit qu'il peut l'exprimer sans être immédiatement sanctionné et, qui plus est, vivre et travailler en étant lui-même.

«En plus, remarque LeShan, sur le plan social, le fait d'exprimer sa vraie personnalité se révèle positif et est bien accueilli par l'entourage. Je n'ai jamais constaté d'exception à cela.»

La crainte d'être unique cache un désir insatiable d'être différent, de se sentir à part et, en définitive, d'être unique. LeShan ne demande à ses patientes qu'une seule chose: être elles-mêmes. Pourquoi cette perspective est-elle à ce point terrifiante? Tout au fond de l'être demeure une blessure encore vive d'avoir vu ses rêves d'enfant foulés aux pieds, d'avoir accepté des frustrations... «pour son bien», selon la formule consacrée. Si l'enfant a un besoin exigeant d'être reconnu comme quelqu'un d'unique, il est, dans la première enfance, terriblement dépendant de l'approbation de ses parents et il ira jusqu'à sacrifier ses propres sentiments pour gagner la récompense de leur amour. Tous les parents ou presque ont à cœur d'inculquer à leurs enfants les principes de bonne éducation qui sont les leurs et l'être jeune et malléable s'y conforme en dépit des résistances de son ego enfantin toujours égoïste. Comme le souligne la célèbre psychanalyste suisse Alice Miller:

«On nous a tous appris à être ‹bien élevés› avant que nous ne souhaitions le devenir.»

Cette nuance peut sembler un peu trop subtile, mais elle fait toute la différence entre un comportement libre ou un comportement d'esclave. L'adulte a pris l'habitude de «bien» se conduire. Chaque fois qu'il donne aux autres, il se sent supérieur mais aussi navré pour ceux qui ne peuvent agir de même. Le véritable test consiste à être conscient de son attitude intérieure au moment du don: Suis-je heureux ou tout simplement conscient de faire mon devoir? Est-ce que j'attends en retour de la gratitude, des égards ou du respect ou bien est-ce que je laisse l'autre personne libre de ses sentiments, quels qu'ils soient, même si c'est de ne rien éprouver? Donner peut être la marque d'une liberté authentique, de la volonté de se contenter de moins pour qu'un autre ait plus. Mais la générosité peut être un masque; celui qui le porte vit dans l'esclavage total. En fonction de quoi? En fonction de ce qu'il a dû faire pour satisfaire ses parents.

Pour plaire à son parent, l'enfant, en parfait élève, a appris à décrypter les signes les plus ténus d'acceptation ou de rejet émis par autrui. Ce type de comportement extérieur dans lequel il se moule devient peu à peu sa seconde nature, une sorte de faux lui-même. Un fossé sépare ses émotions vraies de ses émotions fausses, ce qu'il ressent de ce qu'il aurait dû ressentir en accord avec sa vraie nature. Le processus est subtil et perfide. Si cet état perdure suffisamment longtemps, il lui devient tout simplement impossible d'être, de laisser parler sa joie et sa tristesse, de donner ou de retenir, car le faux soi ne ressent plus d'émotions véritables: il calcule.

Une vie vécue intensément chante l'union du cœur et de l'esprit. Lorsque viennent les sentiments, l'esprit les accepte et s'en délecte. Quiconque mène ce genre de vie vous dira toujours que la meilleure période de son existence est le moment présent. Ceci marque sans équivoque que son esprit ne galope pas au-devant de son cœur dans le futur et ne reste pas non plus en arrière, se vautrant dans la nostalgie. Ainsi parle le poète chinois Wu Men:

«Dix mille fleurs au printemps
La lune en automne
Une brise légère en été
La neige en hiver
Si ton esprit n'est pas brouillé par l'inutile
Voici la meilleure saison de ta vie.»

Quand l'harmonie entre cœur et esprit n'existe plus, spécialement quand la notion de sensation est perturbée, alors s'engage un processus de rationalisation. Les réponses à la question: «Pourquoi ne suis-je pas heureux en ce moment même?» le révèlent:

«Je suis trop occupé pour le moment. Je serai heureux lorsque j'aurai réussi.»

«C'est une mauvaise journée; je serai heureux demain.»

«Je ne peux pas être heureux avec toi, tu ne corresponds pas à mes attentes.»

«Les autres ont tant besoin de moi que je dois être responsable.»

«La vie est moins dangereuse si l'on est bon et normal.»

«Je serai heureux lorsque j'aurai ce que je veux.»

Dans chacune de ces phrases, on peut entendre la victoire de la raison sur le cœur. Être heureux n'est plus une préoccupation immédiate, c'est un projet à réaliser dans un avenir plus ou moins rapproché, un concept plutôt qu'un sentiment profond. En méditation, le *yogi* cherche à faire place au sentiment en éliminant tout ce qui encombre son esprit et empêche l'expérience directe de ce noyau de satisfaction intérieure dont les textes anciens disent qu'il est notre droit fondamental. Toutes les fois où quelqu'un réussit à réunir la tête et le cœur, on peut parler de yoga. Et les effets de cette union sont considérables: chaque instant, dans la vie de la personne, devient le plus beau moment de sa vie.

Un vrai *yogi* réussit à équilibrer les qualités du raisonnement et de l'affectif. Il peut être considéré comme l'idéal porte-parole du cœur car il ne laisse pas l'intellect lui dérober les accomplissements délicieux de la joie.

Le mystère d'Élaine

Appuyé sur le bord du brancard, je regardais Élaine avec stupéfaction. Il était minuit et la clinique l'avait dirigée vers l'hôpital où elle arrivait en vomissant sans retenue, souffrant en plus d'un grave saignement abdominal. La crise avait été brutale et inattendue.

Élaine m'avait consulté deux semaines plus tôt, se plaignant de ménorragie, c'est-à-dire de saignements menstruels abondants, état douloureux qui durait jusqu'à quinze jours par mois et s'était installé dix ans plus tôt. Elle avait aussi un autre problème qui, combiné au précédent, lui donnait à mes yeux la stature d'énigme vivante. Bien que n'ayant jamais eu d'enfant, Élaine avait d'abondantes sécrétions lactées, ce que l'on appelle la galactorrhée.

D'un point de vue médical, ces deux symptômes, normalement, s'annulent. Une hormone hypophysaire spécifique, la prolactine, pouvait à la rigueur avoir déclenché ces montées de lait, mais la prolactine a généralement pour conséquence majeure d'interrompre les règles! S'ajoutaient à cette situation, déjà fort compliquée, les bons résultats des tests subis par Élaine, dont le taux hormonal se révélait normal. Cette crise nocturne venait détruire les diverses explications que j'avais déjà échafaudées à son sujet.

Quand le jeune médecin indien de service à la clinique cette nuit-là me téléphona, il semblait paniqué devant l'abondance des vomissements et leur fréquence: vingt fois en moins de trois heures. Un ptosis de la paupière gauche et un léger tic facial lui faisaient craindre un incident cérébral. Il en vint à supposer qu'une petite tumeur, probablement située au niveau de l'hypophyse, menaçait de provoquer une hémorragie. Il avait donc demandé le transport de la patiente à l'hôpital.

Sous l'effet d'un sédatif, Élaine étendue sur son brancard ne souffrait plus. Ses symptômes avaient régressé aussi vite qu'ils étaient brutalement apparus et, à mon grand soulagement, le scanner n'avait révélé aucun signe de tumeur cérébrale. Aussi incroyable que cela puisse paraître, rien dans ses examens ne laissait entrevoir autre chose qu'une santé parfaite. Aucune piste ne permettait de faire un diagnostic. Élaine dormait enfin et je me pris à scruter son visage fatigué et même usé. Je remarquai que jamais elle ne m'était apparue aussi détendue. Lorsqu'elle vint à mon cabinet, la première fois, elle présentait l'aspect d'une femme sûre d'elle et couronnée de succès. Propriétaire de sa société de relations publiques, elle régnait sur une vingtaine d'employés. («Tous des hommes», avait-elle pris la peine de préciser.) Mais ce n'était pas cette nuit-là encore que j'allais découvrir quel personnage elle était en réalité. Je lui fixai un rendez-vous à mon cabinet et entre-temps j'appelai son médecin de famille à Houston, au cas où il posséderait quelques informations que j'ignorais. Il ne fut pas très encourageant:

— Élaine? Elle n'a rien qui cloche, rien que j'aie pu découvrir. Elle a eu une soixantaine d'attaques de ce genre ces dix dernières années — ce qu'elle avait négligé de me dire à Boston — et je l'ai avertie récemment que je ne pouvais rien faire de plus.

Je lui demandai alors son diagnostic.

— Hystérie, me lança-t-il sans détour. Aucun doute pour moi. Je crains que vous ayez du mal à la sortir de là, mais bon courage quand même.

Et c'est avec un certain soulagement qu'il mit fin à notre entretien téléphonique. Le lendemain matin, je questionnai Élaine sur ses crises précédentes. D'un air embarrassé, elle avoua qu'elles avaient commencé il y a une quinzaine d'années, à l'époque de son mariage, et qu'elles éclataient de façon sporadique. Son mariage était-il heureux? Elle rougit et baissa les yeux:

— J'ai été élevée dans un catholicisme rigoureux et je pense devoir préserver ce mariage. Heureux? Mon mari me traite très bien et je le respecte car il est bon, me répondit-elle.

Puis, avec réticence, elle me révéla que celui-ci, affligé d'un problème physique ancien, ne pouvait avoir de rapports intimes. Elle me décrit leur relation comme affectueuse mais platonique.

— Savez-vous quelle est la conclusion de votre médecin de Houston à votre sujet? emandai-je.

Avec rage, elle me répondit:

— Bien sûr! il me croit hystérique. Il vous l'a dit, n'est-ce pas? J'en suis certaine.

— Connaissez-vous le sens du mot *hystérie*? lui rétorquai-je.

Elle reconnut ne pas le savoir précisément.

— Je ne suis pas psychiatre, lui expliquai-je, mais en termes ordinaires un hystérique est un individu victime d'auto-illusion. Il présente tous les signes d'une maladie physique, il est totalement convaincu d'être malade, mais nul ne parvient à découvrir les causes réelles de ses symptômes. Par ailleurs, s'auto-illusionner peut être une cause tout à fait suffisante.

Certes, le mot *hystérique* avait profondément blessé Élaine, mais elle paraissait intéressée par mes explications et aussi par le ton de notre conversation.

— Il existe de nombreuses raisons de s'illusionner, repris-je. Vous m'avez dit que votre mariage ne connaît pas son accomplissement naturel dans une relation sexuelle légitime et dans la possibilité de devenir mère. Votre médecin est arrivé à la conclusion que votre malaise est né, avant tout, de cette frustration. J'ignore si vous pouvez aborder ce sujet clairement avec votre époux, mais je sais que vous avez déjà tiré vous-même les conclusions qui s'imposent.

Son mutisme ressemblait fort à une approbation. La suite de mes propos l'étonna:

— Vous n'êtes pas hystérique. À mon avis, votre médecin fait erreur. Vous êtes parfaitement consciente de ce qui manque à votre vie; il n'en serait pas ainsi d'une personne dupe d'elle-même. Je serais plus à l'aise si nous laissions tomber le jargon psychologique et si nous regardions votre problème en face.

— Qu'entendez-vous par là? demanda-t-elle en s'agitant.

— Commençons par l'essentiel: comment vous sentez-vous en ce moment même?

— Juste en ce moment!

— Oui. Par quel mot décririez-vous votre état présent?

— Vide, répondit-elle sans réfléchir plus avant. Mais je vis ainsi depuis si longtemps.

— Pourquoi?

Elle me lança un regard acéré.

— Pensez-vous que j'ai le choix? Tel est mon état, c'est tout.

— Êtes-vous heureuse de vous sentir ainsi?

— Vous pouvez en penser ce que vous voulez, mais je me crois aussi heureuse que n'importe qui en vérité!

— Vraiment? N'avez-vous pas dit que vous vous sentiez vide la plupart du temps? Nombreux sont ceux qui éprouvent cette sensation ou qui ont peur de l'éprouver, mais pour bien d'autres, c'est différent.

— Et comment est-ce que vous vous sentez? me demanda-t-elle.

— Ne pouvez-vous pas le deviner?

— Non, comment le pourrais-je?

— Pourtant, je le laisse transparaître!

— Vous croyez?

— Bien sûr. Les intonations de ma voix, mon regard ne sont qu'une façon parmi d'autres d'exprimer mes sentiments. Il en est ainsi pour vous et pour les autres. À notre insu, nous communiquons à un niveau subtil, au-delà des mots. En ce moment, je m'intéresse à vous. Je suis passionné par cette plongée dans vos émotions et en même temps navré que nous ne puissions décrire ce qui vous arrive. C'est un pur moment d'intimité.

Élaine s'abstint de commentaire. J'avançai malgré tout:

— Ne ressentez-vous pas la même chose? Vos sentiments ne sont-ils pas les mêmes pour l'essentiel?

Elle approuva de la tête, avec réticence.

— La vie des sentiments s'écoule comme une rivière souterraine, lui dis-je, même lorsque l'esprit la nie. Vous n'êtes pas vide, mais vous pensez que vous l'êtes. Ce schisme est à la base de votre confusion. Vous disposez d'un large éventail de sensations à la fois puissantes et nuancées, la preuve en est que votre corps les exprime en tant que symptômes. Mais ces sensations ne sont pas clairement décryptées par votre esprit. Les frustrations sont peut-être trop fortes ou trop nombreuses pour que vous vous mettiez à les dénombrer, ou, au contraire, le bonheur est-il trop grand. Avez-vous jamais pensé à cela?

Elle me regardait d'un air incrédule.

— Un trop grand bonheur! Vous plaisantez?

— Les sentiments interdits pendant l'enfance demeurent refoulés à l'âge adulte. L'enfant intérieur pourrait hurler de rire ou flamber d'extase, mais si votre éducation vous a enseigné que crier ou se comporter de façon extravagante est interdit, vous ne pourrez jamais faire l'expérience de ces sensations et vous chercherez une compensation acceptable, comme d'être fière de votre travail.

— Mais, en effet, je suis fière de mon travail.

— C'est très bien que vous le soyez, mais en exploitant aussi largement ce secteur-là de votre vie, il se peut que vous en négligiez d'autres, tout aussi valables.

Son visage prit une expression de défiance. Elle et moi, nous nous trouvions au bord d'un gouffre psychique, mais je n'avais pas l'intention de l'y pousser. Sa vie intime avait besoin d'être soignée, mais à un rythme qui lui convenait. Mon propos, à ce moment-là, était de faire découvrir à Élaine un fait beaucoup plus général: un jour, comme beaucoup de gens, elle avait fait un choix fatal, en décidant de maîtriser son malheur plutôt que de l'exprimer et, ainsi, de s'en défaire. Il semble que, dans la nature, les humains soient les seules créatures disposant d'une telle option! Un chat qui traque un oiseau bondit, et s'il le manque, il réagit de tout son corps à cette défaite. Il se met à faire des allers-retours, il remue nerveusement la queue, se lèche le pelage et s'endort. Son système nerveux s'est ainsi libéré de sa frustration et, lors de sa prochaine partie de chasse, aucun souvenir d'échec ne viendra mettre en péril ses chances de victoire.

Le système nerveux humain, apte aux mêmes réflexes, vibre sur un registre beaucoup plus sophistiqué, induisant des réactions infiniment plus complexes à la frustration. Si les chats réagissaient comme les humains, ils pourraient recourir à la dénégation («Je ne faisais que m'entraîner»), à la suspicion («Quelqu'un a dû le prévenir»), à l'autocritique («J'aurais dû affûter mes griffes ce matin») ou à la culpabilité («Pourquoi ne puis-je rester à l'écart de ces moineaux?») La vie humaine est inconcevable sans ces réactions. Elles font partie de sa nature, quelles que soient les souffrances qui en découlent. Chez une personne psychologiquement saine, la culpabilité, la honte, l'autocritique et le reproche sont des symptômes de malaise. Faire face à la culpabilité, avouer sa honte, aller s'expliquer avec le partenaire d'un conflit permettent au bien-être intérieur de revenir.

Une maladie (de *male habitus*, «qui se trouve en mauvais état») est une forme localisée de malaise et, dans bien des cas, il n'est pas étonnant de découvrir qu'un malaise beaucoup plus vaste lui est sous-jacent. En révélant à mes malades leur mal-être généralisé, j'essaie de les aider à ne pas être entièrement prisonniers de leurs symptômes. Chez Élaine, la maladie englobait les perturbations de sa vie personnelle. Il ne fait aucun doute qu'un psychiatre habile aurait su découvrir ses sentiments de culpabilité et de honte. (Et pour commencer, pourquoi était-elle restée fidèle à un homme qui lui avait caché son impuissance sexuelle avant leur mariage? Avait-elle ravalé ses revendications parce qu'elle se sentait coupable d'exiger une satisfaction sexuelle?)

Il serait dangereux et sadique de mettre à nu les défenses d'un patient. Si celui-ci a pris la peine de se protéger, c'est qu'il cherche à préserver ce qu'il lui reste de bonheur en s'isolant de ses zones de détresse. C'est ce que je veux dire lorsque j'explique que bien des êtres choisissent de maîtriser leur malheur. Si, comme le chat, ils pouvaient vider leur mémoire, il leur serait facile d'éviter le piège de la culpabilité, de la honte, de la déception et de l'autocritique. L'être humain est ainsi fait qu'il intègre ses douleurs comme parties de lui-même. Que peut-il faire d'autre, dans ce cas, que d'affiner ses défenses? Faute de mieux, un médecin honnête essaiera de consolider celles-ci, réduisant son intervention aux manifestations locales tout en éprouvant un fort sentiment de compassion pour le problème global.

Je ne me berce pas d'illusions: aucun mot ne peut suffire à transformer le malaise profond d'un patient. Chacun de nous est un monde en action. Son espace intérieur, composé des trous noirs de l'oubli et des trous lumineux du bonheur inaltérable, irradie à l'infini. Siégeant en un centre de gravité mystérieux, les processus mentaux se maintiennent dans un état de cohérence subtile. Le mécanisme de cet immense et fabuleux équilibre, en évolution constante, ne peut être modifié aveuglément. Seul le dieu régnant au centre de ce système peut en jouer à sa guise. Quand je prends le risque de pénétrer l'âme et le cœur de mes patients, c'est pour les convaincre qu'ils sont ce dieu et qu'en acceptant d'être intelligents, sensibles et actifs, ils peuvent modifier l'univers qui est le leur. Accéder à un tel regard intérieur, même brièvement, peut permettre de bouleverser la vie.

À cet instant précis, je pensai à cette Canadienne que je n'ai jamais eu la chance de rencontrer mais qui m'a écrit une lettre extraordinaire. Elle avait épousé, à vingt-quatre ans, un homme qu'elle aimait depuis six ans. Leurs modestes ressources firent qu'ils attendirent quatre longues années avant de faire le projet d'avoir un enfant. Comme aucune grossesse ne s'annonçait, ils se livrèrent, l'un et l'autre, à des examens médicaux qui permirent de découvrir qu'une anomalie testiculaire rendait le conjoint totalement stérile.

Malgré la terrible déception, la jeune femme n'en demeura pas moins tendre et aimante envers son mari dont l'équilibre psychologique se fragilisait de façon inquiétante.

Quelques mois plus tard, elle se réveilla au milieu de la nuit, gênée par une boule dure au toucher au niveau de l'abdomen. Au matin, la grosseur était devenue si importante que la peau de son ventre était tendue à craquer. Le premier médecin qu'elle consulta l'informa qu'elle était enceinte de cinq mois. Quand elle lui eut expliqué pourquoi ce n'était pas possible, il lui dit alors, sans raisons sérieuses, que cet état pouvait provenir d'une infection de la vessie et il lui prescrivit deux semaines d'antibiotiques.

Bien sûr, il ne s'ensuivit aucune amélioration. La jeune femme alla donc consulter un second médecin qui lui confirma, après un examen clinique complet, qu'elle attendait un bébé. Elle crut au miracle et se mit à porter des robes de future maman et à flâner dans les magasins spécialisés. Mais un jour, le gonflement se ramollit et elle perdit du sang. À la clinique où elle se précipita, son médecin l'accueillit avec froideur car il pensait que, sa grossesse étant le résultat de relations extraconjugales, elle cherchait à provoquer une fausse-couche. De multiples examens permirent de résoudre l'énigme: elle souffrait en fait d'une énorme tumeur des ovaires. Opérée d'urgence, elle dut subir l'ablation d'un ovaire, tandis que l'autre put être sauvé. Son histoire s'achevait ainsi:

«Mon chirurgien a beaucoup insisté sur le fait qu'une telle grosseur avait dû mettre cinq ans au moins pour atteindre cette importance. Je suis la seule à croire qu'elle est apparue en une nuit. Bien que affreusement déçue d'être privée d'enfant définitivement, j'ai appris quelque chose dans cette épreuve. Je sais désormais que tout n'a de réalité que si je lui en accorde. S'il est en mon pouvoir d'être malade, je peux aussi bien être en bonne santé. Ces événements se sont passés il y a dix ans, depuis je ne me suis plus jamais autorisée à attraper quoi que ce soit, ne serait-ce qu'un rhume.»

Cette histoire me touche énormément, non seulement parce qu'elle est poignante, mais parce que là, un voile s'est déchiré. Quand la réalité apparaît, même au travers d'une crise, elle sème la joie. J'avais cet exemple en mémoire lorsque je parlais à Élaine:

— Regardez cet arbre dehors, dis-je en lui désignant par la fenêtre un magnifique hêtre pourpre. Racontez-moi ce que vous apercevez.

— Il y a un grand arbre avec des feuilles rouges et une écorce noueuse, commença-t-elle.

— Il est superbe, n'est-ce pas?

— Absolument, reconnut-elle.

— Observez-le attentivement et dites-moi ce que vous voyez de plus.

Elle se tut, puis reprit sa contemplation. J'enchaînai:

— Percevez-vous sa magnificence? Voyez-vous les rayons de soleil jouer sur ses feuilles? Ce centenaire ne semble-t-il pas attirer vers lui tout l'oxygène qui l'environne, tel un monarque?

Élaine rit de bon cœur.

— Bien sûr, je peux aussi voir tout cela.

— Vous avez sans doute remarqué qu'il a fallu insister un peu pour que vous y arriviez. Quand vous avez regardé cet arbre pour la première fois, vous ne l'avez pas vu d'emblée dans toute sa splendeur. Si tel avait été le cas, vous ne l'auriez pas quitté des yeux. Il est pourtant difficile d'ignorer sa beauté. Mais dites-moi: quand vous regardez Élaine, que voyez-vous?

Elle releva la tête brusquement et me lança un regard perçant.

— Et vous, quelle est votre splendeur? lui dis-je.

Son expression se fit timide. Je repris d'une voix douce:

— Pour la découvrir, il vous faudra, comme pour le hêtre, travailler un peu. Car la beauté existe en vous aussi.

Enfin, son visage s'adoucit, elle semblait profondément émue.

— Ressentir la splendeur de la vie, c'est la ressentir en vous-même ainsi qu'autour de vous. Vous pouvez regarder de beaux paysages et écouter de la belle musique, mais ces substituts, quel que soit leur agrément, restent des substituts. Puisque vous êtes en mesure de les apprécier, c'est que votre propre beauté intérieure ne demande qu'à s'affirmer. Elle est à la recherche de sa propre expression. Que reflète la splendeur de cet arbre, sinon la vôtre propre, vue dans le miroir de la nature? Pour vous voir en direct, il suffirait de retourner le miroir. Votre splendeur intérieure est à l'opposé de l'affliction. Allons-nous tenter de la faire jaillir? Son accord, quoique timide, se paraît d'un plaisir évident.

Polir le miroir intérieur

Mon but était qu'Élaine découvre le phénomène de la méditation au travers de la métaphore du miroir tourné vers l'intérieur. Dans les états physiques et mentaux gravement dissociés, la méditation a déjà médicalement fait ses preuves. Je lui conseillai donc de se tourner vers l'enseignement de la Méditation Transcendantale, discipline que je pratique moi-même et que je recommande depuis plus de dix ans.

À mes yeux, l'avantage essentiel de la Méditation Transcendantale est d'être naturelle; elle offre à l'esprit l'occasion de découvrir sans risque ses différents niveaux jusqu'aux plus subtils, tel qu'il est possible d'en prendre conscience dans la douce quiétude de certains moments de la vie courante. Les sentiments les plus délicats de l'âme se découvrent d'autant plus sûrement que la méditation est douce et sans efforts contraignants. Dans le cas contraire, l'esprit est obligé de faire sien un modèle défini. (À l'opposé d'une méditation naturelle, il y a celle où une concentration intense est mise en œuvre.)

La plus spontanée des méditations est décrite par le poète anglais William Wordworth. Devenu aveugle à l'âge adulte, Wordworth, ne pouvant plus admirer la beauté du ciel dont la contemplation avait tant charmé son enfance, avait retourné son miroir vers l'intérieur. Quelques vers extraits de son grand poème contemplatif *Tintern Abbey* décrivent à merveille le cheminement de l'esprit et du corps dans l'état méditatif:

«... ces instants d'ineffables transports
Où s'allègent pour nous le fardeau du mystère
Et l'inintelligible énigme de la Terre
Où dans l'être, guidé par l'amour, doucement
Le souffle corporel cesse, le mouvement
Du sang se suspend presque, où la chair sommeillante
Semble mourir, où l'homme est une âme vivante.
Notre œil alors, dans ce grand calme intérieur,
Heureux par l'harmonie et fort par le bonheur,
Pénètre jusqu'au cœur mystérieux des choses.»

Chaque fois que je lis ces vers, je me sens enveloppé de bien-être. Cette sensation réconfortante est due à deux petits mots: *nous* et *notre*. Ils me donnent la certitude que le poète reconnaît à tous la faculté de vivre la même expérience que la sienne. Qu'importe si nous n'avons pas son génie poétique pour la décrire aussi magnifiquement. Tous, nous existons par le fait d'un état d'être commun, qui nous est commun, immergés, «heureux par l'harmonie et fort[s] par le bonheur».

Il y a une trentaine d'années encore, nul ne pensait que ces expériences, malgré la fascination qu'elles exercent, pouvaient être utiles à l'épanouissement de l'homme. L'Orient et l'Occident considéraient que les *swamis* et les *yogis* étaient des anachorètes qui refusaient les futilités de la civilisation. Personne ne comprenait que, en fait, ils s'étaient retirés du monde pour mieux se l'approprier. Ce n'est qu'après moult études et recherches que l'intérêt de leur démarche a été reconnu. Il fallut pour cela attendre les années soixante et l'impulsion qu'imprima Maharishi Mahesh Yogi, fondateur de la Méditation Transcendantale, aux chercheurs des universités américaines et européennes. Quand Maharishi arriva en Occident, il se heurta au mur du scepticisme, contraste violent avec l'Himalaya, sa patrie, où toute pratique méditative est si puissamment intégrée qu'elle semble avoir envahi non seulement les hommes, mais aussi les arbres et les montagnes. La culture occidentale regardait la méditation comme un cocktail dangereux de mysticisme suspect et d'illusions déstructurantes. Maharishi, au contraire, la tenait pour une discipline objective dont les phénomènes pouvaient être renouvelés à volonté et validés techniquement par la science pourvu que celle-ci voulût y accorder quelque attention. Il la présentait comme une expérience d'ordre universel bien que ce fut l'Orient qui l'eut développée alors que l'Occident l'ignorait avec désinvolture.

Les décennies soixante et soixante-dix furent fructueuses en études menées sur des étudiants pratiquant la méditation. Les chercheurs, après avoir mesuré les rythmes cardiaques, respiratoires, la pression artérielle, la consommation d'oxygène, les séquences des ondes cérébrales et tous les autres facteurs physiques susceptibles d'être modifiés par la pratique de la méditation arrivèrent à cette conclusion que des phénomènes réels et mesurables selon leurs propres critères étaient en effet perceptibles et tout à fait originaux, nullement assimilables au sommeil et à la transe hypnotique.

Wordworth a merveilleusement décrit les états répertoriés, le siècle suivant, par les scientifiques: il parla, en outre, d'une suspension progressive de la respiration et d'un ralentissement du rythme cardiaque: «le souffle corporel cesse», «le mouvement du sang se suspend presque»; si le corps s'approche des rythmes métaboliques ralentis comparables à ceux du sommeil, la conscience, en revanche, conserve sa vivacité et accroît même son discernement («notre œil alors, dans ce grand calme intérieur, heureux par l'harmonie»). Et l'esprit s'en trouve conforté, paisible et protégé («fort par le bonheur»). Chaque être a ses cheminements secrets et nul ne médite comme le fait son voisin. Il n'en reste pas moins certain que, dans le cadre d'un enseignement harmonieux, chacun peut atteindre son centre de splendeur. Le système nerveux humain possède cette faculté inestimable de voir «jusqu'au cœur mystérieux des choses» ainsi que le précise le grand poète anglais, pour peu, bien sûr, qu'il ne soit pas ombragé par la maladie ou par les drogues. Le temps et la pratique apportent aux méditants une sensibilité extrême qui leur permet d'enregistrer les courants vibratoires les plus sublimes: le monde alors prend un autre aspect.

Les transformations induites pourraient avoir des conséquences plus importantes qu'il n'est possible d'imaginer. Les antiques écritures védiques proclamaient que la vie humaine est fondamentalement parfaite. Un verset des Védas ne dit-il pas que l'humanité baigne dans une joie pure:

«...ces êtres sont nés de béatitude, dans la béatitude ils existent, à la béatitude ils iront pour s'y fondre à nouveau»?

Tous les Indiens sont conscients de leur patrimoine culturel et Maharishi a su dès sa tendre enfance ce que signifiait le mot *ananda*, béatitude. Mais au spectacle du quotidien, il s'interrogea douloureusement, ne pouvant accepter d'emblée cette notion inconditionnelle de joie inaltérable:

«La faille entre ce que la vie était censée être et ce que j'en voyais était telle! J'étais naturellement et profondément mû par deux réalités: la vie vécue à un niveau de misère si absolu et celle décrite au plus haut niveau d'exaltation, sans rien entre les deux. Mais il n'y avait pas de raison à cette faille puisqu'il est si simple, pour l'individu, d'être au niveau de l'universalité et de l'immortalité. Si simple. Je ressentais cela naturellement et au plus profond de moi il fallait faire quelque chose pour que les gens ne souffrent plus, car il n'y a aucune raison de souffrir.»

Le fait même que la souffrance lui apparaisse comme un état sans fondement met le *yogi* en marge de la vie ordinaire. Chaque être est une émanation de la béatitude, mais ce concept n'a de vérité qu'en fonction de l'expérience individuelle. Toute béatitude s'efface lorsque l'esprit accepte la souffrance; toute souffrance s'envole dès que l'esprit se pare de béatitude. Ce ne peut être ainsi que parce que le miroir intérieur, contrairement au miroir en verre, devient véritablement l'image qu'il reflète.

Le *yogi*, par son exemple, incite chacun à localiser le point de joie pure situé derrière le miroir. Rien de tout cela ne peut s'exprimer en paroles tant que l'expérience de la béatitude n'est pas accomplie. Mais une fois celle-ci réalisée, alors, tout comme pour Wordworth, elle peut être décrite et les mots pour ce faire se trouvent aisément. L'essentiel est de se souvenir que la béatitude n'est pas un objectif en soi, mais seulement un point de départ; car en dehors d'elle, il n'existe aucun moyen d'accéder à une évolution spirituelle plus élevée.

Dans son état actuel de conscience, l'humanité ne peut embrasser la nature infinie de l'Univers. Une de mes patientes atteinte d'un cancer du sein, méditante convaincue, me le rappelait dernièrement tout en me faisant part de ses progrès:

«De janvier à août, je n'ai absolument pas souffert, m'écrivait-elle. Je persévère dans l'effort d'abandonner les vieilles habitudes qui me rappellent que je suis cancéreuse. Pendant ces huit mois, j'ai bénéficié d'une énergie, d'un bonheur et d'un dynamisme grandissants. J'ai eu le sentiment d'avoir le temps de vivre selon ma fantaisie, de manger selon mes goûts, de mener une vie normale.»

Au faîte de cette période harmonieuse, la plus paisible qu'elle eut connue depuis longtemps, cette femme ressentit une douleur à la poitrine et éprouva des difficultés respiratoires. Son cancérologue, craignant une rechute, l'enjoignit de reprendre la chimiothérapie. Malgré cette précaution, son malaise progressa et elle eut des difficultés à se déplacer, puis à rester assise dans son lit. Mais un jour, elle prit une décision:

«Malgré l'inconfort de ma situation, nous décidâmes, mon mari et moi, d'aller camper une nuit dans les bois — nous vivons en Alaska maintenant. La nuit était belle et claire, le ciel rempli d'étoiles. Vers minuit, une aurore boréale envahit la voûte céleste. Réveillés au petit matin, nous avons, comme d'habitude, commencé notre méditation, jambes croisées, sur la mousse du sous-bois forestier. Lorsque j'ai ouvert les yeux, les arbres avaient troqué le brun et le vert qui sont habituellement leurs couleurs pour se charger d'une lumière d'or étincelante. Progressivement, ils retrouvèrent leur tons d'origine. Bouleversée et admirative, j'ai regardé cette métamorphose se renouveler une fois encore: la forêt dégageait une énergie lumineuse, s'allumait et s'éteignait au rythme de ses propres pulsations. Tout, autour de moi, vibrait et plus que jamais je me sentais partie intégrante de cette vie intime et profonde.»

Tout son corps baignait dans la douceur et la vitalité du petit matin:

«Ce n'était pas une expérience de joie mais une expérience de paix sublime.»

Sans que rien ne puisse l'en avertir, elle avait atteint un état particulier qui lui avait permis de voir la transformation de la réalité brute, acceptée par tous, en flux de lumière vibrante et de sensations sublimes:

«La paix m'envahit tout d'abord. La joie vint ensuite, intense, lorsque, réchauffés par la douceur de l'air, charmés par le chant des oiseaux, amusés par les bonds des écureuils, nous avons repris le chemin du retour. La vie sauvage laissait son empreinte partout. Nous avons pu voir des traces d'ours et de perdrix des neiges. Un gros renard roux a même croisé notre chemin sans manifester d'inquiétude.»

Arrivée chez elle, elle réalisa que ces deux heures de marche l'avaient épuisée, mais en même temps, un profond sentiment de satisfaction l'habitait. Elle ne ressentait plus aucune douleur thoracique ni de pression sur les poumons: elle respirait enfin librement, pour la première fois depuis un mois. La nuit qui suivit, elle s'assit dans son lit et, parlant avec son mari, elle prononça soudainement une phrase nouvelle pour elle: «J'avais un cancer du sein.» Jusque-là, elle avait toujours dit: «J'ai un cancer du sein.» Surprise, elle nota ce changement et en éprouva un grand soulagement:

«J'ai réalisé avec quelle spontanéité j'avais prononcé cette phrase. Elle semblait parfaitement refléter la réalité! Les mots étaient perçus avec force et netteté, sans hésitation. Aussitôt, un élan de gratitude est monté en moi pour tous les dons que j'avais reçus de manière si simple.»

J'ai peu à ajouter, sinon une réflexion: pour être vraie, la réalisation, qui apparaît lorsque le miroir intérieur a été poli, doit jaillir spontanément. Le reflet sombre du monde du dehors là-bas ne se transforme pas d'un seul coup en splendeur rayonnante; la personnalité ne s'envole pas soudainement vers la sainteté; le corps n'abandonne pas toutes ses imperfections. (Cette personne n'a pas connu de guérison miraculeuse. Elle continue le traitement que son cancérologue lui a prescrit et elle regarde l'avenir avec détachement.) Le renouveau se réalise d'abord au plus profond de la conscience, au-delà de la pensée. Rien ne sert d'essayer d'être quelqu'un de nouveau, de meilleur ou de plus intériorisé. La métamorphose se propose à travers le système nerveux qui met en œuvre son immense pouvoir de restauration. Ainsi que le déclarent les *Upanishads*, le *yogi* «meurt et renaît» avec chaque méditation, ce qui est une autre façon de dire qu'il nettoie le miroir à chaque fois et le brandit pour réfléchir une lumière différente.

La lumière sait se frayer un chemin même quand la nuit semble avoir tout envahi. Un de mes excellents amis, parlant couramment l'espagnol, a beaucoup contribué à l'enseignement de la Méditation Transcendantale dans les prisons d'Amérique centrale. Au cours d'un de ses voyages, il eut l'occasion de visiter un ancien palais gouvernemental datant de l'époque des conquistadors transformé en lieu de détention. Bâti comme une forteresse médiévale avec des murs épais, des enceintes successives, il tombait en ruine!

«Même comparé aux autres constructions de ce type, ce lieu était particulièrement morne et op-pressant. J'arrivai à l'intérieur de la troisième en-ceinte, puis de la quatrième et, lorsque les gardes me firent franchir la dernière grille, savez-vous ce que je vis? Au dernier étage, près du toit, à travers une uni-que petite ouverture à barreaux, un bras d'homme. Tendue avec force, sa main était ouverte, tournée vers le ciel. Pendant tout le temps qu'il me fallut pour traverser cette cour, le bras ne bougea pas. Mieux que les mots, il racontait toute l'horreur qu'il y avait à se trouver là.»

Arrivé à l'intérieur, mon ami découvrit des conditions de vie épouvantables. Les cellules étaient d'immenses salles communes habitées chacune par une centaine d'hommes dont les hamacs s'empilaient jusqu'au plafond. Dans les pièces étroites réservées aux cours qu'il avait à donner, le plancher était percé de trous béants, par lesquels on apercevait les prisonniers de l'étage inférieur.

«Ces hommes étaient venus nombreux, heureux et avides d'apprendre à méditer. L'incroyable contraste entre leur situation présente et la quiétude intérieure que leur apportait la méditation leur procurait de bonnes expériences. Après avoir rassemblé les trente premiers prisonniers qui avaient appris à méditer, je leur ai demandé d'exprimer ce qu'ils ressentaient. Il y eut un brouhaha général, mais aucun n'osait prendre la parole. Quand Juan Gonzales leva la main, un ricanement rauque s'éleva.

Je dois vous dire que Juan Gonzales avait le statut le plus misérable de toute la prison. C'était un vieux paysan qui avait l'air d'un arriéré mental. Il traînait des pieds en marchant et ne parlait que rarement. Ses seules activités se limitaient à l'entretien de la chapelle, une minuscule pièce nue et vide à l'exception de quelques bancs de bois et d'une croix mal équarrie, pendue au mur. L'autel sans décorations (celles-ci avaient été enlevées ou volées) semblait misérable.

— Ne faites pas attention à eux, dis-je à Juan Gonzales. Levez-vous et dites-moi ce que vous ressentez dans votre méditation.

Il se leva lentement et monta sur sa chaise — je n'oublierai jamais cela — puis il ouvrit ses bras le plus largement possible, inclina sa tête en arrière et dit:

— *Mas amor, senõr, mas amor.*»

— Savez-vous ce que cela signifie? me demanda mon ami.

— Je sais, dis-je, me représentant Juan Gonzales comme dans un songe et m'émerveillant de notre parenté bien qu'il fût tellement éloigné de moi. Cela signifie: «Plus d'amour, monsieur, plus d'amour.»

8

Le véritable soi

Lorsqu'un beau matin mon vieil ami Liam fit une crise cardiaque, il ne jugea pas utile de m'en avertir. Je n'appris cet accident que huit jours après, par un confrère qui me demanda, comme si de rien n'était:

— Comment va notre ami Liam depuis son pontage?

— Son quoi? demandai-je en bégayant, étranglé par la surprise.

Quittant son ton badin, mon interlocuteur s'expliqua:

— Vous n'étiez pas au courant? On a dû lui faire un triple pontage, la semaine dernière. Mais cela n'a rien d'inquiétant, il ne s'agit que d'un léger infarctus.

Autrement dit, le muscle cardiaque n'était que très partiellement atteint. Mon confrère poursuivit:

— Il a eu quand même de la chance de s'en tirer ainsi au lieu de rester, sans le savoir, avec trois vaisseaux bouchés qui auraient pu déclencher une embolie.»

J'étais rassuré rétrospectivement de savoir Liam hors de danger, mais vexé qu'il ne m'en ait pas touché mot.

Nous étions quand même amis depuis plus de quinze ans! Fraîchement arrivés, lui d'Irlande et moi des Indes, nous nous étions rencontrés, jeunes internes, à l'hôpital des anciens combattants de Boston, ville de grande réputation médicale où nous étions venus, rêvant d'y faire carrière.

Nous partagions la vie épuisante des internes, passant chaque jour l'un avec l'autre plus de temps qu'avec les membres de notre propre famille. À cette époque, Liam passait déjà pour un être hors du commun. Quand, à la fin de notre service de nuit, nous venions nous écrouler au salon des internes sans même le courage de saisir notre ultime tasse de café, lui avait encore la force de nous raconter ses dernières observations médicales avec un enthousiasme sans faille. Il ne cessait jamais d'observer et de réfléchir, son esprit avait une acuité remarquable et ses connaissances étaient impressionnantes. La médecine occupait tout son esprit et il n'avait guère de considération pour les confrères moins passionnés que lui. Il en imposait à bien des internes d'un niveau plus avancé et jusqu'à certains chefs de service qui évitaient de se mesurer à lui.

À l'inverse de cette rigoureuse exigence intellectuelle, Liam faisait preuve de la plus grande douceur et de la plus extrême tolérance envers ses patients. Capable des sarcasmes les plus vifs à l'égard d'un collègue recru de fatigue qui tardait un peu à formuler son diagnostic, il pouvait en revanche écouter sans impatience les interminables rabâchages d'un alcoolique invétéré.

Le résultat de cette étonnante capacité d'écoute est que Liam était l'objet, de la part de ses patients, d'un véritable culte. Cela ne suffisait sans doute pas à lui apporter la sérénité, car je me souviens qu'à l'époque — ce qui pouvait être un mauvais présage — il fumait deux à trois paquets de cigarettes par jour.

Quand j'ai commencé à écrire mes livres, il était devenu un cancérologue réputé à Atlanta, où il exerçait selon les méthodes traditionnelles, se gardant, en général, de commenter mon engagement dans les médecines alternatives. Pourtant, un soir, au téléphone, il me fit part des réactions de quatre de ses confrères, tous cancérologues en vue, après la lecture d'un de mes derniers ouvrages:

«Ils sont choqués, sceptiques devant les guérisons spontanées que tu évoques, et ils sont persuadés que tes clients feront une rechute un jour ou l'autre. Ils sont furieux de te voir mettre en doute les pratiques médicales reconnues.»

Après avoir entendu le détail de ces accusations, je raccrochai, déçu. Non que les critiques de quatre confrères inconnus m'aient chagriné, mais parce que je pensais que Liam les partageait.

Et voilà que, deux mois plus tard, il était victime d'un infarctus précoce — il avait trente-huit ans! Je l'appelle chez lui:

— Je suis désolé, Deepak, de ne pas t'avoir tenu au courant, mais tu sais ce n'était pas grand-chose, me dit-il d'un ton las.

J'avais du mal à obtenir plus de détails: d'accord, seul l'arrière du ventricule droit avait souffert; oui, le pontage était tout à fait réussi; pas de problème, la convalescence se déroulait normalement. Et puis tout à coup, dans cette conversation guindée, Liam s'exclama:

— Je sais très bien ce qui a provoqué cet incident. Ce n'est pas le tabac, je t'assure, c'est le doute sur l'efficacité de nos méthodes qui m'a saisi depuis près de deux ans. Je n'ai plus envie de continuer à soigner ainsi les cancéreux. Mais comment faire autrement? Je suis enfermé dans le système.

Sans me laisser le temps d'exprimer ma surprise, il enchaîna:

— Le cancer terrorise les gens, Deepak. Certains de mes clients, paralysés par la peur, font tout pour éviter qu'on leur prescrive une chimiothérapie. Tu sais comme moi que la chimio donne souvent de bons résultats. Lorsqu'elle se révèle inutile, j'ai envie de l'arrêter, mais si je ne poursuis pas, on refuse de me payer. De nos jours, un médecin ne peut se contenter de soigner en agissant sur le psychisme des malades. Il faut qu'il prescrive des traitements remboursables. Alors, malgré mes remords, je continue à privilégier les traitements chimiques. Rends-toi compte: je ne sais pas soigner autrement. Si je n'ordonne pas la chimio, la famille proteste et fait intervenir la justice. Cela devient insupportable.

Tu es laminé par un système dont tu n'es pas responsable alors que, en fait, personne n'y croit vraiment.

Je découvrais un Liam que je n'avais jamais connu: capable de se remettre en cause, plus vulnérable mais en même temps plus lucide. Pour l'instant, néanmoins, cette prise de conscience s'exprimait de façon confuse.

— Je suis devant un choix terrible, poursuivit-il, un peu apaisé par cette sortie révélatrice. Je ne voudrais pas reprendre ce travail. Je suis sûr que c'est lui qui m'a rendu cardiaque. Pourtant, mon cardiologue m'assure que mes vaisseaux ne sont pas obstrués, que le test d'effort a prouvé que j'étais capable de faire cinq kilomètres de marche à pied sans douleur thoracique, donc que je suis guéri. Ce n'est pas l'aversion que j'ai maintenant pour mon travail qui entre en ligne de compte.

Il fallait avant tout faire tomber la panique toujours discernable dans la voix de Liam. J'essayai de le raisonner:

— Tu n'es quand même pas dans un piège, hasardai-je, tu peux, si tu le veux, repartir sur d'autres bases.

— Deepak, tu sais très bien que tout le monde pratique cette méthode.

— Tu ne serais pas le premier à soigner le cancer autrement.

J'essayai de le convaincre que ses remarquables talents de clinicien l'autorisaient à explorer sans crainte de nouvelles voies. Je lui citai un certain nombre de nos anciens condisciples qui seraient ravis, j'en étais sûr, de travailler avec lui, en particulier l'un d'entre eux qui avait quitté la ville pour créer un cabinet rural dans le Maine:

— Il t'accueillerait sans nul doute avec joie et te sentir efficace dans cette petite ville calmerait ta tension actuelle, néfaste à ton cœur.

— Tu as entièrement raison, finit-il par me répéter devant mes encouragements, puis il me remercia affectueusement et me promit de suivre mes conseils.

Cette confession inopinée de Liam me laissa une impression de malaise jusqu'au soir et même les jours suivants.

Que devais-je penser de lui désormais? J'étais vraiment perplexe. Je savais que l'organisme de quelqu'un qui se sent atteint psychiquement réagit souvent plus fort que ne l'exprime l'intéressé. En fait, Liam voulait se faire pardonner d'avoir manqué de cœur en prescrivant systématiquement la chimiothérapie à des patients qui en avaient peur et son affection cardiaque était un traumatisme provoqué par son drame intérieur. J'étais désolé qu'il en soit arrivé là et je me reprochais de n'avoir pas été plus perspicace lorsqu'il m'avait rapporté les critiques de ses confrères à mon égard. C'était en fait un appel à l'aide inconscient auquel je n'avais pas répondu.

Que deviendrait Liam maintenant? Les gens victimes d'une affection qui peut être fatale ont à faire des choix douloureux s'ils veulent essayer de survivre. Il est beaucoup plus simple de se laisser faire un pontage, de payer la note et de se croire guéri. C'est la démarche courante même si elle n'est pas sans risques. Mais Liam était médecin et il savait que sa récente greffe n'était qu'une mesure provisoire et qu'il faudrait sans doute la réitérer dans quelque cinq ans et ainsi de suite. Combien de temps résisterait-il à ces «pontages émotionnels»?

Je n'eus plus de nouvelles de Liam pendant un mois puis j'appris, encore indirectement, qu'il avait repris son activité professionnelle. J'eus aussi un appel de cet ami commun qui s'était installé dans le Maine.

— À propos, lui demandai-je incidemment, as-tu entendu parler de Liam ces derniers temps?

— Non. Tu ne vas pas me dire qu'il pense à venir s'installer ici!

— Je ne crois pas, répondis-je en prenant garde de cacher ma déception. Quelles raisons aurait-il de le faire?

Le chant de la vérité

Il arrive que certains êtres se remettent en question soudainement sans que l'on sache vraiment pourquoi. La plupart du temps, cette démarche n'aboutit à rien. La période d'interrogation peut être un vrai bouleversement mais, le plus souvent, elle ne débouche pas sur une modification notable du mode de vie. Cela s'explique facilement. La force de l'inertie, la crainte de l'inconnu, la pesanteur des habitudes font que l'on reprend malgré soi le chemin parcouru jusqu'alors. Qui sait comment pourrait survivre un être entièrement rénové dans notre société aux règles établies? Dès notre enfance, nous avons appris à brider notre sensibilité, à nous refermer sur nous-mêmes, à nous rendre insensibles aux agressions extérieures. Nous avons saisi l'avantage qu'il y a à se durcir pour obtenir des autres ce que nous désirons. Cela nous a fait enfouir au fond de nous, sans qu'il disparaisse pour autant, ce conflit éternel entre l'amour et le pouvoir.

Liam s'y était heurté de plein fouet. À la place du pouvoir qu'il exerçait sur ses malades en leur imposant des traitements dont dépendait leur vie — ou leur mort —, il commençait à prendre en compte leurs frayeurs ou leur douleur, se plaçant ainsi dans une position insoutenable: d'un côté, il souhaitait éperdument conserver cette puissance sur autrui; de l'autre, il était tenté de prendre en compte la compassion qu'il éprouvait de plus en plus à leur égard. La compassion est une forme d'amour. Elle s'applique aux autres tels qu'ils sont, hors de toute conscience de soi-même et de ses qualités propres. C'est une dure épreuve pour l'amour-propre, mais en même temps la compassion est un mouvement spontané auquel il est difficile de résister.

Il s'agit là d'un sentiment inscrit dans les tréfonds de la nature humaine, même s'il est en général occulté par les réactions plus superficielles, mais naturelles aussi, de l'égoïsme. La tendance actuelle des psychologues est de considérer l'égoïsme comme un des premiers moteurs du comportement humain, mais les *yogis*, par exemple, considèrent que c'est absolument faux. Pour eux, la compassion, basée essentiellement sur l'amour, est une composante essentielle du caractère de l'être humain. Lorsqu'elle se manifeste, même l'espace d'un éclair, comme le soleil lorsqu'il surgit entre deux nuages, elle est l'expression de notre nature fondamentale. Pour le *yogi*, amour et non-amour ne s'opposent pas. Le premier est éternel, le second n'est qu'occasionnel et ne constitue qu'un accident dont est victime, provisoirement, la part la plus craintive et la plus étriquée de nous-mêmes.

Tout cela est difficile à prouver rationnellement, mais il est certain que chacun peut l'éprouver en constatant avec quelle joie et quel réconfort est accueilli l'amour sincère — un sentiment que chaque être humain reconnaît au fond de lui-même. Le non-amour est tout l'inverse: atteindre une grande puissance est rarement accompagné de joie.

Dans son ouvrage *Amour et volonté*, Rollo May cite l'exemple d'un de ses jeunes patients victime d'un non-amour lié à la détention d'un pouvoir. Ce garçon dont le père était directeur financier d'une grande société européenne avait entrepris une psychothérapie au début de ses études universitaires. Juste avant que ne commence la cure, le père avait appelé May pour envisager avec lui «l'optimisation de l'efficacité du traitement envisagé»... exactement comme il l'aurait fait pour mener à bien une réforme de la comptabilité de son entreprise. Chez lui, le contrôle de gestion prenait la place de l'amour paternel. Quand son fils tombait malade, il était capable de prendre l'avion aussitôt pour vérifier que tous les soins nécessaires lui étaient dispensés; mais en revanche il ne pouvait admettre que son fils ait des gestes de tendresse envers sa petite amie!

May observait que le père en question était d'une efficacité remarquable pour s'occuper des gens, mais il était incapable d'en véritablement prendre soin. Il pouvait leur donner son argent, mais pas son cœur. Il savait les commander, mais pas les écouter. La volonté de fer dont il croyait bon de faire preuve en toutes circonstances aboutissait en fait à paralyser sa sensibilité, à lui interdire toute écoute d'autrui et, plus particulièrement, de son fils. Cet homme exerçait son pouvoir sur les autres sans se soucier un instant des conséquences de son comportement. Par exemple, il racontait un soir, au dîner, comment il avait mené les tractations visant à racheter une petite entreprise détenue par un ami de son fils: furieux de voir que celles-ci traînaient en longueur, il avait purement et simplement annulé les discussions, se souciant peu d'avoir ainsi provoqué la faillite du propriétaire. Rien d'étonnant, avec ces méthodes, que son fils ait éprouvé de grandes difficultés à mener à bien ses études et ait connu des années d'anxiété avant de réussir à s'assumer lui-même.

Si le *yogi* arrive, lui, à supporter ce monde complètement faussé, c'est qu'il est convaincu que la vérité finira toujours par triompher. Malgré les manifestations constantes de l'égoïsme dans toutes les sociétés, il discerne le potentiel d'amour qui subsiste en chaque être. Comme le phénomène de la gravité commande l'univers physique, l'amour, observe le *yogi,* conditionne le fonctionnement de l'univers moral sans qu'aucune force inférieure ne puisse, au bout du compte, s'y opposer.

Cela dit, il n'est pas nécessaire d'attendre le Jugement dernier pour que triomphe la vérité. Le *yogi* prouve chaque jour que le perfectionnement intérieur peut être accompli en une existence. Aussi, la seule véritable question est de savoir quand surviendra l'instant où nous déciderons de devenir nous-mêmes. Il est vrai que l'existence, sous l'emprise de l'égoïsme, ne manque pas d'attraits: confort, sécurité, continuité, pouvoir. Mais la force d'expression de la vérité est telle que, mystérieusement, nous devons l'entendre un jour.

Je me rappelle un vers tendre et évocateur du grand poète soufi Djalāl Al-Din Rumi: «Quitte le cercle du temps pour celui de l'amour». Telle est la démarche que nous devons adopter. En fait, nous ne nous connaissons nous-mêmes que tels que nous a façonnés le temps. C'est pourquoi le temps est l'ennemi de notre esprit et empêche l'amour d'y pénétrer. Aussi faut-il dépasser le temps pour prendre la mesure de sa propre valeur en découvrant la faille par laquelle entrera l'amour.

Il est vrai que cette faille, lorsqu'elle se révèle, rend l'être vulnérable et sans défense, ainsi que l'éprouvait si fortement Liam, mais ce n'est pas une mauvaise chose. Ces troubles doivent être bien accueillis car ils annoncent l'ouverture possible vers une nouvelle vie. Ils comportent, il est vrai, des dangers car se transformer c'est aussi se découvrir, se trouver aussi nu et sans défense qu'un oisillon tout juste sorti de l'œuf!

Lors d'une causerie sur la nécessité de sortir des contraintes du temps, sur la recherche permanente du non-temps, un maître spirituel se vit interrompre par l'un de ses auditeurs, qui lui objecta, anxieux: «Mais si je dépasse le temps, ne vais-je pas manquer mon train du matin?»

La réaction première de la plupart des gens auxquels on propose ce genre d'exploration est en effet cette peur que le sol se dérobe sous leurs pieds, que s'évanouisse ce monde familier où les trains partent et arrivent à l'heure.

Ce n'était pas le sentiment du poète Alfred Lord Tennyson lorsqu'il écrivait que, pour lui, le sentiment d'être totalement libéré des barrières du temps n'était

«…pas un état confus, mais la plus claire des clartés, la plus certaine des certitudes, un univers inexprimable où la mort semble une hypothèse dérisoire.»

Une telle conviction prouvait que le poète avait poussé fort loin ses investigations. Comme l'ont observé tous ceux qui, au cours des temps, ont atteint l'état d'éveil, Tennyson concluait que lorsqu'il a pu sentir, en de rares circonstances, son individualité «se fondre dans un état d'être sans limite», il a compris ce qu'était «le véritable soi».

À en croire Tennyson, chacun de nous vit en dehors de son véritable soi, hors de la clarté et de la certitude. Nous sommes la proie du temps, et de la douleur qu'il apporte, et nous mourons de peur à l'idée de la mort. Pourtant, même si l'on admet que la réalisation du «véritable soi» n'est atteinte que par les saints et les poètes, notre expérience quotidienne est beaucoup plus profonde que nous ne voulons le reconnaître.

D'abord, nous passons une grande partie de notre vie à cet acte suprêmement créateur qui est la construction de notre moi. Si celui-ci n'est pas parfait, nous ne sommes pas pour autant des constructeurs incapables: nous subissons plutôt le poids de nos anciennes erreurs, qui se sont intégrées à notre être. De plus, ce n'est que depuis l'âge adulte que nous est échu le devoir de façonner notre moi. Auparavant, il s'était formé, depuis notre tendre enfance, sous l'influence de nos parents qui nous ont modelés à notre insu.

Dans l'idéal, il aurait fallu que notre enfance fut pourvue, selon Alice Miller: «...de la présence d'une personne totalement consciente de nous, nous prenant au sérieux, nous admirant et nous comprenant». La conscience joue ici un rôle primordial, plus que les mots ou les actes des parents à destination de leurs enfants. Les mots «Maman t'aime» ou «Tu es gentil» n'ont guère de sens hors de la voix et du regard qui les accompagnent. Un regard et un ton pleins d'amour transforment ces mots en nourriture; un regard et un ton sans aménité peuvent faire des mêmes mots un poison.

Il va de soi que la vie ne se déroule pas, de génération en génération, dans les conditions idéales décrites ci-dessus par Alice Miller. Cette dernière cite par exemple le cas d'un Grec, restaurateur dans la trentaine, qui un jour s'est vanté devant elle de ne jamais boire une goutte d'alcool et cela grâce à son père. Un soir, en effet, à quinze ans, il était rentré chez ses parents complètement ivre. Son père lui avait infligé une telle raclée qu'il n'avait pas pu bouger pendant huit jours. Depuis lors, il n'avait plus jamais touché à l'alcool.

Comme cet homme allait se marier, Alice lui demanda s'il battait, lui aussi, ses enfants.

«Bien sûr, répondit-il. Il faut bien les battre pour bien les élever, c'est le meilleur moyen de se faire respecter. La preuve: aujourd'hui encore, il y a des choses que je ne fais pas devant mon père, par respect pour lui, fumer par exemple.»

Ce Grec déraisonnait sans s'en rendre compte. Il trouvait normal de briser la personnalité d'un enfant. Il envisageait sans scrupules de faire vivre ses enfants dans la crainte des plus sévères châtiments. Il confondait respect et terreur. Il est constant que ce genre d'erreur se transmette d'une génération à l'autre, tant que l'une d'elles n'a pas trouvé comment l'éviter. Les âmes brisées ne voient aucun mal à briser celle de leurs enfants.

L'idéal serait que les parents arrivent à devenir le prolongement intelligent du psychisme de leur enfant. En lui renvoyant une image de ses sentiments réels, ils l'aideraient à se modeler selon son propre psychisme et aussi selon le leur. S'il se met en colère, par exemple, et qu'on lui répond par une phrase ou un regard de compréhension signifiant: «Je sais ce qui te contrarie», sa mauvaise humeur fait son chemin pour vite s'évanouir. C'est le refoulement de nos sentiments, ceux que nos parents dénonçaient comme «mauvais», qui a enfoui en nous tant de conflits qui nous handicapent chaque jour. Sans le secours de cette interaction sensible et aimante qui devrait s'établir dès la naissance, nous passons notre vie traumatisés, incapables de nous accepter, sans jamais vraiment savoir pourquoi.

À défaut d'avoir reçu cette éducation idéale, on peut au moins espérer se la dispenser soi-même. On lit souvent dans les anciens textes indiens que la pratique du yoga amène à se substituer à ses propres parents. «Mourir à vos père et mère», si souvent conseillé dans les *Upanishads*, ne veut pas dire qu'il faut fuir ses parents ou leur tourner le dos mais qu'on doit prendre en charge soi-même son développement intérieur et façonner cette conscience capable de prendre et de donner qui est le propre d'une personne accomplie.

L'art de ne pas faire

Le tapis d'Orient de ma chambre est inondé de la lumière du soleil levant, mais je ne le vois pas: assis dans un fauteuil, yeux fermés, je médite. Des pensées me traversent l'esprit. Je discerne quand même les criailleries des moineaux sur le rebord de la fenêtre et le tic-tac de l'horloge dans la pièce. Je me gratte l'oreille, je me cale dans mon fauteuil, à ma fantaisie. Ce n'est pas l'image que la plupart des Occidentaux se font de la méditation. Ils imaginent plutôt des rangées de moines en robes oranges, assis le dos droit et recueillis dans une pièce sombre et glaciale sous l'œil vigilant d'un vieux maître qui les rappelle à l'ordre d'un coup de sa tige de bambou s'ils viennent à incliner la tête ou à laisser s'affaisser leurs épaules.

Cette atmosphère de renoncement impressionne la plupart d'entre nous, et nous sommes aussi prompts à admirer la force de caractère de ceux qui s'y engagent qu'à refuser pour nous-mêmes une telle rigueur. Mais l'apparence est trompeuse. Le but de la méditation peut être atteint sans recours à la moindre ascèse. Les détails comme s'asseoir dans une position déterminée, rythmer sa respiration ou s'habiller de telle ou telle façon relèvent vraiment de la mise en scène.

J'aurai plus vite fait, pour relater mon expérience personnelle, de dire ce que je ne fais pas lorsque je m'assieds pour méditer: je ne cherche pas à me concentrer sur une idée déterminée; je ne m'inspire pas d'idées religieuses ou introspectives; je ne compte pas et ne rythme pas mes respirations; je ne m'efforce pas de faire venir ou de chasser certaines pensées; je n'essaie pas de provoquer ou d'éviter aucun état particulier; je ne prête à mon corps aucune attention spéciale et ne tente pas d'en relaxer certains éléments; si le sommeil me prend, je ne m'en défends pas.

«Que faites-vous alors?» me demanderez-vous. En réalité, *je ne fais pas* quelque chose. J'attends que cesse mon activité mentale habituelle, mais sans lui imposer cet arrêt. Je tâche d'aller au-delà du bruit intérieur des sensations et des pensées afin de laisser apparaître le témoin silencieux qui m'habite. Alors, l'esprit peut s'ouvrir à lui-même et se guérir. «Ne pas faire» n'est pas «ne rien faire». La différence est subtile. Les pensées et les sensations qui habitent notre univers mental sont continuellement en action. Leur intimer de s'estomper, de se taire, ne suffit pas à les arrêter. Aucune pensée ne peut les interrompre. On peut essayer tout simplement de s'asseoir et d'attendre que l'activité mentale s'arrête de son plein gré. Les traditions indienne et zen préconisent des méditations de ce genre, mais la plupart des novices qui essaient de pratiquer cette méthode la trouvent épuisante et peu efficace. Un esprit livré à lui-même a tendance à courir dans tous les sens comme un singe ivre, ainsi que le décrivent les écritures indiennes. Regarder errer son univers mental pendant des heures peut perturber gravement. Il n'y a d'ailleurs aucune raison pour que celui-ci accède au silence en état de veille.

On peut tenter de fixer l'esprit sur un point déterminé: c'est ce qu'on appelle la concentration. On compare souvent cette démarche à celle qui consiste à essayer de faire tenir droite la flamme d'une bougie exposée au vent! La concentration n'est pas la pensée active, mais elle est encore un mouvement, du fait même qu'elle cherche à obliger l'esprit à revenir à son but chaque fois qu'il recommence à errer. Cela nécessite une tension considérable et les résultats risquent d'être décevants par rapport aux efforts exigés.

Plus on s'obstine dans cette manière de faire, plus «ne pas faire» semble inaccessible. Comment la moindre forme d'activité mentale pourrait-elle arriver à calmer l'esprit? Les anciens *rishis* ont maîtrisé cet art extrêmement exigeant après avoir observé que le monde mental était constitué de plusieurs couches. Freud, plus tard, leur a donné entièrement raison. Mais ils ne se préoccupaient toutefois pas du contenu de ces couches superposées (qu'elles soient le réceptacle des peurs d'enfant, des colères refoulées ou des désirs sexuels inhibés). Ils constataient uniquement que les couches profondes de l'esprit s'agitaient moins que celles de la surface.

Cette observation intuitive leur avait permis de concevoir que la méditation ne pouvait porter fruit que grâce à un mouvement vertical — un plongeon dans les profondeurs du monde mental — et non par un combat de surface. Il fallait, en quelque sorte, que l'attention du méditant dépasse l'activité superficielle et anarchique de l'esprit, traverse les couches subtiles de la pensée pour atteindre enfin le silence. La métaphore précédente se raffine: plutôt que d'assujettir un singe ivre, il faut pouvoir ramper au milieu d'un troupeau d'éléphants endormis sans en réveiller aucun!

Pour traverser toutes les couches du monde mental, il faut piloter un véhicule susceptible de vous mener au-delà du processus de la pensée. En Méditation Transcendantale, ce véhicule s'appelle un *mantra*. C'est un son mental spécifique dérivé du sanskrit mais dénué de signification. Un *mantra* ne vaut que par son aptitude à porter progressivement l'attention d'une personne à des niveaux de plus en plus calmes du monde mental.

Le monde mental de chaque individu étant constitué de couches innombrables, le choix d'un mantra et son mode d'utilisation sont extrêmement délicats. Lorsqu'un *mantra* a été sélectionné, transmis et employé correctement, son usage ne requiert pas plus d'efforts que toute autre forme d'activité mentale. Il débute comme une pensée normale, puis se manifeste en niveaux sonores de plus en plus ténus jusqu'à disparaître complètement, laissant l'esprit dans un complet silence.

Beaucoup de méthodes de méditation utilisent un son ou une image comme véhicule. Ces techniques semblent toutes similaires. En fait, de nombreuses questions essentielles doivent être posées pour jauger l'efficacité d'une méthode. En premier lieu: Mon esprit a-t-il effectivement rencontré le silence qu'il recherchait? Pendant et après ma méditation, me suis-je senti à l'aise? Mon ancien moi a-t-il commencé à changer à la suite de la méditation? Y a-t-il maintenant plus de vérité en moi-même? Il revient à chacun de répondre à ces questions essentielles.

Il y a dix ans que Patrick, l'un de mes amis, s'est mis à méditer. Il l'avait fait pour se sortir d'une situation désastreuse, tant sur le plan personnel que sur le plan financier:

«Vers la fin des années soixante-dix, m'expliqua-t-il, je commençais à peine à émerger de la période la plus mouvementée de ma vie. Depuis des années, j'avais considérablement investi dans le marché immobilier, acquérant coup sur coup des immeubles locatifs grâce à des méthodes spéculatives. Au début, c'était très excitant de voir des dizaines de millions s'accumuler, du moins sur le papier. À quel moment le succès commence-t-il à vous quitter? On ne le sait jamais exactement. Toujours est-il que, la conjoncture ne semblant pas plus mauvaise qu'avant, je commençai à perdre pied. Mon capital immobilier a commencé à se dégrader et, malgré mes efforts, la déroute s'accentuait. Je me suis mis à boire et à négliger ma famille, ce qui a complètement affolé ma femme. Je ne m'en rendais pas compte car j'étais englouti dans une catastrophe financière et je ne pensais qu'aux moyens de me sauver moi-même.»

Tandis que s'aggravaient inexorablement ses difficultés, sur un coup de tête, Patrick se mit à méditer. Dès le départ, ce fut pour lui une révélation.

«La première fois que j'ai médité, me confia-t-il, le résultat fut spectaculaire, au moins pour le bien-être que j'ai ressenti en voyant s'éloigner mes formidables conflits intérieurs. Les moments de transcendance effective — c'est-à-dire d'accès au niveau de silence mental — n'étaient que très brefs au début. À plusieurs reprises, je me suis étonné que cela n'ait pas plus d'effet. Je n'observais pas de transcendance bien nette dans mes méditations, sauf quand j'atteignais fugitivement des périodes silencieuses. Je devais cependant me rendre à l'évidence: quand je rouvrais les yeux, je me sentais différent.»

Il est vrai que notre personnalité peut être transformée par une seule méditation. Nous n'en sommes pas conscients mais protéger nos vieilles habitudes et le personnage que nous nous sommes fabriqué durant toute notre vie exige un effort considérable. L'ego isolé reste constamment en alerte. Se sent-il menacé par une situation nouvelle? Va-t-il obtenir d'un tel ce qu'il espère? Son besoin permanent d'autoprotection est sans doute trop subtil pour qu'il le détecte, mais il occupe une part énorme de son inconscient.

On le voit, la méditation ne s'embarrasse pas d'analyse. Le conditionnement ancien se dissout sans qu'on en ait vraiment conscience, sans que l'on identifie clairement l'instant libérateur. L'esprit instruit du moyen de passer de l'activité au silence atteint le résultat escompté. Les tensions s'accumulent entre l'esprit actif et l'esprit silencieux. Le fait que l'attention traverse cette région de l'esprit est suffisant pour les dissoudre. Comme l'activité mentale est nécessaire au maintien des mouvements du faux moi, mettre fin à cette activité c'est évacuer le faux moi en question. Ce n'est pas l'être qui tente de quitter ses peurs, ce sont elles qui le quittent.

«La méditation m'a fait constater que je commençais à me reconstituer sans que pour autant je sois vraiment tiré d'affaire, se rappelait Patrick. Les répercussions de mes problèmes sur ma vie personnelle étaient considérables, à tel point qu'un jour, en rentrant chez moi, j'ai trouvé la porte close. Ma femme refusait de m'ouvrir. Elle ne répondait pas non plus au téléphone. Humilié, hors de moi, en plein désastre moral, je me suis dirigé vers le jardin public pour y marcher un peu. Puis je me suis assis dans l'intention de méditer. Apparemment, cela ne me calmait pas; je restais agité et angoissé.

Pourtant, lorsque je rouvris les yeux, j'éprouvai un sentiment extraordinaire. Mon esprit était devenu soudainement tranquille. Je me suis mis à penser, mais la première idée qui m'est venue s'est aussitôt installée dans le silence, comme une goutte se dilue dans une mare immobile. La lumière m'est alors apparue plus brillante qu'à l'ordinaire et les cris des enfants jouant aux alentours me semblèrent les sons les plus joyeux que j'aie jamais entendus. Il m'est difficile de rendre compte de l'extraordinaire sentiment de liberté que j'éprouvais en cet instant. J'avais l'impression que des séries de couches mortes tombaient d'elles-mêmes en découvrant la partie véritablement vivante et sensible de ma personne. Je me suis remis à marcher et j'ai constaté que tout avait pris cette même qualité vibratoire. Je n'éprouvais plus mes précédents sentiments d'isolement et de honte. Je n'étais plus cet être souffrant qui s'était assis sur un banc public une demi-heure plus tôt.»

Il me semble que Patrick était arrivé, là, au stade de cette percée que provoque la méditation où le soi dépasse l'ego avec une intensité progressive jusqu'à se trouver en parfaite union avec tout et à ne faire qu'un avec le monde, comme le décrit une ancienne *Upanishad*. L'accès du soi étriqué au niveau universel peut ne durer qu'un instant, mais il débouche sur le véritable soi. Garder en permanence ce niveau de vérité personnelle n'est ensuite qu'une affaire de temps.

Alors qu'il vivait les meilleurs moments de son expérience, Patrick a été abordé par un mendiant.

«J'étais alors totalement perdu en moi-même quand j'ai vu cette sorte d'épave s'approcher de moi. J'ai honte d'employer cette expression car, à ce moment-là, il ne m'apparaissait pas ainsi, il sortait de cette définition, il était aussi vivant et vibrant que tout le reste. Lorsqu'il ne fut plus qu'à un mètre de moi, j'ai constaté que ses yeux avaient changé, ils étaient brillants et doux. Je lui ai demandé ce qu'il voulait et il a hésité à me répondre, gêné. Puis il m'a dit: ‹Je ne veux rien, je voudrais simplement que vous soyez heureux.› Venant d'un mendiant, cela me semblait étrange et j'ai vu qu'il en était lui-même surpris. C'était comme s'il avait été pris dans l'expérience que j'étais en train de vivre. D'une voix intensément joyeuse, je lui répondis: ‹Oui, je suis heureux, très, très heureux.› J'aurais voulu le prendre dans mes bras, tout sale et répugnant qu'il fut!

L'homme repartit et je fis de même, mais lorsque nous fûmes à quelques mètres l'un de l'autre, je me retournai et vis qu'il m'observait, abasourdi. Lorsque son regard croisa le mien, il se détourna et cette fois il partit pour de bon. Qu'a-t-il cru voir dans mes yeux? Pas seulement de l'ahurissement, je l'espère, car, quelques secondes plus tôt, je l'aimais profondément.»

L'amour inconditionnel

Cette mystérieuse rencontre entre Patrick et cette «épave» humaine nous donne l'occasion de nous interroger sur la notion d'amour inconditionnel dont on discute beaucoup dans les traités de psychologie populaire. Elle semble aller à l'encontre de l'essence même de l'amour qui est fondé sur la relation. L'amour entre époux n'est pas le même que celui qui unit une mère à son enfant. La différence réside dans le type de relation qu'entretiennent les deux êtres. En l'absence de relation, il est difficile d'imaginer comment peut naître l'amour.

Constatons que, dans le cas qui nous occupe, Patrick n'avait eu aucune relation préalable avec le mendiant. Ils étaient totalement étrangers l'un à l'autre et leurs conditions respectives ne pouvaient que leur inspirer méfiance ou hostilité. Même si l'on peut souhaiter qu'il n'en soit point ainsi, il est pratiquement impossible d'éprouver de l'amour pour un homme en ruine, déguenillé et qui sent mauvais. Ce dernier inspire plutôt le dégoût et nous nous appliquons à l'éviter pour ne ressentir ni peur ni mépris.

Il est vrai, à la lumière de ces considérations, que c'est lorsque n'existe aucune forme de relation que peut se faire jour une forme d'amour qu'on peut appeler inconditionnel. Lorsqu'on n'a aucune relation avec quelqu'un, on est automatiquement ramené à soi-même. Les sensations qu'on éprouve ne proviennent pas de ce qu'on espère de l'autre, elles surviennent tout simplement. Si une voiture heurte la mienne, dans la circulation, j'éprouve spontanément de la colère. Je vais peut-être le regretter dans quelques instants mais, sur le coup, mon niveau de conscience ne m'a pas donné d'autre choix. Patrick, lui, venait de porter son niveau de conscience au-delà de ses limites normales. C'est pourquoi sa réaction, elle aussi, était hors du commun. Sans doute sa méditation sur le banc public ne fut-elle pas la seule cause de ce changement soudain. Il avait dû également vivre un phénomène que les Indiens nomment le «yoga du désespoir», sorte de percée spontanée dans un état de conscience supérieure, lorsque le psychisme aux abois ne trouve pas d'autre issue.

Quoi qu'il en soit, Patrick s'était trouvé dans un état qui transcendait la perception normale. Comme un pilote d'avion qui traverse une épaisse couche de nuages et découvre au-delà le soleil rayonnant et le ciel bleu, il ne voyait, dans son nouvel horizon, que la lumière de l'amour. Il ne pouvait s'y soustraire, de même que je ne peux réprimer ma colère quand une voiture heurte la mienne.

Selon les *rishis*, l'amour inconditionnel est une qualité transcendantale qui s'infuse dans l'esprit au cours de la méditation. Lorsque cette dernière vous porte au-delà de la conscience de veille normale, la transcendance amène le sujet en contact avec l'amour inconditionnel dans son état silencieux, non manifesté, ce qui signifie qu'il n'a aucun objectif. Il vibre simplement, témoin silencieux, comme un signal radio qui n'est pas encore capté. Après la méditation, un peu de cette qualité transcendantale subsiste dans la conscience ordinaire. Une vibration nouvelle pénètre dans l'ancienne conscience, qui s'en trouve transformée d'une façon infime sans doute mais bien réelle.

Ce n'est pas là l'acception usuelle de l'expression *amour inconditionnel*. Littéralement, l'amour n'est inconditionnel que s'il s'applique à une personne, indépendamment de ce qu'elle fait, ce qui peut requérir un effort de volonté surhumain. Il faudrait être un saint confit de dévotion pour répondre par la douceur et la lumière à l'insolence, la colère, la jalousie, le mépris ou à tout comportement dépourvu d'amour. Un tel comportement, malgré toute son apparence de compassion, friserait même le déni de soi, voire le masochisme.

Selon les *rishis*, l'amour inconditionnel ne nécessite aucun effort. Un être qui éprouve de l'amour quoi que fasse l'autre ne fait que suivre sa nature. On ne peut lui en vouloir d'agir ainsi. Il est difficile d'agir autrement que selon son propre niveau de conscience. Pour sourire au passant qui vous heurte dans la rue, encore faut-il avoir envie de sourire. Dans le cas contraire, il s'agit d'une réaction calculée. Or, nous l'avons vu précédemment, le calcul est la première des stratégies du faux moi. Il calcule quand il peut sourire, pour ne pas montrer surtout les émotions qu'il ressent véritablement. Le tact et la diplomatie, qui sont en général considérés comme de grandes qualités, peuvent également être considérés comme un art subtil du mensonge.

La conscience de chacun de nous rayonne dans le monde et s'y réfléchit pour nous revenir. Si nous émettons de la violence ou de la peur, ce sont ces sentiments qui nous reviennent. En revanche, si c'est l'amour inconditionnel qui émane de notre être, le monde nous le renverra, même par l'intermédiaire des yeux d'une épave humaine. Les bienfaits dispensés par ce genre de conscience sont considérables. J'en vois l'illustration dans un émouvant récit de R.D. Laing.

Un jeune Écossais de quatorze ans, nommé Philipp, rentrant chez lui un soir après la classe, trouva sa mère morte, baignant dans une mare de sang. Atteinte d'une tuberculose avancée, elle n'avait pas résisté à une soudaine hémorragie pulmonaire.

Le père du jeune garçon, au lieu de l'aider à surmonter ce choc émotionnel et son chagrin, ne cessa de l'accuser d'être responsable de la mort de sa mère, trop éprouvée par sa grossesse, son accouchement et sa charge d'éducation. Cela dura deux mois au bout desquels Philipp, rentrant toujours de l'école, fit une nouvelle découverte macabre: son père s'était suicidé.

Six mois plus tard, Laing fit la connaissance de ce garçon dans un hôpital psychiatrique de Glasgow. Il était dans un état de délabrement étrange:

«Il sentait horriblement mauvais, affecté d'incontinance d'urine et de selles. Il avait tendance à tituber, il avait une démarche curieuse. Il gesticulait sans raison, sans rien dire, et semblait totalement absorbé en lui-même, indifférent à son entourage.»

Quoiqu'il fut entouré de médecins et d'infirmières dont la tâche était de prendre soin de lui, Philipp n'était pas vraiment soigné. Il avait découragé toutes les compassions. Il était trop bizarre et trop dégoûtant pour que quiconque ait le courage de rester à ses côtés plus de quelques minutes et encore moins de lui venir en aide. Outre son bégaiement, ses tics continus le rendaient inabordable: battements de paupières, regards fugaces, saccades de joues, claquements de la langue, des mains, des doigts. Pis encore, sa totale indifférence à son entourage l'avait isolé complètement des autres patients et avait monté tout le personnel contre lui.

Après deux mois d'hôpital, son état ne semblait pas s'améliorer.

«Le diagnostic était péremptoire, notait Laing: schizophrénie catatonique aiguë (à tendance chronique). Chaque fois qu'il parlait, il manifestait des hallucinations et des fantasmes nettement paranoïaques.»

Laing prit en pitié cette créature en ruine. Philipp n'avait aucun parent, aucun ami qui put l'accueillir. Il était condamné à passer sa vie comme un rebut de la société. Laing décida d'installer Philipp chez lui et le présenta à son épouse et à ses trois enfants en bas âge. Il avait eu l'idée et le courage de faire cela après avoir constaté que lorsqu'il lui parlait, seul à seul dans son bureau, hors du service psychiatrique, le garçon devenait plus calme. Il commençait à s'exprimer intelligemment et, bien qu'il n'évoquât que des fantasmes — l'énorme sphère du service psychiatrique dans lequel il n'était qu'une épingle, les êtres interstellaires qui lui rendaient visite, la voix d'un homme noir qui lui parlait à l'oreille la nuit — son cas ne semblait pas désespéré. Ses gesticulations et ses tics s'atténuaient dans le cabinet de Laing, il y contrôlait beaucoup mieux ses fonctions corporelles et, surtout, ses traits figés s'animaient d'un éclair de gratitude lorsque le psychiatre lui proposait son aide.

Tous ces indices avaient convaincu Laing que c'était l'attitude des médecins et des infirmières envers Philipp qui le maintenait dans la folie.

«Il est vrai, observait Laing, qu'il provoquait chez tous les gens qui l'approchaient des sentiments de répulsion dus à son aspect et à son odeur, mais aussi de la pitié tant il était repoussant et, à l'évidence, malheureux. Aussi, tout le monde s'efforçait de se montrer aimable avec lui tout en essayant... de l'éviter le plus possible! Pourtant, cliniquement, la droiture et la franchise à son égard, une attitude bienveillante semblaient provoquer d'étonnantes rémissions de ses symptômes.»

Il apparaissait évident que Philipp était classé malade mental, parce que ceux qui prenaient soin de lui avec un air attentionné n'étaient pas vraiment sincères et qu'il le sentait. Dès que Laing eut pris cette incroyable décision d'installer chez lui un schizophrène catatonique, ce dernier fit des progès inimaginables. Son incontinence prit fin au moment même où il entra dans la maison. Au bout de deux semaines, il tremblait encore mais ne titubait plus. Il se mit à parler, toujours en bredouillant mais d'une façon cohérente. Trois mois plus tard, il allait assez bien pour être admis dans une famille d'accueil. Il n'y avait plus à craindre qu'il soit reclus à vie dans un hôpital psychiatrique.

Laing n'avait pas jugé nécessaire d'appliquer une psychothérapie à Philipp tant que celui-ci restait sous son toit. Il s'était contenté d'avoir à son égard une attitude de sincérité sans hypocrisie émotionnelle, c'est-à-dire en réagissant sans détour à ce qui allait bien et à ce qui allait mal.

Quinze ans plus tard, Philipp est revenu pour faire savoir ce qu'il était devenu. Laing s'est contenté de noter, sans commentaires:

«Il était marié, avait deux enfants, un travail régulier et suivait des cours du soir en psychologie.»

On constate à l'évidence que la santé mentale de Philipp avait été conditionnée presque exclusivement, à l'époque, par des sentiments qu'éprouvaient réellement à son égard les personnes de son entourage. Artificiellement aimé et soigné à l'hôpital psychiatrique, il se trouvait enfermé dans un faux moi car les sentiments dont on faisait montre à son égard étaient eux-mêmes faux. Au-delà, apparaissait le véritable message: l'amour affiché n'était qu'un moyen pour le maîtriser, c'était un stratagème de pouvoir.

Par bonheur, ce garçon rencontra un homme qui le regardait à la lumière d'un amour authentique et c'est l'aspect le plus émouvant de cette histoire. Laing ne fait pas état de l'amour. Il place ses motivations à un niveau simplement humain: «Je le plaignais sincèrement, j'étais très désireux de l'aider.» Il avait quand même établi un rapport qui reflétait loyalement la conscience que chacun avait de l'autre. L'intensité de la vie, si claire, si saine et si aimante, qui irradiait de lui avait ému le jeune garçon. Ce qui s'est passé entre eux semble avoir coulé de source. Il faudrait qu'il en fût ainsi entre chacun de nous. Un moi authentique s'adresse à l'autre avec le langage du cœur et la guérison peut émerger de cette relation.

L'amour est sans risque

À en croire les *rishis*, la disparition du faux moi entraîne celle de la peur et de la soif de pouvoir qui saisit tous les gens craintifs. Le pouvoir est une forme d'autoprotection, mais quand la peur s'en va, la protection n'est plus nécessaire. Le moi véritable est l'amour même et pouvoir aimer tout le temps est ce que chacun peut souhaiter de mieux. À ce moment-là, le conflit amour-pouvoir n'a plus de raison d'être. Tagore l'explique avec limpidité: «L'amour n'est pas seulement une impulsion; il contient la vérité, donc la loi.» J'ai la preuve ici qu'il a raison car j'ai rencontré des gens qui vivaient sous cette loi.

«Je roulais sur l'autoroute, m'a raconté Christophe, tout en cherchant la sortie vers le péage, lorsque j'ai remarqué une sensation inhabituelle dans ma poitrine. Au début, c'était comme une douceur ou ce fourmillement que je ressentais, brièvement, quand je méditais. Mais cette fois, le phénomène s'intensifiait et, au lieu d'une chaleur physique, c'étaient des vagues d'émotion qui, l'une après l'autre, déferlaient en moi.»

Les yeux brillants, Christophe poursuivit:

«C'était de l'amour, mais beaucoup plus pur et concentré que je ne l'avais jamais ressenti. J'ai lu plusieurs textes qui comparent l'ouverture du cœur à celle d'une fleur — on ne peut pas croire que de pareilles choses puissent se produire dans la vie courante, sur une autoroute à six voies, par exemple. Et pourtant, c'était bien ça: mon cœur s'épanouissait comme une fleur, me submergeant dans une délicieuse sensation d'amour. Bien que je sois parvenu, curieusement, à garder mon attention à la route, j'ai décidé de m'arrêter. Je suis entré machinalement dans un relais routier, je suis resté planté devant les hamburgers et les salades, vivant l'expérience la plus merveilleuse de ma vie.»

Je rencontre Christophe de temps à autre, au centre de Méditation Transcendantale de Boston. Ce garçon a été directeur de banque et animateur social. À première vue, son comportement réaliste est loin de vous laisser croire que son cœur peut s'ouvrir comme une fleur. Mais on remarque vite que sa voix est chaleureuse et sans artifices et qu'il est très tolérant avec autrui; on admet facilement qu'il a une profonde expérience du cœur.

Quand il s'est mis à la méditation, il y a dix-sept ans, ses relations avec les autres étaient normales, quoique approfondies.

«Je débutais comme animateur social, à cette époque, et j'essayais de mettre en présence des gens qui, normalement, ne se seraient pas fréquentés. J'observais autour de moi, en effet, tant de haine injustifiée chez des personnes qui, tout simplement, n'avaient jamais franchi les barrières raciales ou sociales pour se parler!

J'ai participé à l'organisation d'une importante coopérative alimentaire dans un quartier pauvre. Tout le monde pouvait y prendre part sans considération de classe ou de revenus. Nous achetions de la nourriture pour la revendre à prix coûtant et chacun devait un peu payer de sa personne, consacrer par exemple une heure par semaine à aller chercher la nourriture chez les grossistes, balayer les locaux de la coopérative ou assumer quelque autre tâche. Le principe était que, si les gens mettaient la main à la pâte, ils prendraient conscience de l'utilité de leur travail. Ils se rendraient compte que le magasin ne pouvait pas fonctionner s'ils n'effectuaient pas les approvisionnements, qu'il ouvrirait en retard s'il n'était pas balayé ou que les prix monteraient si la caisse n'était pas tenue honnêtement.

Jamais je n'ai formé tant d'espoir que le jour de l'ouverture de cette coopérative, mais il faut dire qu'un mois plus tard j'étais franchement découragé. Les gens travaillaient en amateurs, bâclaient les approvisionnements, esquivaient le balayage, prenaient de l'argent dans la caisse sans vergogne.

Cette expérience m'a convaincu que ce ne sont pas les institutions qui peuvent changer fondamentalement la nature humaine. Mais je ne pouvais supporter de ne rien faire.»

Tandis qu'il perdait ses illusions sur les actions sociales désintéressées, Christophe s'engageait de plus en plus dans la méditation.

«J'avais un désir éperdu de favoriser la coopération et l'amour entre les gens, mais je n'arrivais pas à établir un contact suffisamment approfondi avec eux, du moins à longue échéance. Je me heurtais toujours à des barrières et à des difficultés d'ordre personnel. La déception était inévitable, quel que soit le niveau de l'idéal.

Ne trouvant pas de solution, je cessai de me focaliser sur cet irritant problème. Je résolus de travailler sur moi-même puisque, tout compte fait, j'étais un élément essentiel dans chacune des relations que je souhaitais améliorer. Peu à peu, le changement s'est fait, en profondeur. J'ai ressenti moins d'angoisse dans les situations difficiles et éprouvé plus d'indulgence à l'égard des gens que j'avais classifiés mauvais ou négligents selon mes normes à moi. J'ai mis longtemps à croire que je pouvais être le centre de ce changement. Mais comment expliquer autrement l'amour qu'ils me prodiguaient, même lorsque je ne les connaissais pas?»

Parvenu à ce stade, Christophe avait déjà acquis cette conscience nouvelle que dispense l'amour inconditionnel. Même la psychologie traditionnelle reconnaît que le meilleur moyen d'améliorer le comportement des autres est de modifier le sien propre. C'est ce que découvrit Christophe en observant, par exemple, que lorsqu'il entrait dans une banque, chacun se mettait à sourire; quand il présidait une réunion de quartier où les affrontements sont parfois sévères, ses interventions apaisaient l'atmosphère.

«Je n'arrivais pas à intégrer ce phénomène inexplicable, avouait-il, jusqu'au moment où j'ai radicalement modifié ma vision de moi-même. Jusque-là, j'avais accordé beaucoup d'importance à mon ego et aux efforts que je déployais. Je pensais que l'impact que je pouvais avoir sur le monde découlait de ma capacité d'agir ou, tout au moins, de penser. Or, je ne faisais rien, sinon exister. Ainsi en ai-je conclu que mon impact venait de ma manière d'être.»

Je demandai un jour à Christophe de revenir sur ce qu'il avait vécu sur l'autoroute, lorsqu'il s'était senti envahi par des vagues d'amour.

«Il me semble, me répondit-il, que cet épisode montrait qu'un certain aspect de mon évolution atteignait un point culminant. J'avais cru jusque-là que je ne pouvais ni attendre ni recevoir d'amour sans entretenir une relation avec une autre personne, et voilà qu'il émergeait soudain spontanément, tout au fond de moi. En un sens, j'étais choqué car cela pouvait signifier que les manquements des autres, leur égoïsme et leur haine étaient d'une certaine façon centrés sur moi également. Mais ce qui était indéniable, c'est que tout changeait autour de moi, tandis que je changeais moi-même.

Avec le temps, j'ai cessé de combattre intellectuellement ce phénomène. J'en ai pris l'habitude. Je ne dépendais plus des autres pour ressentir profondément que j'aimais ou que j'étais aimé. En me rapprochant de moi-même, je me mettais à me rapprocher des autres mieux que jamais.

Cette ouverture de mon cœur m'a submergé pendant trois quarts d'heure environ. Cette expérience est un acquis. Depuis maintenant deux ans, je suis toujours une personne aimante. Je ne suis pas pour autant d'une bonté béate quoi que fassent les gens. Je suis capable de me fâcher et de les critiquer lorsque je pense qu'ils font fausse route. Mais ma réaction n'a rien de destructeur.»

Je pensais aux efforts gigantesques que nous déployons pour nous protéger des blessures émotionnelles sans comprendre que nous laissons ainsi de côté tout ce qui fait l'intensité de la vie. Il peut être nécessaire de défendre le cœur lorsqu'il est trop faible et effrayé par l'amour. Mais pour Christophe, tout a changé à un certain moment. Il pouvait désormais laisser l'amour s'écouler quand et où celui-ci voulait. Il était devenu capable d'accueillir les autres sans défense, sans crainte, dans l'espace élargi de son être propre. Une observation qu'il a faite m'est restée particulièrement en mémoire:

> «Avant, je faisais tant pour aimer, sans y arriver, et maintenant je ne peux plus arrêter l'amour, quoi que je fasse.»

Là-dessus, il a souri et j'ai ressenti la tendre affection de quelqu'un qui n'a pas détruit les murs de la douleur mais qui sait planer au-dessus d'eux.

TROISIÈME PARTIE

La vie libre

9

«Pourquoi ne suis-je plus réelle?»

Le besoin d'entendre de nouveau la voix de Karine se fit sentir le lendemain de notre rencontre, alors que je roulais en voiture. Je glissai dans mon lecteur la cassette de notre entretien. Sa voix était là, légère et mélodieuse, voix de femme soprano qui ne cessait de me rappeler la clarté cristalline des voix enfantines. Non que Karine s'exprimât comme une enfant, elle abordait en adulte des problèmes d'adulte, mais dans ses paroles, je discernais la voix de la petite fille précoce d'une huitaine d'années que le monde des grands stupéfiait. Pourquoi me punit-on de mentir alors que maman triche à propos de son âge? Pourquoi dois-je finir mon assiette pendant que papa laisse ses choux de Bruxelles? Questions que tous les enfants se posent. En contestant les valeurs que leur transmettent leurs parents, ils dessinent leur propre échelle de valeurs et, en ce sens, ils accomplissent un acte nécessaire à l'émergence de leur véritable identité. Mais Karine n'avait cessé de lancer des défis en tous sens.

«Un jour, me racontait-elle, je me suis décidée à franchir le seuil d'une clinique où l'on traite les névroses obsessionnelles. Je ne pensais pas relever de ce type de pathologie, mais je voulais en être sûre. Le

médecin que je rencontrai commença par me présenter un questionnaire, sorte de test préalable:
— Désolée, lui dis-je, mais je ne peux pas remplir ce questionnaire.
— Et pourquoi donc?
— Parce que la première question me demande si je lis les choses plus d'une fois. La lecture n'était pas mon exercice favori à l'école et maintenant je relis quelquefois les livres pour être sûre de les avoir bien compris. Or, si je réponds oui à votre question, vous allez interpréter la réponse comme un signe de névrose obsessionnelle, comme pour les gens qui se lavent les mains sans arrêt.
Devant son insistance butée, je me révoltai:
— Je ne suis pas le résultat d'un test, je suis un être humain. Je demande que l'on se penche sur ce qui se passe en moi.
Voilà bien un signe d'obsession.
— N'oubliez pas que vous dirigez une clinique où l'on traite les névroses obsessionnelles. Avez-vous jamais pensé que vous pouvez être obsédé par les diagnostics d'obsession?
— Non, m'a-t-il répondu, je n'y avais jamais pensé.»

J'éclatai de rire une fois encore, comme lorsque Karine m'avait raconté cette anecdote. Comme bien des enfants, elle avait un sixième sens qui lui permettait de deviner quand on la manipulait.

«Ensuite, je suis allée voir un autre médecin, psychologue renommé. J'ai eu du mal à le contacter mais lorsque enfin je l'ai rencontré, il m'a dit:
— Quoi qu'il en soit, il me semble évident que vous ne désirez pas vraiment me consulter.
— Pourquoi dites-vous cela?
— Vous êtes tombée trois fois sur mon répondeur.

— Réellement? Mais vous aussi, que je sache, vous êtes tombé trois fois sur mon répondeur!»

À travers ces récits, Karine peut donner l'image d'une bagarreuse. Elle l'est beaucoup moins qu'il n'y paraît à première vue. Elle aime exagérer ses aventures et s'anime lorsqu'elle parle d'elle-même. Derrière cette exubérance, on devine une jeune femme aimable et je crois volontiers qu'elle n'a jamais blessé personne délibérément. Son visage est doux et agréable, ses yeux vifs. Toujours célibataire à trente-cinq ans, elle dirige avec deux de ses amies un petit service de traiteur florissant dans un faubourg de Boston.

Aucun des dix médecins que Karine a consultés au cours de ces deux dernières années ne l'a aidée. Il est vrai que son problème fondamental est très difficile à cerner. Elle-même ne peut fournir que cet indice: elle ne se sent plus réelle. En permanence, dans toutes les situations, elle doute de la réalité de son existence, qu'elle parle, qu'elle téléphone, marche dans la rue ou dîne au restaurant:

«Il suffit que quelqu'un prononce mon nom pour que surgissent des doutes incontrôlables: ‹Ai-je bien répondu? Est-ce vraiment moi?› Quand je prends la parole, quelles qu'en soient les raisons, je me demande: ‹Comment se fait-il que je puisse parler? Comment puis-je respirer?› Une partie de mon mental ne cesse de répéter: ‹Ça ne marche pas, ça ne marche pas› et j'éclate en sanglots.»

Sur le plan physique, Karine n'est plus à l'aise dans son corps. Les psychologues appellent cette sensation «déréalisation»: «J'ai l'impression que quelqu'un d'autre est dans mon corps, agissant à ma place.» Cette sensation de ne pas exister peut envahir Karine complètement, elle n'en continue pas moins à montrer un comportement normal. Son entourage croit difficilement à ses malaises.

«Quand j'ai le cafard, mon frère me dit: ‹Mais voyons! j'ai les mêmes états d'âme que toi, simplement mes réactions diffèrent. Mais je ne veux pas perdre ma vie à me demander: ‹Pourquoi suis-je ici?› ou ‹Qui suis-je?›»

Certes, son frère a fort bien saisi la grande confusion mentale dans laquelle se débat Karine. Une foule de questions l'assaillent en permanence, qui lui semblent toutes plus folles les unes que les autres: «Est-il possible d'être réel et irréel en même temps?» «Le fait de penser que l'on est irréel, est-ce la même chose qu'être effectivement irréel?» Lorsque ces tourbillons de questions existentielles assaillent sa pauvre tête jusqu'à lui donner le tournis, elle se sent aussi désemparée qu'Alice au pays des merveilles.

Quand j'ai demandé à Karine si elle se sentait réelle en discutant avec moi, elle m'a répondu:

«Je suis assise ici et nous parlons, mais une part de moi me souffle que ce n'est pas vrai. C'est impossible. Comment puis-je me dire une telle chose à moi-même? Je ne parviens pas à comprendre cela. Je sais que je vous parle et en même temps je sais que ce n'est pas vrai. Comment résoudre cette dualité?»

Un *yogi* analyserait cette situation en accordant un rôle au témoin. Il expliquerait que Karine traverse l'expérience de sa vie et en même temps se regarde la traverser. Cette façon d'agir n'est pas forcément le moins réel des moyens de se relier aux faits. Au contraire, c'est peut-être là le plus réel de tous les moyens si toutefois le témoin silencieux est reconnu comme existant au centre même du moi. Dans l'Inde antique, le fait d'être son propre témoin aurait été regardé comme le premier pas vers une expérience spirituelle de haut niveau.

Mes explications ne surprirent pas Karine, mais elles ne la soulagèrent pas non plus:

«Il s'est trouvé des gens sur mon chemin qui m'ont expliqué que ma conscience s'était élevée trop haut et qu'elle était devenue mon ennemie et maintenant je ne sais plus comment m'en débarrasser.»

Karine en était donc à un stade où son seul souhait était de se débarrasser de ce niveau de conscience. Je remarquai qu'il lui arrivait de pressentir des choses que j'aurais tendance à considérer comme des vérités profondes, mais elle les rejetait violemment, les considérant comme «malsaines». En voici un exemple:

«Imaginez que je parle à quelqu'un avec la sensation d'être en pilotage automatique, comme si un mécanisme auxiliaire s'enclenchait d'un seul coup. Ce que je veux, c'est réussir à le débrancher. Je veux désormais pouvoir entrer dans une pièce sans penser aussitôt: ‹Oh! ça alors, je viens de prendre forme matérielle.› La couche supérieure de mon esprit est maintenant au-dessus du pilotage automatique, mais cela ne ressemble pas à un don du ciel, ce n'est qu'un symptôme névrotique. Je veux me débarrasser de cette sensibilité ou conscience supérieure, quel que soit le nom que vous lui donniez.»

J'essayai de lui faire comprendre que certaines personnes peinent pendant des années sur le chemin de la spiritualité avant d'aboutir à cet état de non-attachement dans lequel elle se trouvait. Pour quiconque désire progresser spirituellement, cette sensation d'être en pilotage automatique apporte la preuve que Dieu ou bien le soi supérieur a pris — en lui — le pas sur le petit soi isolé. Un bon nombre de saints chrétiens et orientaux ont raconté qu'ils avaient atteint cet état de béatitude qu'ils considèrent comme une seconde naissance les libérant des liens de la chair et des attaques du passé. Cette renaissance délivre des pièges de *Maya* et ouvre la voie de l'exploration vers l'au-delà.

Mais le monde quotidien ne semble pas entretenir de relations avec le monde infini, et se tenir au seuil du soi supérieur, comme Karine, peut susciter des peurs intenses. Personne ne pouvait partager ses expériences. Aucune norme objective ne permet de les évaluer, leur validité scientifique demeurant sujette à caution (le célèbre physicien anglais Sir Arthur Eddington a observé un jour que toute tentative de mesure scientifique d'une expérience subjective revenait à tenter de calculer la racine carrée d'un sonnet).

Dans cette situation, les textes des antiques traditions spirituelles prennent une valeur inégalée car ils restent les seuls points d'appui du présent. En Inde, la *Baghavad-Gita* est considérée comme la quintessence de la sagesse à propos de la nature de la réalité. On y rencontre le dieu Krishna expliquant au guerrier Arjuna que tout individu abrite un «habitant dans le corps» entièrement différent de l'ego limité et fragile.

«Les armes ne peuvent le fendre
Le feu ne peut le brûler
L'eau ne peut le mouiller
Le vent ne peut le sécher...
Il est éternel et se répand en tout
Subtil, inébranlable et toujours le même.»

Certes, cet habitant invulnérable peut sembler un concept religieux: ce que les gens pieux appellent l'âme. Selon Krishna, il s'agit de ce même soi qui permet à chacun de trouver son sens du «je suis». En sanskrit, plusieurs mots sont nécessaires pour décrire le moi, du plus restrictif au plus universel. L'esprit de chacun passe par des expériences de vie uniques, et c'est ce que le sanskrit désigne par le mot *jiva* dont la parenté avec l'âme est évidente.

Quand toutes les limites personnelles sont balayées, *jiva* rejoint *Atman*, le pur esprit sans expérience individuelle. Emerson, avec d'autres théoriciens de la transcendance, a appelé cela la «sur-âme». (Dans la suite de cet ouvrage, je m'en tiendrai à la convention simplifiée de l'appeler le soi.) Lorsque *jiva* et Atman fusionnent, mêlant l'individu avec le soi cosmique sans que se perdent aucune de leurs qualités respectives, l'être parvient à *Brahman*, la totalité. Dans *Brahman*, l'individualité est respectée mais l'être se sent universel «sous l'aspect de l'Éternité» ainsi que le disaient les Pères de l'Église. Le mot *Brahman* désigne également la réalité comme un tout englobant aussi bien les champs d'existence objectifs que subjectifs, le manifesté et le non manifesté. Au-delà de *Brahman* qui recouvre tout, il n'y a rien.

À ce stade, *jiva* n'est plus qu'un frémissement sur l'océan; *Atman* est l'eau de surface dont usent et abusent les vagues à volonté; *Brahman* est l'océan lui-même. Si vous demandez lequel des trois vous êtes en réalité, la réponse est «chacun des trois». Différencier chaque aspect du soi peut en faciliter l'approche au quotidien mais ne reflète pas la vérité. Le soi que je nomme moi semble s'arrêter à la frontière que constitue la peau; sa parenté avec les autres est pourtant évidente. Si un enfant souffre en Afghanistan, je peux ressentir sa douleur. Que ma sensation ne soit pas aussi vive ni aussi précise que lorsque je me blesse signifie simplement qu'entre cet enfant et moi il n'y a aucune ramification nerveuse commune.

Pour mieux se situer dans l'espace et le temps, chaque individu se raccroche à la réalité concrète. Les vieux sages le savaient mais ils affirmaient que tout soi est tissé dans la même trame de vie que les autres. Confrontée à un soi élargi, Karine ne l'accepte pas. Elle répète volontiers n'avoir bénéficié d'aucune culture religieuse lui permettant de donner à son aventure une signification spirituelle. La faille dans son savoir est profonde. Aucune référence ne vient étayer son expérience; jamais elle n'a pu rencontrer un aîné ou un guide capable de la diriger. Elle vogue à la dérive.

Quand le dedans est vu du dehors

Vivre une aventure hors du commun sans y être préparé est une épreuve délicate. Karine, quant à elle, préférerait se retrouver de plain-pied avec la vie quotidienne:

«Je veux, comme tout le monde, regarder la télévision le samedi soir, boire un verre de vin et ne penser à rien, gémit-elle. Je veux être de mauvaise humeur quand ma voiture se fait cabosser, au lieu d'être détachée. J'aimerais me sentir partie prenante de ma vie. Est-ce que cela est encore possible?»

Il est facile de constater l'ampleur du désarroi de Karine. L'impossibilité de trouver un raisonnement capable de la convaincre de sa réalité l'enfermait dans sa sensation d'irréalité. Pourtant, elle ne semblait pas aussi détachée qu'il pouvait y paraître de prime abord. J'ai acquis la certitude qu'elle tente sans cesse de prendre contact avec les autres par les voies détournées qui sont les siennes. Ceci aurait pu m'échapper sans un incident apparemment banal. Au cours de notre premier entretien, j'ai soudain éprouvé le désir de lui dire à quel point son niveau d'intuition me fascinait; j'ai donc dit:

— Pour une personne aussi brillante que vous....

Elle me coupa la parole et me jeta un regard étrange:

— Pourquoi me dites-vous cela?

— Quoi?

— Que je suis brillante. Qu'est-ce qui vous fait dire cela?

— Il me semble évident que la conscience que vous avez de vous-même est plus développée que chez quatre-vingt-dix-neuf pour cent de mes patients.

— Comment pouvez-vous être aussi affirmatif alors que nous nous rencontrons pour la première fois? interrogea-t-elle, dubitative.

Je répondis que c'était en mon pouvoir, c'est tout. Elle n'insista pas. Une demi-heure plus tard, elle interrompit notre conversation pour me demander en hésitant:

— Vous pensez vraiment que je suis brillante?
Je restai affirmatif. Cette fois encore, elle n'insista pas.
Quand nous nous sommes revus quelques jours plus tard, elle me dit tout de go: «J'ai réfléchi aux raisons qui peuvent vous faire penser que je suis brillante...» Je notai avec intérêt que mon compliment l'avait touchée. J'y avais mis une marque non seulement de mon respect mais aussi de mon affection. En lui disant qu'elle était brillante, je voulais lui signifier: «Je me sens proche de vous.» Quand j'ai réécouté les cassettes, je me suis aperçu que Karine elle aussi avait réussi à me dire, à plusieurs reprises, que moi aussi j'étais brillant, chaque fois sans avoir l'air d'y toucher mais d'une voix timide et plutôt gênée.

Pourquoi se livrait-elle aussi à ce petit jeu de cache-cache émotionnel? Après avoir longuement réfléchi, il m'a semblé qu'il était infiniment plus facile pour elle de disserter sur ses sensations d'irréalité que d'avouer tout bonnement qu'elle se sentait perdue. Avant que leurs émotions ne se perdent sous l'épais voile de l'oubli, bien des enfants se sentent perdus, abandonnés.

Karine ressemblait à ces enfants aux yeux étonnés qui traînent leur ennui dans les réceptions mondaines ou les réunions de famille, jetant sur les adultes le même regard ébahi que s'ils étaient au zoo.

Cette bruyante comédie de la vie quotidienne qui rend les enfants rêveurs est banale mais très troublante.

Quels sentiments inavoués, quelles trahisons secrètes se cachent derrière les mots *Je l'aime?* La générosité masque souvent des penchants égoïstes, le sourire jette un voile sur la jalousie. Les enfants ne connaissent pas ces subterfuges et Karine ne les a pas encore appris. Elle s'imagine que tous les gens autour d'elle partagent une réalité commune dont elle se sent exclue: «Je vis dans une autre dimension», gémit-elle. Cette tenace sensation d'isolement lui rend la vie terrifiante. Elle ne se sent pas en sécurité. Les autres humains ont un foyer dans lequel ils sont chez eux tandis qu'elle est partout l'éternelle étrangère.

Beaucoup parmi les plus sensibles n'ignorent pas cette sensation qui peut générer l'angoisse aussi bien que le sens poétique ou la sagesse. Mais il est fort compréhensible que la solitude ressentie par ces êtres hors normes les prédispose avant tout à l'angoisse. La perception du réel passe en effet par les liens que chacun tisse avec les autres. Karine affirmait avec conviction que quatre ans plus tôt, elle se sentait normale et parfaitement en harmonie avec son environnement. Elle avait alors trente et un ans et venait de prendre la décision de rompre avec l'homme qui partageait sa vie depuis plusieurs années déjà sans toutefois partager son appartement.

«Depuis le début de notre relation, je savais que Roger n'était pas l'homme de ma vie, mais nous nous aimions et nous aimions être ensemble.»

Karine décida néanmoins de rompre dans l'espoir de rencontrer celui qu'elle aimerait épouser. Malgré une rupture à l'amiable et sans rancœur, elle eut rapidement des doutes sur le bien-fondé de sa décision. Elle m'avoua ceci:

«Lorsque nous nous sommes séparés, j'ai ressenti une perte brutale. Je n'étais pas sûre d'avoir eu raison. Je me demandais si je ne devais pas lui revenir, tout ce qu'on peut se raconter dans ces cas-là. Puis la vie a suivi son cours.»

Quelques mois plus tard, elle fit la connaissance d'un autre homme, client de son entreprise. Elle était très amoureuse. Aujourd'hui encore, elle affirme que jamais elle ne fut aussi près du mariage. Cette relation extrêmement intense n'en fut pas moins très brève à cause des parents de cet homme. Dès les premiers jours de leur relation, elle se rendit compte que ses parents à lui, Juifs orthodoxes, la rejetaient complètement car elle était de tradition catholique.

«Au début, mon enthousiasme brouillait mon objectivité. Je me contentais de refuser qu'ils se mêlent de ma vie. Mais les marques de rejet se sont amplifiées et je me suis mise à les vivre comme une véritable torture...»

Karine interrompit son récit. Je compris qu'après une rupture dramatique elle s'était effondrée dans une sorte de dépression nerveuse. Qu'elle ait vécu une véritable psychose est du domaine du possible. Elle commença à nourrir une peur morbide du sida:

«Chaque fois que je donnais mon sang, j'étais prise d'une peur irraisonnée. J'ai été appelée trois fois cette année-là par le centre de transfusion et j'étais chaque fois terrorisée à l'idée d'être infectée.»

Pour se faire rassurer, elle appelait le numéro de renseignements d'urgence sur le sida, trouvant chaque fois quelqu'un au bout du fil qui lui expliquait que ses craintes n'étaient pas fondées (ce que confirmait chacun de ses dons de sang).

C'est au cours de cette période conflictuelle qu'elle commença à se sentir irréelle. Elle se souvenait que cette sensation était tout à fait nouvelle pour elle. Jamais elle n'avait connu cette sensation d'être hors de son corps ou d'avoir sa conscience là-haut (elle posait en disant cela ses mains au-dessus de sa tête). Je lui expliquai que bien des gens connaissent ce genre de sensation sans en être perturbés pour autant, mais elle me répondit sèchement:

«Que voulez-vous que ça me fasse, puisque moi ça me met dans cet état lamentable?»

Je crois volontiers Karine quand elle affirme que cette sensation d'irréalité est survenue brutalement. Par ailleurs, j'admets difficilement que sa vie fut si parfaite avant cette liaison malheureuse. Mais sa nostalgie du passé est infinie: c'est là sans doute que se situent les racines de son refus à accepter le présent. Elle ne souhaite qu'une chose: revenir à l'état dans lequel elle se sentait quatre ans plus tôt. Cette partie de sa vie a pris dans son esprit l'aspect d'un idéal inégalable.

«À cette période-là, j'étais détendue, centrée. J'avais confiance en moi, j'avais un but. Je me sentais comblée. J'avais un homme dans ma vie, de l'argent et l'esprit en paix. J'avais mon travail, j'y obtenais quelque succès mais je réussissais à ne pas en tirer vanité. J'avais donc le sentiment de me développer harmonieusement, de faire partie de l'Univers. J'avais nettement l'impression de me trouver là où j'avais envie d'être. Lorsque je rencontrais des gens, il me semblait qu'ils en éprouvaient du contentement.»

Karine a divisé le temps de sa vie entre alors et maintenant, entre le bon et le mauvais, sans aucune nuance. Rien d'étonnant à ce qu'elle se retrouve prisonnière de cette situation sans alternative. D'une part, il lui faut entretenir le partage de sa vie en deux parties (afin de préserver le mythe d'un passé de perfection); d'autre part, il lui tarde de se sentir de nouveau en prise directe avec le tangible. Actuellement, elle ne semble pas pouvoir faire autre chose que de s'accrocher à sa vision d'un monde tout blanc ou tout noir.

«Ne me dites pas que je ne suis pas folle.»

Karine est tout aussi réelle que quiconque, mais elle a rencontré le problème de passer d'un niveau de réalité à l'autre, comme le bébé qui comprend un jour que marcher à quatre pattes n'est que le début de l'apprentissage de la marche. Les jeunes enfants passent obligatoirement par cette étape mais ils ont leurs parents pour les guider et les encourager dans les moments de déséquilibre. Dès qu'un psychisme d'adulte pressent l'existence de perspectives nouvelles, il entre dans une phase de transition semée d'embûches.

Il n'existe aucun guide permettant de se diriger dans les expériences normales d'un soi supérieur. L'image, que nous renvoie la tradition, de saints illuminés par un rayon de lumière divine est trop simpliste. Toutes les réalisations spirituelles, même les plus remarquables, s'effectuent dans le cadre de la vie mentale quotidienne, faite de doutes, de peurs, d'espoirs et de refus. Les adultes auraient besoin des mêmes attentions affectueuses que celles offertes par les parents au petit qui chancelle sur ses jambes.

Malheureusement, notre culture n'offre dans ce domaine particulier aucune ressource. Chacun doit ramer seul vers des rivages inconnus.

L'erreur à ne pas commettre est de confondre les douleurs rencontrées sur le chemin de la conscience de soi avec le but à atteindre. C'est ce qui arrivait à Karine, et sa confusion trouvait son origine dans une société qui se méfie profondément des expériences spirituelles. L'entourage a vite fait de laisser planer un doute sur la santé mentale de quiconque s'écarte des sentiers battus, dans sa pensée, sa vision du monde ou son comportement. Ces réactions sont malheureusement communes à toutes les cultures. Il est fort inquiétant de constater que la recherche du soi est assimilée à la mort ou à la dissolution. Face au désir ardent d'un état sans limite, désir propre à tout psychisme, Freud forgea les expressions suivantes: *pulsion de mort*, ou *désir de Nirvana*, qui à ses yeux s'équivalaient plus ou moins.

Nirvana en sanskrit désigne l'être, la conscience sans limite, le fondement primordial du soi; il n'est donc en rien synonyme de mort. La psychiatrie continue d'ignorer ce détail et de craindre que la recherche de la conscience du soi équivale à une annihilation.

Irvin Yalom décrit l'instant où après maints combats il amène l'un de ses patients au point où il va pouvoir s'ouvrir à la conscience du soi:

«C'est l'instant où l'être se tient devant l'abîme et décide comment il va affronter les faits existentiels et cruels de la vie: la mort, la solitude, le non-signifiant, le signifiant. Bien entendu, il n'y a aucune solution. L'être a simplement le choix entre plusieurs attitudes: se montrer résolu, engagé, faire front, accepter stoïquement ou encore renoncer au rationnel et, dans la ferveur et le mystère, placer sa confiance dans la Providence divine.»

Et dire que voilà l'objectif, laborieusement atteint, de la thérapie! Il serait plus honnête de dire du patient arrivé à ce point qu'il n'a pas encore commencé son chemin. Il faut préciser que Yalom est un thérapeute que l'on appelle existentiel. Son credo réside dans l'incrédulité: pour lui, la vie n'a aucun sens ni but intrinsèque autre que celui choisi par chacun (au travers d'une attitude arbitrairement déterminée).

Beaucoup de psychiatres — la majeure partie, sans doute — pensent qu'il n'y a pas de solution au dilemme de la vie, mais ils prennent soin en général de ne pas souligner leur affirmation d'un «bien entendu». En dehors des cabinets des thérapeutes, la majorité des gens partagent cette vision pessimiste du monde, peut-être pas avec des mots aussi sophistiqués, mais avec leur quête permanente du plaisir, une perpétuelle fuite en avant devant leur propre souffrance. Karine a été élevée avec cette idée de médiocrité du réel, aussi oppose-t-elle à sa conscience supérieure une résistance obstinée, aussi refuse-t-elle ses éclairs d'intuition, regrettant le confort sans question de la télévision et du verre de vin des samedis soir — n'importe quelle banalité pourvu qu'elle se sente délivrée de ses perceptions.

Lorsque j'ai montré à Karine ses expériences sous un éclairage favorable, elle m'a dit sèchement:

«Cette façon que j'ai de me sentir toujours en dehors de moi-même n'est pas naturelle. Pourtant, mon entourage m'affirme que je ne présente aucun comportement étrange. Je me rends compte que je fonctionne encore normalement, mais j'ai peur. Il m'arrive de regarder un calendrier et de penser: ‹Pourquoi les dates existent-elles?› ‹Qu'est-ce que le temps?› C'est trop troublant. Est ce que je deviens folle? Heureusement, quelqu'un m'a dit un jour qu'à partir d'un certain âge la folie ne peut plus nous atteindre...»

En mettant dans ma voix toute la conviction dont j'étais capable, je lui ai répondu:
— Vous n'êtes pas folle, absolument pas, mais vous vivez des expériences dont vous ne comprenez pas le sens. Elles sont venues trop tôt pour vous, mais elles sont excellentes même si elles deviennent presque malsaines dans ce sens qu'elles déclenchent chez vous une panique incoercible, une angoisse profonde. Il y a quelque chose de l'ordre du témoin dans ce que vous ressentez. Savez-vous à quoi je fais allusion?
— Vous souvenez-vous de ce médecin des névroses obsessionnelles? me demanda Karine... Pour ses patients, tout était obsession sauf pour lui. Il me plaît beaucoup de discuter avec vous, je me rends compte que vous avez l'habitude de converser avec des êtres à l'esprit plus développé que le mien, mais notre but est de rechercher ce témoin. Pour vous, mes symptômes ressemblent peut-être à des ouvertures vers de nouveaux horizons, moi je les perçois comme des névroses.
Je ne poussai pas plus avant mes explications, il ne fallait pas aller trop vite. J'étais navré de constater l'ampleur du conditionnement de Karine, un conditionnement si profond qu'elle persistait à se voir malade plutôt que normale ou même privilégiée. Elle avait adopté un jargon psychologique dont elle se servait pour se décrire de façon

peu flatteuse. À un moment donné, alors que je voulais lui dire: «Je pense que vous êtes sur une piste», elle m'interrompit dès qu'elle eut entendu les mots: «Je pense que vous êtes» et termina ma phrase brutalement en disant: «...en état de schizophrénie aiguë». Il était rassurant pour elle de se donner l'étiquette de son choix.

Lors de notre première entrevue, qui dura à peine une heure, elle s'est décrite, à maintes reprises, comme obsessionnelle, névrosée, dépressive, anxieuse, peu sûre d'elle, hypertendue et folle. Le fait qu'elle fût à ce point inquiète sur son état était une preuve de sa santé mentale. Elle parlait de ses symptômes avec perspicacité. Elle n'avait aucune hallucination, aucune pensée délirante. J'ai même réussi à lui faire reconnaître, bien qu'elle y mit de la mauvaise grâce, qu'elle éprouvait parfois un certain confort à se sentir détachée de ses symptômes et à être capable de voir au-delà. Elle venait tout juste de me parler de ces dix spécialistes qu'elle avait consultés avant moi et je lui avais dit:

— Dix médecins vous donnent dix diagnostics différents qui, comme par hasard, se rapportent à leur spécialité. Que pensez-vous de cela?

— Que c'est là leur vision des choses, répondit-elle évasivement.

— Qu'est-ce que cela vous apprend sur votre propre problème?

— Qu'ils ont peut-être déjà rencontré ces symptômes chez quelques-uns de leurs patients, à moins que mon besoin de consulter jusqu'à dix médecins différents soit une obsession. Il est possible après tout que je souffre de toutes ces dix maladies aussi bien que d'aucune.

— Où se situe la vérité selon vous?

— Probablement dans la synthèse des deux, si cela peut exister. Il faut se rendre à l'évidence, je suis inquiète, dépressive et j'ai perdu le sens du réel, comme ils disent tous. Par ailleurs, alors que je suis assise à vous parler, je me demande si je souffre vraiment de quoi que ce soit.

Ces derniers mots sonnaient comme un espoir: Karine n'avait donc pas abandonné l'idée d'être saine d'esprit. Son intelligence lui avait permis de détecter les points faibles des meilleurs médecins.

— J'ai raconté à un thérapeute que lorsque j'avais deux ans, j'avais mon petit fantôme personnel. C'était mon ami imaginaire. Et ce psychiatre a rétorqué: ‹C'était sans doute votre désir de pénis.› À cet âge tendre, où se situe la frontière entre le réel et l'imaginaire? Mais il y a quatre ans, je me sentais normale, aujourd'hui je me sens misérable!

— Aviez-vous vraiment un petit fantôme familier?

— Oui, absolument. Je n'inventerais jamais une histoire comme celle-là. De nombreux enfants ont des amis imaginaires, non? Et s'ils n'en ont pas, je ne vois pas en quoi je suis concernée.

— Qu'est devenu cet ami?

— Je ne sais pas, répondit-elle, rêveuse. Quand j'ai grandi, il s'est simplement... Je ne me souviens plus. Il est parti.

J'admire beaucoup la faculté de Karine de percer à jour ces médecins imbus de leur science (moi y compris, sans doute), mais je ne pense pas que son but se limite à marquer des points contre eux; ce qu'elle cherche, c'est être semblable aux autres et être acceptée comme telle. Les deux faces de sa personnalité sont à la base de son conflit:

«Comprenez-vous comme il est difficile pour moi de dire que je souhaite être traitée en fonction de ce que je suis? Qui suis-je? Une personne brillante capable d'analyser avec perspicacité les motivations d'autrui? ou une personne si imbue d'elle-même qu'elle ne peut plus entendre parler qui que ce soit?»

Se relier au soi

Plus je pense à Karine et plus je pense que son cas est courant. Il est seulement l'amplification de ce que vivent bon nombre de personnes que je connais. Le point commun entre toutes ses expériences est une difficulté à créer le contact avec les éléments de sa vie — êtres ou événements —, une perte de confiance en elle aboutissant à un profond sentiment d'insécurité et de solitude. Toutes les relations humaines connaissent un jour un tel état de crise. En effet, assurer la stabilité d'un mariage, entretenir une vie familiale affectueuse tiennent de l'exploit et l'entreprise est plus souvent qu'autrement vouée à l'échec. Si je ne me trompe pas sur Karine, celle-ci n'est pas malade, mais simplement douée d'une conscience aiguë d'elle-même, d'une sensibilité hors du commun qui détient aussi la solution au problème qu'elle génère.

Les relations avec les autres se fondent en général sur deux valeurs opposées: la similitude et la différence. La sensation d'être semblable nous permet de construire des liens, d'échanger des réflexions, des idées, de parler le même langage. La sensation d'être différent permet de protéger l'ego de sorte que le moi ne se fonde pas dans le non-moi. Tant qu'un individu évolue harmonieusement entre ces deux tendances, la vie relationnelle se passe bien. En ce qui concerne Karine, le problème s'est noué quand sa sensation d'être distincte est devenue prédominante sans que la fonction de similitude intervienne pour rétablir l'équilibre.

«J'ai eu l'impression de tourner en rond sans rien comprendre à ma vie. Ma mère n'est plus ma mère. Je regarde mon frère et je n'ai plus envie de dire: ‹Salut! Richard›, mais je me demande: ‹Qui est cette personne?› Je sais que c'est mon frère, mais comment est-ce possible? Lorsque je me regarde dans un miroir, je me dis: ‹Comment ce corps peut-il être moi?› J'ai l'exact sentiment que le monde est là-bas et que je contemple son mécanisme intérieur en étant hors de lui.»

Loin d'être farfelus, les accès d'introspection de Karine pourraient refléter une vérité profonde. Chacun garde une part de lui-même à l'abri des autres, quel que soit son degré d'intimité avec eux. Chaque personnalité se dévoile en fonction de ses facultés à lier des relations avec sa mère, ses frères, son milieu professionnel, ses enfants, son conjoint... Le changement de décor entraîne une évolution dans le comportement des acteurs. Mais chacun, dans son rôle de témoin de lui-même, est aussi fixe que les étoiles et sa nature invariante demeure absolument immobile, impassible et sereine.

«Le grand enseignement de la forêt» (*Brihadaranyaka Upanishad*), très ancien texte indien remontant à quelque mille ans avant le Christ, décrit fort clairement de quelle source émotionnelle jaillissent les sensations comme celles qu'éprouve Karine:

«Ce n'est pas, en vérité, par amour du mari que le mari lui est cher, mais par amour pour le soi.

Et ce n'est pas par amour de l'épouse que l'épouse lui est chère, mais par amour pour le soi.

Ce n'est pas par amour des fils que les fils lui sont chers, mais par amour pour le soi.»

Celui qui s'exprime ainsi est un roi nommé Yajnavalkya. Il était un grand sage et il tenta de mener son épouse sur le chemin de la réalité la plus constante. Il éleva le soi au-dessus de toutes les sortes de relations qu'un être est susceptible de créer avec son mari, ses enfants, non pour l'avilir mais au contraire pour l'anoblir. Il révéla une vérité étonnante en dévoilant que chacun de nous est plus intimement relié à lui-même qu'à quiconque autour de lui. Le rôle relationnel de chacun commence avec lui-même «ici-dedans», avec son aptitude à s'aimer, à se connaître, à être lui. Et ainsi que le dit Yajnavalkya à sa reine:

> «En vérité, ma bien-aimée, c'est le soi qu'il faudrait voir, le soi qu'il faudrait entendre, le soi en lequel il faudrait se refléter et le soi que l'on devrait connaître.»

La raison pour laquelle ces mots ont survécu plus de trois mille ans, c'est qu'en chaque génération le soi s'éveille et demande à être reconnu. Lorsque la jonction avec le soi est réalisée, les autres relations pâlissent, au début tout au moins, car l'intimité avec son propre être est presque irrésistible. Le monde devient un miroir enveloppant qui reflète l'être sous toutes ses faces. Comment cela peut-il bien s'éprouver?

Lorsque, confortablement installé, je médite, je me sens être moi, une personne définie dans le temps et dans l'espace. Chacune de mes pensées m'occupe un bref instant puis quand parfois mon *mantra* s'évanouit, je fais l'expérience du silence. Lorsque le silence devient à ce point profond, je me perds en lui un moment. Alors, je ne me ressens plus comme mon moi fini. J'ai pénétré le soi. À quoi cela peut-il ressembler?

Lorsqu'un homme muni d'une torche électrique explore un long couloir obscur, il ne peut voir que les objets qu'éclairent les rayons de la lampe, le reste demeure invisible dans le noir. Ainsi, l'esprit à l'état de veille ne connaît de son contenu qu'une pensée à la fois. Si le couloir s'illuminait dans son ensemble, il révélerait tous les objets qui l'encombrent. C'est cela le soi: un éveil global de la conscience entière et de tout ce qu'elle contient, mais à l'inverse du couloir, sans limite physique, sans objets et sans murs. La conscience se voit simplement sous une forme pure. Voici une autre analogie. Imaginez un homme génial au repos sur son canapé. Son cerveau est habituellement traversé par un nombre important de pensées fabuleuses mais, pour l'instant, il n'en a aucune. Il n'en demeure pas moins un génie car ses capacités résident dans son potentiel à être génial. De la même façon, le soi est un état de potentialité, de possibilités non révélées qui se déroulent, une à une, dans le monde manifesté.

Pénétrer le domaine du soi peut, curieusement, ne pas être une expérience spectaculaire, pour les néophytes spécialement qui ne perçoivent pas le sens de leur calme intérieur. L'un de mes patients, submergé depuis l'enfance d'une terrible angoisse, ne se rendait pas compte qu'il méditait correctement. Dans le but de l'encourager, je lui demandai:

— Constatez-vous des moments de silence dans vos méditations?

— Jamais, affirmait-il. Autant que je puisse m'en rendre compte. Mais pensez-vous que je ne le saurais pas? C'est ce que je recherche avidement.

J'essayai de lui expliquer que le silence pouvait échapper au débutant.

— Mais intellectuellement, confirmez-vous que l'esprit puisse rester silencieux?

— Sûrement pas le mien!

— Qu'en savez-vous?

— Il est trop rapide.

— Même pour les esprits les plus rapides, il y a un espace entre les pensées, rétorquai-je. Chacun de ces intervalles est une minuscule fenêtre à travers laquelle on peut contacter la source de l'esprit. Quand nous parlons ensemble, il y a un intervalle entre les mots, n'est-ce pas? En état de méditation, vous plongez droit dans ces interstices.

— Certes, acquiesçait-il, mais je ne pense pas en faire l'expérience dans mes méditations.

Je lui demandai de me décrire ce qu'il vivait alors.

— Ce qui rend mes méditations différentes du simple fait d'être assis dans un fauteuil les yeux fermés, c'est que lorsque je les ouvre vingt minutes plus tard, j'ai l'impression qu'il s'est tout juste écoulé trois minutes. C'est assez intrigant. — Mais voilà la preuve que vous êtes passé au-delà de la pensée, lui dis-je. Quand vous êtes dans le silence, c'est que la pensée s'arrête. Le silence se situe en dehors du temps. Pour entrer en contact avec le soi, il faut entrer dans la zone de non-temps. Votre mental est tellement sensible à la pensée qu'il peut ne pas remarquer le silence au début. Peut-être ressortez-vous de vos méditations avec le sentiment que le temps s'est envolé ou perdu. Mais ce temps «perdu» est en fait une immersion dans le soi.

Mieux saisir intellectuellement le sens de son expérience a considérablement aidé cet homme. Mais le soi du non-temps n'est pas un concept auquel il faille croire nécessairement, ni même qu'il faille comprendre. Cependant, il est indispensable de s'exercer au silence, encore et encore, jusqu'à ce que l'expérience du silence s'installe en permanence. Les *yogis* ne s'évadent pas de l'espace-temps pour s'en éloigner à jamais. Ils savent que, aussi longtemps qu'ils sont incarnés, ils sont régis par des lois de la nature; aussi longtemps qu'ils utilisent leur cerveau pour penser, ils doivent accepter de vivre au rythme des sensations, des souvenirs et des désirs de tous les humains. Tout cela est nécessaire, absolument. En revanche, ce qui ne l'est pas, c'est de rester prisonnier des événements, source de douleur et d'affliction. Pendant le temps où le *yogi* fait l'expérience du pur silence, son système nerveux devient libre de dénouer les vieilles tensions et aussi de guérir les blessures du temps.

Dès lors qu'un être est convaincu de la réalité de ses expériences de méditation, s'engage un processus de maturation du soi dans soi, c'est-à-dire que les divisions qui entretiennent les séparations entre les individus s'abolissent. La vie ordinaire offre peu d'occasions de vivre cet état. Bien qu'éduqué à ne jamais oublier que moi et non-moi sont différents, chacun peut échapper à ce conditionnement le jour où il tombe amoureux. Basculer dans l'amour, c'est partager son soi avec un autre. Les barrières de l'ego s'effacent momentanément et les amoureux avouent spontanément qu'ils se sont confondus dans une même identité. Tant que dure le charme, chacun ressent les émotions de l'autre, respire au même rythme que l'autre. La sensation d'union est si forte que la séparation est douloureuse à supporter.

Ce type d'union est critiqué comme une illusion psychologique passagère, voire déséquilibrante si elle se prolonge au-delà des premières ivresses. (Le lexique des anomalies psychologiques s'est récemment enrichi de la notion de dépendance amoureuse.) Les *yogis* diraient à ce propos que toute personne peut accepter pour elle-même deux projets, l'un immédiat (le moi) et l'autre universel (le soi). Le *yogi* les adopte simultanément: c'est ainsi qu'il peut accéder à sa conscience du soi sans pour autant abandonner son moi. Cet état nouveau se nourrit d'un intense sentiment d'amour mais, contrairement aux amoureux, le *yogi* ne fusionne avec personne, même pas avec une bien-aimée. Le *yogi* se fond en tout, englobant tout dans son soi. L'Univers et les êtres étant partie de son identité, il n'a plus de moi isolé à défendre. Il ne reste que l'amour.

Celui qui vit ainsi immergé dans le soi se trouve intimement relié à autrui. Non qu'il soit mieux équipé pour le petit jeu relationnel du «je prends-je donne», mais parce qu'il fait à tous le don de lui-même. Il ne retient rien de lui et s'écoule sans restrictions au-delà des limites de son moi isolé. Cela peut-il constituer notre état naturel?

Au début du siècle, Alfred Stieglitz, le célèbre photographe d'origine allemande, alors enfant, habitait avec sa famille à New York. Au cours d'un hiver spécialement glacial, un pauvre hère, joueur d'orgue de Barbarie, égrena sa fragile musique à la porte de service de la riche maison. Dès les premières notes de la mélodie, Alfred se leva de table d'un bond et courut déposer une pièce dans la sébile du musicien. Le lendemain soir, celui-ci revint et le petit garçon bondit de nouveau lui donner quelques sous.

Soir après soir, le rituel se répète, dans la neige et dans la boue. Très impressionnée, ainsi que l'était toute la famille, sa mère exprima à l'enfant son admiration de le voir chaque fois se précipiter dans le froid pour donner de l'argent au mendiant. Étonné, Alfred regarda sa mère et lui dit: «Mais, maman, c'est pour moi que je fais tout ça.»

J'ai été bouleversé de gratitude le jour où je lus cette histoire: elle me prouvait que les motivations les plus fortement égoïstes peuvent aussi être les plus généreuses.

Le célèbre philosophe juif Martin Buber eut l'occasion lui aussi de vivre un élargissement du champ de conscience le jour où il ramassa un petit caillou brillant au bord de la route:

> «Il faisait encore sombre ce matin-là et j'avançais sur la grand-route. J'aperçus un morceau de mica, le ramassai et l'observai un bon moment; puis le jour s'étant vraiment levé, le caillou fut mieux éclairé. Soudain détournant les yeux, je compris que, pendant mon observation, je n'avais pas eu conscience d'un objet et d'un sujet: dans mon acte d'attention, le mica et *je* avaient fusionné, j'avais ainsi goûté à l'unité. Je le regardai à nouveau, mais l'unité n'était plus là.»

Il n'y avait rien de mystique dans cette expérience: elle n'était que l'expérience vraie qui prouve que l'être n'est pas, comme il le croit, séparé des rochers, des arbres, des étoiles et des montagnes. Pendant un bref instant, Buber avait transformé la séparation en unité, saisissant pour un très court moment une vision du monde qui aurait pu devenir permanente, bien que ceci se produise très rarement, le système nerveux étant trop sollicité, trop conditionné par une vie de non-silence. Si la fusion dure un assez long moment, celui qui la perçoit a le temps d'imaginer ce que serait un état permanent où le moi et le non-moi coexisteraient en harmonie au sein de l'esprit.

Dans son journal, l'essayiste anglais Mark Rutherford évoque une promenade dans les bois, un jour de printemps, et sa rencontre avec un chêne plus que centenaire. Les feuilles commençaient à peine à se former et l'arbre rayonnait de millions de petits bourgeons vert tendre et jaune pâle. Saisi par la puissance de tant de vie nouvelle, Rutherford sentit soudain que:

«...quelque chose se passait, rien moins qu'une transformation de moi et du monde».

Le chêne n'était plus

«...un arbre lointain et distant de moi. Les barrières enfermant la conscience étaient tombées. La distinction entre le soi et le non-soi était une illusion. Je sentais monter la sève, le trop-plein qui débordait de ses racines, et la turbulence joyeuse de son déferlement, de l'extrémité de chaque rameau jusqu'à sa cime, était mienne.»

Dans sa fusion avec l'être de l'arbre, il comprit le sens de ces mots: *Toi en moi et moi en toi.* Il relata cette expérience de fusion ainsi:

«Je ne peux rien expliquer, ce serait simple de démontrer ma folie, mais rien ne peut ébranler ma conviction. *Toi en moi et moi en toi.* La mort! Qu'est-ce que la mort? Il n'y a pas de mort: en toi, c'est impossible, absurde.»

Ceux qui ont fait cette expérience sont beaucoup plus nombreux qu'on le pense. Dans leur fusion avec la nature, ils ont atteint le soi. Il devient possible d'imaginer un état permanent où chacun fusionnerait avec la nature de façon permanente. Tel est le défi qu'opposent les *yogis* à la conception banale de l'être qu'impose la culture occidentale.

Selon les *yogis*, l'homme commence à atteindre son stade d'humain quand il découvre le silence unique sous-jacent à tous les éléments de la Création. Car la vie est silence et, dans la communion du silence, toute vie est soi-même.

Entrer dans le silence

Alors que notre première entrevue touchait à sa fin, je demandai à Karine d'entrer dans ma clinique de Boston, où je reçois mes patients, et d'observer là, pendant son séjour, trois jours de silence absolu. Ses besoins quotidiens seraient pris en charge et nous nous reverrions au bout de ce temps. Cette période serait aussi un excellent moyen d'approfondir son expérience de la méditation, dont elle avait adopté la pratique quelques semaines auparavant.

Karine hésitait:

— Devrai-je observer un silence complet? demanda-t-elle nerveusement.

— Absolument. Si vous avez besoin de quelque chose, vous écrirez un mot au personnel.

Elle n'en devint que plus anxieuse. Les mots servent à Karine à se forger un bouclier derrière lequel elle s'abrite pour soulager son angoisse et la dissimuler. La perspective de ce calme la terrorisait comme l'aurait fait la suppression d'une tente à oxygène qui lui serait nécessaire.

— Je vous en prie, la suppliai-je, faites-moi confiance. Vous serez surprise de ce qui va arriver.

Elle accepta.

— Est-ce que, au moins, je peux appeler mon frère pour lui offrir mes vœux d'anniversaire? demanda-t-elle.

Je fis signe que oui.

— Après, plus un mot?

— Plus un seul!

Certes, ce n'est pas commun de demander à un patient d'observer une période de silence. Je tiens à préciser que passer quelques jours sans prononcer une parole n'est pas la condition *sine qua non* d'une méditation réussie. Mais en ce qui concerne Karine, je n'avais rien trouvé qui puisse l'arrêter de traduire verbalement chaque détail de sa vie. Les mots étaient devenus son échappatoire. À travers eux, elle échappait à elle-même aussi bien qu'à toute personne désireuse de l'aider. De plus, il me semblait qu'elle se faisait une idée fausse de son problème. Elle se percevait hors de la réalité et dépensait une énergie désordonnée pour y retourner: or, j'avais l'impression que parallèlement elle dépensait tout autant d'énergie pour rester à l'extérieur. Pourquoi? Prendre sa part de la vie quotidienne, c'est avoir à faire face à un mélange de plaisirs et de peines au-dessus duquel Karine me paraissait préférer flotter comme un ballon à peine rattaché à la Terre. Si cette situation lui permettait de prendre sa part de plaisir, elle la préservait à coup sûr de toute souffrance supplémentaire. Ses plans d'évasion avaient échoué et Karine le savait puisqu'elle restait arrimée au sol par ses souvenirs, ses chagrins et son désir de reprendre contact avec la réalité. Je ne pouvais pas prétendre que ces quelques journées de silence produiraient quoi que ce fut de décisif mais, toutefois, je serais là pour l'accueillir si elle se décidait à atterrir pour renouer avec elle-même. Ce ne pourrait être qu'un moment très fort.

Dès que je la vis, après ces trois jours, je sus qu'un changement s'était opéré. Elle semblait reposée et moins nerveuse. Elle avait un air interrogateur et reconnut qu'elle se sentait plus gaie:

— Qu'étais-je censée retrouver pendant ce temps? me demanda-t-elle.

— Que pensez-vous avoir découvert?

— Je me sens toujours comme un arbre de Noël illuminé, dit-elle piteusement, et j'ai toujours envie de tirer sur la prise pour que les lumières s'éteignent.

Elle se tut.

Je l'encourageai à continuer.

— Je ne sais pas. Je me suis beaucoup promenée dans la forêt. Il s'est passé quelque chose.

— Oui?

— Je me suis retrouvée au pied d'un grand érable foudroyé, ouvert en creux en son milieu, à peu près à hauteur d'homme. J'ai pénétré dans ce trou et là j'ai vu quelque chose bouger. Je me suis penchée, c'était un nid avec un seul œuf, bleu. Un oiseau adulte se tenait à côté, immobile. Il ne s'est pas envolé, j'en ai été surprise. En y regardant de plus près, j'ai compris ce qui se passait. L'œuf était en train d'éclore, il se parsemait de fines craquelures; un petit point marron est apparu, un petit bec. Je n'ai pas bougé, respirant à peine. Un instant, je me suis demandé si je pouvais aider ce poussin, mais j'ai entendu dire que les mères rejetaient les petits qui avaient été touchés par les humains. Alors, j'ai simplement regardé, puis très très lentement, j'ai avancé ma main jusqu'à trente centimètres du nid. L'oiseau ne s'est pas envolé. Le poussin devait être épuisé car, dès qu'il avait bousculé un gros morceau de coquille, il ne bougeait plus pendant plusieurs minutes. Puis je suis repartie.

Karine et moi avons gardé le silence un moment.

— Savez-vous pourquoi la mère ne s'est pas envolée? demandai-je. C'est parce que vous étiez profondément calme. Emplie de votre silence intérieur, vous le projetiez à l'extérieur. Peut-être n'avez-vous pas compris le phénomène parce que vous continuez à croire qu'un esprit ne peut être silencieux. Il y a deux niveaux différents en vous-même. L'esprit pense mais le silence demeure.

Karine venait de faire une incursion dans le domaine de la quiétude. Je lui expliquai que le monde vu de cette position est très différent de celui auquel elle est habituée. La plupart d'entre nous, loin de rayonner de silence, entretiennent leur tumulte intérieur et le propulsent sur tout ce qu'ils approchent. Lorsque ce tourbillon s'apaise, il libère un espace où le changement peut enfin se produire.

— La nature de notre esprit est d'être calme, dis-je à Karine, mais il faut vous calmer pour vous en apercevoir. Tout en vous se met en place spontanément dans la mesure où le silence s'installe. À la faveur d'une conscience de soi paisible et stable, un sentiment de plénitude se fera jour en vous. Cette plénitude ne ressemble en aucun cas à une pensée: elle représente simplement votre propre esprit, vide de pensées mais rempli de vous-même. Il n'est pas nécessaire de faire quoi que ce soit pour arriver à cet état; le processus ne demande aucune contrainte, il n'est même pas nécessaire de se laisser aller consciemment. Tout ce qu'il faut, c'est un esprit en paix.

Ainsi s'achevait cette seconde conversation avec Karine. C'était aussi la dernière. Mais au bout de ces deux heures de tête à tête, je me sentais très proche d'elle. Elle avait tant misé sur le fait d'être vraie avec elle-même. Avant que nous ne nous disions au revoir, elle semblait prête à envisager l'avenir — c'est-à-dire la possibilité qu'elle en ait un — au lieu de perdre sa vie à se plaindre du présent et à regretter le passé.

— Je suis venue ici dans l'espoir de retrouver ce que j'avais perdu, même si au fond de moi je savais déjà que c'était impossible. Maintenant, je sais qu'il faut aller de l'avant, me dit-elle.

— Ne serait-ce pas trop triste de baser votre existence sur un souvenir? C'est cela vivre dans le passé.

Tranquillement, elle acquiesça.

Karine devait achever son séjour en clinique deux jours plus tard; moi, je quittai la ville le lendemain. J'ai su par les infirmières qu'au moment de s'en aller Karine avait le visage joyeux et ouvert.

Pour la première fois, elle avait pu voir combien certains patients étaient de grands malades et elle avait passé plusieurs heures à se promener et à écouter lui parler deux vieilles dames souffrant d'un cancer. Aujourd'hui, je suis convaincu que Karine n'est pas perdue, mais vit une période de transition qui lui permettra d'arriver à une conception d'elle-même et de la vie beaucoup plus élevée que celle à laquelle elle se réfère encore.

— Vous vous posez sans doute des questions sur votre identité, lui dis-je lors de notre dernière entrevue. Intellectuellement, vous êtes une pure conscience, le socle iné-branlable contre lequel viennent battre toutes vos pensées. Cette pure conscience est un continuum et ne peut être atteinte ni par l'espace ni par le temps. Elle est tout simplement et à jamais. Quand vous êtes votre propre témoin, vous faites l'expérience de votre propre nature. Là est la clé de la liberté. Et la liberté est la connaissance expérimentale de votre propre nature. Vous avez quelques dispositions pour en arriver là. Vous m'avez dit et redit que vous sembliez être la réunion de votre corps et de votre entourage. Vous arrivez même à vous tenir à l'écart de vos propres pensées. Pour l'instant, cela ne vous apporte aucune joie, mais elle sera possible un jour. Vous êtes en train de découvrir que votre part d'immortalité est distincte de votre moi mortel. Tout cela n'est-il point passionnant?

— Je peux comprendre tout cela intellectuellement, mais je ne le ressens pas encore.

J'admire l'honnêteté de Karine. L'époque n'est pas un âge de foi, et nombreux sont ceux qui éprouvent des difficultés à intégrer la notion d'immortalité:

«La vie? Je sais très bien ce qu'est la vie, répond, péremptoire, le soi isolé. C'est respirer, ressentir, penser. Quand tout ceci s'arrête, elle s'arrête aussi. Point n'est besoin d'en savoir plus.»

Je ne me permettrai pas de demander à Karine d'avoir la foi, mais simplement la volonté d'explorer son espace intérieur et d'attendre l'émergence des faits. Ils ne sont pas rares, ceux qui sont restés allongés, à demi assoupis au fond d'une barque, dérivant sous un ciel bleu sans nuage et qui ont ressenti quelque chose d'immense, de calme sans fin. Un certain état de relaxation permet l'accès à ce quelque chose qui semble alors être partout, à l'intérieur comme à l'extérieur. Il ne sourit ni ne fait les gros yeux, il est, simplement.

Avant d'accepter que cet état immobile, immuable et éternel est soi, il faut des incursions quotidiennement répétées dans le silence. Alors une porte s'ouvre sur une expérience qui transforme chacun et le monde. On comprend que tout ce que l'on a accompli dans l'isolement chaque jour — respirer, sentir, penser — menait à un chemin secret. Le soi a toujours recherché ce contact, il n'existe que pour tomber amoureux du soi.

10

Souvenirs de paradis
et paradis retrouvés

Tous ceux qui connaissent Stan l'ont entendu dire que la flûte lui avait sauvé la vie. Mais c'est plus simple que cela: la flûte est sa vie. Il en joue chaque jour, ou l'enseigne à ses élèves, lorsqu'il n'est pas en concert comme soliste. Son magasin lui permet de prolonger sa passion, de ne pas quitter les flûtes, qu'il essaie, qu'il répare, qu'il fabrique comme qui s'amuse, et dont il fait de brillantes démonstrations. Quand il est ballotté, le soir, dans le métro, sa pensée ne quitte pas les superbes instruments d'argent qu'il a amoureusement peaufinés dans la journée.

Il y a cinq mois environ, Stan, réveillé à son heure habituelle, découvrit tout à coup, horrifié, que le son de la flûte ne le charmait plus. Les variations qu'il en tirait jusque-là, gammes, trilles, romances, le hérissaient comme des ongles griffant le bois. Une nuit seulement avait pu changer en désastre la plus grande joie de sa vie: vous pouvez imaginer la catastrophe que ce fut pour lui.

— Ces sons stridents, lui demandai-je, viennent-ils de l'un de ces instruments en particulier?

— Hélas non! je les ai tous essayés, me répondit-il, effondré. Il me semble que je transmets toujours la même flamme à mon instrument, et une superbe qualité de son que mes pairs eux-mêmes ont reconnue! Mais ce n'est plus ce que j'entends, c'est si atroce que je n'ai plus le courage de jouer.

Son visage était levé vers moi et reflétait son angoisse.

— Et c'est arrivé comme cela, subitement?

— Mais oui.

J'insistai:

— Aucun signe annonciateur? Essayez de vous rappeler...

— Je me sentais plutôt bien, même après ma rupture avec mon ex-amie, il y a un an, lorsque mon psychiatre a considéré que je devais cesser de prendre l'antidépresseur qui m'avait cependant aidé. J'hésitais à lui obéir, mais il m'affirmait que c'était nécessaire. Dès le lendemain, ma tête était assourdie de sifflements et de bourdonnements d'oreilles. Comme une flûte discontinue.

Le psychiatre de Stan lui a longuement démontré que la soudaine perturbation de son ouïe ne pouvait être attribuée à l'arrêt de l'antidépresseur, mais sans pour autant le rassurer. Plusieurs spécialistes consultés s'avouèrent également désarçonnés par l'imbroglio d'éléments physiques et psychologiques que présentait son cas.

— À chaque déglutition, il me semble que mes oreilles s'emplissent de liquide. Imaginez des arbres dans mon corps, dont les branches craqueraient et s'imbiberaient de liquide quand j'avale. J'ai été consulter quatre oto-rhino-laryngologistes: deux ont nié la présence de liquide, deux ont soutenu le contraire. Un seul a décidé de me soigner, mais ses prescriptions n'ont rien amélioré. Mes tests auditifs sont au-dessus de la normale, comme précédemment. Cependant, je sais que ça ne va plus.

— Il est vrai que votre vie est tellement rattachée à votre sens auditif, insistai-je, que peut-être un problème émotionnel a pu agir sur vos oreilles. Qu'en pensez-vous?

— Comment savoir? Il y a quelque temps, j'ai imaginé que, peut-être, ce n'était pas un phénomène physique mais quelque chose sur quoi je devais travailler. On m'a dit:

«Parles-en à quelqu'un» et depuis plusieurs mois j'en parle, mais les psychologues ne me font rien découvrir de nouveau. Supposons que ces désordres soient du domaine névrotique. Parfait, alléluia! c'est une réponse! Mais je ne suis pas délivré. Il semble que les auditoires de Stan ne remarquent rien d'anormal dans son jeu. Pour eux, son talent est le même, et ses pairs le complimentent toujours pour ses tonalités si expressives et sensibles. Quant à lui, il ne peut que garder secrète la haine qu'il a de son propre jeu:

— Peut-être est-ce passager? Personne encore ne vous a fait d'observation, il me semble, lui fis-je constater.

— Non, mais cela pourrait se produire. J'appréhende toujours que quelqu'un d'autre que moi ne capte ou ne perçoive ma tonalité telle que je l'entends. Cela ne peut pas ne pas arriver.

— Je l'ignore.

Je me sentais aussi inquiet que lui.

La situation est telle que Simon a de plus en plus de mal à sauver les apparences, en tant que personne et en tant que musicien. Il se sent coupable de «faire subir» au public ce son discordant. Plus encore, son bonheur a toujours dépendu de la flûte, depuis qu'il était enfant. J'imagine le jeune adolescent vulnérable qu'il a dû être.

Aujourd'hui, Stan a trente-cinq ans. C'est encore un chétif. Il porte une paire de lunettes petites, cerclées et fragiles et sa bouche offre, avec une lèvre inférieure d'une rondeur semblable, le support idéal à l'embout de sa flûte. Son discours est volubile et nerveux. Il est heureux qu'il ait découvert la flûte en son jeune âge: un garçon tel que Stan aurait été facilement la proie des rues de Brooklyn.

Ne tirant plus aucun plaisir de son instrument, il est devenu plus taciturne et solitaire de semaine en semaine:

«J'ai un concert dimanche. L'orchestre se compose essentiellement de médecins et de juristes, et, par chance, d'une violoncelliste tout à fait sublime. Elle est charmante, et il me semble que je l'intéresse.

J'aimerais sortir avec elle, ce serait amusant puisque tous les deux nous sommes musiciens. Mais je n'ose pas l'inviter tout en sachant que je joue aussi bien qu'elle, sinon mieux, car j'ai peur de jouer des duos avec elle.»

Pour cet homme, quel déshonneur redoutable que d'avoir un rendez-vous avec une femme sous couleur de «jouer en duo» et de ne pas être en mesure de tenir la partie! On pourrait être tenté de plaisanter sur les connotations sexuelles des paroles de Stan. C'est le tireur d'élite privé de revolver, le policier sans sa matraque, etc... Mais je ne pense pas que ces représentations sexuelles puissent donner la mesure de son désintérêt pour la vie.

«Tant qu'elle me comblait, je ne me suis pas inquiété de savoir si les autres appréciaient ma manière de jouer. Facile de subjuguer les gens pendant dix minutes et d'en ressentir un bien-être passager, mais ces endorphines, ou tous ces trucs que l'on a là — Stan indiquait sa tête — ne sont autres que de la morphine. Je veux savourer cela pour moi-même, je veux éprouver la plénitude, sans quoi ma musique n'a plus de sens.»

Il poussa un soupir de capitulation.

«C'est un peu comme la première rencontre avec une femme. À l'enthousiasme succède la déception de découvrir qu'elle n'est après tout qu'une personne entre mille. Progressivement, la magie s'estompe, et ce que l'on percevait commence à s'effacer. Peut-être désormais une flûte n'est-elle pour moi qu'une flûte? Mon roman d'amour avec elle est terminé et j'entends ce qu'elle est réellement — qui sait? Chaque jour, je commence à jouer avec l'espoir de l'entendre à nouveau bien sonner, mais ces grincements m'obsèdent. J'essaie de m'abstraire de cette hantise en me répétant: ‹Stan, le son de ta flûte ne peut pas avoir changé. Tout vient seulement de tes oreilles bouchées.› J'entends mes symptômes me dire autre chose: ‹Vois autour de toi, il y a des gens qui vivent avec de la sclérose en plaques et des atteintes pires encore›, mais ça ne me réconforte pas. Je renonce, tout simplement, à vivre dans ces conditions.»

Il s'était tu et son visage exprimait plus que jamais la déroute et son repli sur lui-même. Poussé hors du paradis comme un ange déchu, il ne pouvait ni reconnaître le lieu de sa chute, ni s'en relever.

Maintenant et pour toujours

La différence entre Stan et un ange déchu est une question de paradis: il est octroyé aux anges et gagné chèrement par les humains. Il y a des réussites: Stan faisait déjà partie des privilégiés; il pouvait, avec sa musique, créer un espace de bonheur infini. Ainsi que tout véritable artiste, il avait vécu de cette cellule créative de lui-même, jusqu'à ce moment terrible où le flot de la créativité s'était tari. Un gouffre s'était creusé entre créateur et création, et, même si celle-ci devenait belle, elle n'était plus *sa* beauté à *lui* admirée par les foules. Tout son bonheur passé avait été englouti dans le vide. Ce problème n'est pas particulier à Stan, ni non plus aux artistes en tant que tels. Quelles que soient les faveurs apportées par certains côtés de la vie, la jouissance que l'on en éprouve n'en est pas moins limitée. Elle s'use spontanément, à moins de pouvoir garder un accès à la source du renouvellement. C'est là l'une des exigences premières de la vie, de même que l'amour et la liberté, mais avec encore plus de force puisque toute vie a besoin de se renouveler pour faire échec à l'incessant processus de la destruction. Celle-ci n'existe pas dans la nature à l'état pur; il y a, dans le même temps, une création et une destruction si intimement mêlées qu'elles sont devenues indissociables. Nous mourons et renaissons constamment, au niveau physique. À chaque seconde, des millions de nos cellules se divisent, chacune déléguant, dans sa mort, la vie à deux nouvelles cellules. L'influx créatif génère la vie au fur et à mesure que le passé l'engloutit. Une profonde pulsion psychologique nous rythme tous dans ce processus dont parle Alice Miller avec une magnifique concision:

«Il y a des besoins qui peuvent et devraient être satisfaits dans le présent... Entre autres, ce besoin central que tout être humain a de s'exprimer — de se montrer au monde comme il est vraiment — par ses mots, ses gestes, son comportement, dans chaque son authentiquement émis, depuis le cri du bébé jusqu'à la création artistique.»

La clé de ce remarquable extrait est le besoin qu'a la vie d'être satisfaite dans le présent. Mais il n'est pas si aisé de définir le présent. Ce peut être une tranche de temps, la plus fine possible, l'instant impalpable permettant au futur de devenir du passé. À l'inverse, on peut décréter que le présent est éternel car son renouveau est permanent, comme une rivière n'est jamais deux fois semblable. Et Schrödinger de déclarer: «Le présent est la seule chose qui n'a pas de fin.»

Créer le paradis pourrait vouloir dire — ni plus ni moins — vivre dans le présent, jouir du bonheur tout à la fois maintenant et à jamais, mais qui peut cela? Les limites qu'a créées l'esprit humain sont irrémédiablement façonnées par le passé. C'est de la blessure d'hier que je veux me garder aujourd'hui, ce sont les gloires passées que je veux ressusciter, c'est un amour perdu que je veux retrouver. Ce «faiseur de limites» qui aussi a sur nous des pouvoirs énormes, c'est cette partie de l'esprit qui juge et classifie nos expériences, c'est l'intellect.

Si l'esprit crée des limites, c'est pour s'autoprotéger. Parce qu'il a le pouvoir de fouler les sentiments dangereux, d'ensevelir les peurs enfantines et l'agressivité primaire jusque dans les abysses, l'intellect doit décider: «Cette personne va-t-elle me blesser?» «Est-il anormal de ressentir cette émotion?» «Oserai-je clamer telle vérité?» Quelle que soit la réponse, celle-ci tiendra lieu de réalité, même provisoire, qui étayera l'action. L'écheveau emmêlé et glissant que constituent ces réalités provisoires, c'est la réalité elle-même.

La vie nous confronte à des vagues de défis que tentent de relever nos décisions intellectuelles. Impressionnant est le nombre de questions que renferme la plus infime des expériences. Est-elle ou non souhaitable? Faut-il la répéter? Est-elle vraie ou fausse, bonne ou mauvaise, agréable ou déplaisante? Chaque décision, une fois prise, est archivée par la mémoire et servira de référence pour une expérience nouvelle. Supposons que ma première séance d'équitation m'ait fait me sentir mieux, au point que j'aie envie de renouveler l'expérience. La prochaine fois que j'aurai envie d'aller faire du cheval, cette appréciation influencera ma décision. Elle ne m'obligera pas à remonter sur un cheval, mais je ne pourrai pas la négliger complètement.

À l'issue d'une conférence que je donnais en Allemagne, une femme est venue me trouver, me disant qu'elle travaillait pour un grand aquarium municipal où elle avait souvent remarqué un phénomène intéressant. Chaque fois que les épaisses parois de verre à l'intérieur du réservoir étaient retirées pour être nettoyées, les poissons se précipitaient à l'endroit où aurait dû se trouver le verre et, juste avant d'en traverser l'emplacement, ils s'en retournaient, arrêtés par une barrière fictive. Expérience édifiante. Nos propres limites infranchissables ne sont que des faux plis de l'esprit qu'un autre faux pli nous fait croire tellement laides ou terrifiantes, ou repoussantes, qu'il devient impossible de s'y confronter. Si je croise un vieil ennemi qui m'a insulté dix ans auparavant, il me sera certainement impossible d'oublier mon ancienne vexation.

Les vieilles opinions vont forcément ressurgir, édifiant un barrage pour que cet homme, qui pourrait être mon ami, soit exclu, écarté d'avance. De son côté, impressionné par ma froideur, il sera sur la défensive, jusqu'à ce que nous nous trouvions dissimulés chacun derrière une barricade injustifiable, vide de toute substance. Cela se passe très rapidement, sans même que s'établisse le moindre contact, sauf l'afflux de souvenirs enfouis. C'est triste de constater que mon bourreau de ce jour n'est rien d'autre que le moi-même surgi d'hier!

L'intellect, à la manière d'un couteau à pain, découpe sans arrêt la vie en minces tranches d'expériences, toutes étiquetées et cataloguées. Les *rishis* ont compris que ce morcellement de la réalité, même s'il est nécessaire au processus de la pensée, est une erreur fondamentale. La vie s'écoule à l'image d'une rivière, pas d'un robinet. Ils ont donc soutenu qu'une expérience qui dépend de ces fractions de vie, ou d'espace, n'est absolument pas valable: c'est une fiction, un reflet, une idée de vie privée de toute vérité. Permettre au monde de filer entre nos doigts, comme du sable, en l'interprétant sans fin, grain à grain, c'est le perdre à chaque instant. Pour englober une réalité absolue et véritablement authentique, il faut impérativement s'élever au-dessus de l'intellect et mettre de côté ce découpage de la vie en tranches trop nettes. Comme le pain rassis, de toute façon, elles se dessèchent.

«Je suis le champ.»

Au lieu d'un monde transformé en rondelles de saucisson, les *rishis* nous proposent un continuum — un fleuve vivant — qui prend sa source au sein de notre conscience, se prolonge par tous ses affluents — choses et événements du dehors — puis remonte à cette même source, se diluant à nouveau complètement dans la conscience. En fait, on ne peut évaluer la perception des *rishis* qu'en tentant soi-même de rejoindre leurs états de conscience. Mais supposons qu'ils soient dans le vrai. Cela devrait nous permettre de percevoir et de voir ce qu'ils captent, même un infime instant. J'ai rencontré dans l'Oregon un enseignant âgé d'une quarantaine d'années qui semble avoir pu approcher ce point de vue au cours d'une méditation qui avait débuté dans un cadre familier:

«Un matin, ma méditation à peine entamée, j'ai eu la sensation qu'un aimant très puissant m'attirait en moi-même. J'ai poursuivi mon exercice en tentant de m'enfoncer beaucoup plus profondément au fond de mes entrailles jusqu'à ne plus rien percevoir de l'extérieur. Assis, la respiration paisible, mon esprit demeurait particulièrement en alerte dans ce silence blanc intense. Je n'ignorais pas que j'étais parvenu à un niveau où mon moi personnel avait complètement lâché prise, entraînant avec lui toute perception de temps, d'espace, d'orientation, toute pensée quelle qu'elle fût.»

À ce stade, deux possibilités se présentent: l'expérience peut soit se prolonger dans le silence de la transcendance, soit commencer à réaffleurer à la surface du mental, entraînée par une pensée ou une sensation soudaine. Mais il se produisit un événement inattendu:

«De ce champ de silence absolument uniforme, la perception la plus subtile du *je*, une minuscule volute de conscience personnelle, a émergé, accompagnée d'une sensation de transformation — je ne trouve pas de mot plus approprié. Cette transformation comparable à un feu d'artifice a dû se manifester de telle manière que je me suis trouvé soudain enveloppé par un gigantesque déferlement lumineux. Rien d'autre n'appartenait à ce monde excepté la lumière, elle seule existait et je savais, intuitivement, qu'il s'agissait d'intelligence ou de conscience sous une forme visible. Assis les yeux fermés, je pouvais cependant voir que tout ce qui m'entourait se trouvait nimbé de la même lumière blanche et éblouissante. Mon corps, les tables et les chaises, les murs et les fenêtres, le bâtiment et tout ce qui se trouvait au-delà, tout était coulé dans cette lumière de l'esprit, cette pulsation de vie. Un certain temps se déroula avant que la lumière ne s'éteigne, très progressivement. Seul, à nouveau dans le silence, en moi quelque chose avait changé, c'était comme si j'avais englouti le monde: pour la première fois, je me sentais comblé de la tête aux pieds.»

Que cette expérience fût considérée comme inhabituelle, nul doute. Mais plus étrange encore, mon ami, lui, l'a trouvée *normale*. Cette transformation avait été le déclencheur d'une vision que l'on peut qualifier de miroir intérieur. Il percevait subtilement que sous l'apparence fascinante de cette vision, il était tout simplement en train de capter sa propre lumière. Toute sa vie durant, il avait été attiré par les choses du dehors et là, il faisait soudainement connaissance avec l'observateur. Décrypter cette transformation intérieure de la conscience, démonter les mécanismes qui permettent de sortir de soi-même dans le champ où lumière et esprit, tout et rien à la fois, ne sont qu'un, tel est le seul moyen qui permette de comprendre ce qu'il a vécu.

Il est étrange que le terme *champ*, mot sacré de l'Inde antique, soit utilisé par les physiciens contemporains pour désigner les forces fondamentales de la nature. Lorsque Krishna révèle son infinie grandeur au guerrier Arjuna dans la *Bhagavad-Gita*, il dit: «Sache que je suis le champ et celui qui connaît le champ.» Le mot sanskrit *kshetra* peut désigner un champ de bataille (celui où Anjura et Krishna dialoguent, juste avant l'affrontement de deux puissantes armées). Mais le sens le plus profond de *kshetra* est presque identique à ce à quoi réfère le physicien lorsqu'il évoque le champ quantique ou le champ électromagnétique: ils sont infinis et pénètrent tout; sans eux, la réalité ne pourrait exister. Krishna partageait incontestablement ce point de vue et insistait sur le caractère de cette définition qu'il mettait lui-même en application.

Pour avoir un photon, il faut qu'il y ait champ lumineux; on ne peut non plus séparer l'électron de la notion de champ électrique; avant la pièce de métal aimantée, il y a le champ magnétique terrestre. Ce que mon ami a perçu comme source de toute chose autour de lui ne correspondait pas à un champ physique mais à un champ de conscience. Il percevait sa conscience *comme* de la lumière, ce qui ne diffère pas vraiment de ce que l'on perçoit habituellement. À la vue de la lumière, notre cerveau privilégie un certain nombre de qualités totalement abstraites dans le champ et les interprète *comme* de la lumière. Le toucher, l'ouïe, le goût, l'odorat sont tous des sens puisés dans la réserve des vibrations énergétiques du champ.

Imaginez la feuille et l'épine d'une rose. L'une et l'autre, nourries par la même lumière solaire, mitraillées en permanence par la totalité du spectre solaire, disposent d'une photosynthèse foncièrement identique; elles ont une structure cellulaire constituée des mêmes molécules et un ADN identique.

Différencier une feuille d'une épine est affaire de sélection: l'épine capte la lumière solaire et sous son effet se transforme en une chose dure, pointue et piquante. La feuille, pour sa part, l'utilise pour évoluer vers quelque chose de doux, souvent arrondi et transparent. La lumière du soleil n'a aucune de ces propriétés. Au nom de quoi pourrait-on la définir comme dure, douce, aiguë, arrondie? D'une manière indéfinie, ces diverses caractéristiques sont extraites du champ tout en n'étant pas dans celui-ci — mais elles existent toutefois comme de possibles manifestations du champ. Tout comme la rose, je pratique la sélection qui donne forme à ma vie en fonction des modifications évolutives de ma relation au champ. Dans un certain état de conscience — le sommeil profond, par exemple —, je n'ai aucune interaction avec la lumière. Durant le rêve, je produis des images lumineuses dans ma tête. À l'état de veille, la lumière paraît se trouver au dehors. En fait, elle demeure une potentialité du champ qui n'attend que d'être exploitée par mon esprit.

Il faut intégrer que le champ n'est pas une chose en soi — c'est à une abstraction que nous donnons forme de chose. Il suffit, pour nous en convaincre, de nous tourner vers ceux qui manquent de ces dons créateurs qui nous semblent pourtant naturels. Annie Dillard, dans l'ouvrage *Pèlerinage à Tinker Creek*, évoque avec talent ces gens qui, aveugles de naissance, évoluent dans un monde dénué d'espace, de dimensions, de distances et autres phénomènes que nous tenons pour acquis. Il y a plusieurs décennies, après avoir maîtrisé la technique opératoire des cataractes, les chirurgiens-ophtalmologues ont pu redonner la vue, en quelques heures, à des aveugles de naissance. Rendus à la lumière, ces nouveaux voyants ne se sentaient pas pour autant libérés. Ils étaient confrontés à un mystère quelquefois écrasant. De l'avis de Von Senden, la plus grande proportion des malades des deux sexes, tout âge confondu, n'avaient pas la moindre idée de l'espace. Formes, distances, dimensions étaient autant de mots dépourvus de contenu. Tel patient «n'avait aucune idée de profondeur, confondant cette notion avec celle de rondeur», précise Dillard en se référant aux notes de travail laissées par les chirurgiens et compilées par Marius Von Senden (*Espace et Vision*). Autre patiente, autre cas [...], le médecin écrit:

«Je ne retrouvais chez elle aucun sens des dimensions, pas même dans des proportions minimales qu'elle pouvait appréhender par le toucher. C'est ainsi que lorsque je l'interrogeais: ‹Montre-moi, elle est grosse comme quoi, ta maman?› au lieu d'écarter les bras, elle plaça tout simplement ses deux index à quelques centimètres l'un de l'autre.»

Un patient utilisait le toucher de sa langue pour différencier un cube d'une sphère. S'il utilisait sa vue, il regardait ces mêmes objets sans les distinguer. Un autre patient affirmait que la limonade était «carrée» parce qu'elle lui procurait une sensation de démangeaison sur la langue semblable à celle qu'il avait d'un objet carré qu'il tenait dans ses mains.

Tous ces nouveaux voyants se confrontaient à un monde déroutant par manque de cette créativité visuelle que nous considérons comme évidente. Leur vision disposait d'un registre d'où les formes étaient exclues, en fait celle-ci correspondait à la vision de base sans le filtre de la *transformation* par l'esprit. Pour certains patients, qu'une maison soit plus vaste que chaque pièce prise individuellement ne paraissait pas évident. La notion de distance jouait énormément. Un bâtiment situé à plus d'un kilomètre et demi leur paraissait aussi rapproché que celui dans lequel ils se trouvaient, si ce n'est le nombre de pas nécessairement supplémentaires à faire pour l'atteindre. Un chien qui s'était déplacé derrière un fauteuil, pour eux, n'était plus là. Toutes formes étaient perçues comme des taches teintées, de forme plate, se déplaçant dans l'espace, et, lorsqu'il arrivait à certains d'entre eux de dépasser un arbre par exemple, quel n'était pas leur étonnement de pouvoir en faire le tour et de constater qu'il était maintenant derrière eux!

«Pour les personnes qui viennent d'acquérir le sens de la vue, la vision est une pure sensation non encombrée de toute signification, observe A. Dillard. Pour certains, rajouter le sens se révélait trop difficile. Seuls, ils devaient fermer les yeux et faire à nouveau l'expérience de objets avec leurs mains et leur langue. Ils montaient les escaliers les yeux clos pour éviter la perspective vertigineuse d'avoir à grimper un mur vertical. Il est pathétique de constater que la surabondance d'images visuelles provoquait chez la presque totalité des personnes concernées la perte soudaine et totale de cette prodigieuse et déconcertante sérénité qui est l'apanage de ceux qui n'ont encore jamais pu voir.»

Ces gens étaient vraiment bouleversés de constater qu'ils avaient été *observés* toute leur vie. Cette forme d'accès à la vie de l'autre, d'intrusion, demeure quelque chose de totalement étranger aux aveugles. En définitive, certains se sont mieux intégrés que d'autres. Pour eux, découvrir que tous les visages dans le monde pouvaient être différents les uns des autres constituait un phénomène aussi impressionnant qu'extraordinaire; apprécier l'immensité du ciel et de la terre s'avérait au moins aussi terrible. L'espace, dans sa globalité, demeurait insaisissable. Venant tout juste de recouvrer la vue, une jeune fille regardant, pour la première fois, un album de photographies et quelques tableaux interrogea ses proches:

— Pourquoi mettent-ils toutes ces marques sombres, partout?

— Ce ne sont pas des marques sombres, cela s'appelle des ombres, répondit sa mère. L'œil peut percevoir la forme des êtres et des choses en partie grâce à celles-ci. L'absence d'ombres rendrait plat tout ce que l'on voit.

— C'est bien comme ça, c'est vraiment ainsi que je vois les choses, répondit la jeune fille. Tout semble plat avec des taches sombres.

Notre perception spontanée du monde n'établit pas pour autant la preuve de son existence. D'autres personnes ne peuvent pas accepter notre code de la réalité si elles n'acceptent pas notre code de la vue. L'œil refuse de voir ce que l'esprit ne connaît pas. Cela me rappelle de nombreuses histoires: l'une concernant des Turcs qui, voyant un film pour la première fois, quittaient en pleine panique la salle de cinéma, terrifiés à la vue de la locomotive sur l'écran dont ils imaginaient qu'elle allait le transpercer et les atteindre. Celle de ces Pygmées ayant quitté leurs forêts d'Afrique et qui, voyant au loin dans la plaine un troupeau de buffles, leur attribuaient une taille de cinq centimètres. Ou encore de ces Inuits qui, penchés sur des photographies, ne pouvaient déceler un visage dans ce qui leur apparaissait uniquement comme une juxtaposition de taches grises et noires. On ne peut considérer l'ensemble de ces réactions comme primitives, mais résultant d'un autre code. La race humaine est prisonnière de sa vie. Seuls quelques *rishis* nous disent que nous sommes libres d'adopter le code que nous désirons.

Le tissu de la conscience

Parce qu'ils échappent à l'influence réductrice d'un code de perception unique dans leur propre expérience du monde, les *rishis* ont pu comprendre avec clairvoyance que la race humaine est prisonnière de la vue. Ils avaient choisi de voir le champ dans sa globalité au lieu de le segmenter en morceaux multiples. À quoi ressemblait ce tout?

Seule la pure conscience avait pu leur permettre d'appréhender la surface du champ dans sa totalité, perception qui ne leur était pas étrangère, la conscience pure étant constituée de la même matière mentale que celle qui remplit notre cerveau.

La pure conscience qualifie la conscience sans forme, comparable à la qualité du silence auquel on accède dans la méditation. Sans forme dans le champ, la pure conscience s'anime de vibrations et par là même se métamorphose en l'Univers visible. On peut considérer une pensée comme étant la vibration interne de cette matière mentale; bien qu'étant aussi une vibration, l'atome situé à l'extérieur de notre tête présente toutes les caractéristiques de la matière.

Leur aspect illusoire n'a pas échappé à la compréhension des *rishis*. Les atomes, les molécules, les photons, les étoiles, les galaxies — la Création entière — sont façonnés à partir d'un même élément, la conscience pure.

On se trouve au cœur de la pensée indienne ancestrale, confrontés à une pensée radicale, une pensée qui ne peut être corroborée que dans un état supérieur de conscience. Nous disposons toutefois d'un concept de liaison: le champ, qui permet d'accéder aux frontières du monde des *rishis*.

Au cours des cinquante dernières années, le concept de champ a envahi la physique. Au moment seulement où l'on a compris que matière et énergie n'avaient pas d'existence précise, palpable, le fait de pouvoir tenir la totalité d'une balle de tennis dans la main permet de déduire qu'il est évident de pouvoir faire de même pour la plus petite partie de cette balle. Mais les particules élémentaires, simples petits morceaux de matière, n'ont ni solidité ni définition.

Pour voir avec précision une balle de tennis, il faut l'imaginer volant comme un essaim d'abeilles. Chacune vole si vite qu'elle trace une ligne de lumière, comme ces feux de Bengale que l'on agite dans la nuit les soirs de fête. Hormis son zigzag visible, chaque abeille laisse une trace sensitive. Elle bondit hors de vue dès l'instant où vous tentez de la distinguer, mais vos yeux et vos mains conservent la perception de l'endroit où elle était l'instant d'avant.

Voici donc éclairé, sommairement, le principe de base de la réalité quantique, le fameux principe d'incertitude qui dit que les particules élémentaires, bien que paraissant se situer en un lieu et en un temps définis, restent introuvables. Essayez donc d'attraper une abeille; elle disparaîtra et il ne vous restera que des traces. Les physiciens, pas vraiment satisfaits de cet énoncé selon lequel toute chose existante échappe constamment, ont appris à s'en contenter en dépit des difficultés. Faute d'une particule solide sur laquelle s'appuyer, il ne leur restait qu'un jeu de possibles, et si tous ces possibles étaient regroupés, le résultat devenait un champ.

Un champ n'est, seulement et fondamentalement, qu'un jeu de variables à mesurer. On peut y analyser les diverses sortes de traces que ces particules filantes abandonnent dans leur sillage, moyennant quoi on obtient un éventail de descriptions d'une précision maximale et scientifiquement utilisables. En présence d'un quark, on peut assurer qu'il possède telle ou telle autre propriété — masse, quantité de mouvement, symétrie, spin — toutes propriétés calculées avec une infaillible précision mathématique. Bizarrement, il est impossible, puisqu'il faudrait pour cela l'arrêter, de tout connaître sur une abeille en vol. C'est pour cela qu'une balle de tennis peut paraître tout à fait solide et réelle à un certain niveau — celui où interviennent les sens — et totalement fantomatique et irréelle à un niveau plus profond — là où les sens sont absents.

Comme un *rishi*, le physicien louvoie entre les objets existants, les objets potentiels et le néant. Krishna peut utiliser le mot *champ* dans la même optique que le physicien: tous deux tentent d'exprimer la totalité de la nature. Le champ est le plus élaboré des moyens permettant de décrire toute chose, depuis l'atome jusqu'à l'étoile, car *toutes* les descriptions possibles sont contenues en lui, ce qui sous-entend que tout ce que peut capter notre regard pourrait être quelque chose d'autre. Par là même, il n'y a pas d'issue à cette curieuse conclusion puisque, au niveau du champ, voir et créer ne font qu'un. Le célèbre physicien de Princeton, John Wheeler, écrit:

«Nous avions coutume de penser que l'Univers était là au-dehors, et que, retranchés derrière un écran de verre de trente centimètres d'épaisseur, nous pouvions l'observer en sûreté et sans investissement personnel. La théorie des quanta nous propose une vérité bien différente... L'observateur est de plus en plus hissé au niveau du participant. L'Univers quête la participation.»

Comme toutes les grandes idées, la découverte que l'Univers n'a pas de structure fixe peut paraître terrifiante, mais le principe d'incertitude est aussi un principe créatif. *Vide, néant, espace interstellaire*, ces mots ne doivent pas engendrer la peur; ils désignent la substance créative de la vie quotidienne. Et Wheeler de raconter:

«J'aime l'histoire de ces trois arbitres de baseball qui s'attablent devant une bière, un après-midi, pour comparer leurs feuilles de route. L'un des arbitres dit: ‹J'les note comme j'les vois.› Le second nuance: ‹J'les note comme ils sont vraiment.› Et le troisième conclut: ‹Ils sont rien tant que j'les note pas.»

Les *rishis* ont élevé l'acte créatif de voir plus haut que ne l'ont fait les physiciens quantiques. Et d'abord, en élargissant l'influence de l'observateur au-delà de l'étendue infinitésimale du champ quantique, lequel est de dix à cent millions de fois plus petit que l'atome. Le jeu de cache-cache du quark a laissé la place à celui de la vie en tant que telle — l'observateur védique a extrait du champ des blocs entiers de réalité qui ne pourraient exister sans lui.

La physique aborde timidement cet immense domaine. Pourtant, des études certifiées ont montré que les gens les plus ordinaires exercent une projection réelle de leurs pensées dans l'atelier de la nature. Deux chercheurs de l'université de Princeton, Robert John et Brenda Dunne, ont affirmé que des volontaires placés face à une machine pouvaient modifier son fonctionnement par le pouvoir de l'attention, expérience minutieusement relatée dans leur ouvrage *Aux frontières du paranormal: le rôle de l'esprit sur la matière.*

La machine sous influence était un générateur de nombres aléatoires débitant en désordre des chapelets de zéros et de un. À terme, les zéros et les un finissent par sortir en quantités égales (tout comme l'on peut obtenir autant de côtés pile que de côtés face si l'on jette une pièce de monnaie un nombre de fois suffisant).

Les volontaires se sont vu demander de dévier la production de la machine afin d'en faire sortir soit davantage de un, soit davantage de zéros, simplement en le désirant.

Ils ont alors fixé leur esprit sur ce qu'ils voulaient obtenir de la machine avec un succès remarquable, les écarts notés étant de l'ordre de dix-huit pour cent: les sophistications les plus poussées de la théorie des quanta sont impuissantes à expliquer le processus d'un pareil exploit.

Au cours d'expériences complémentaires, l'équipe de Princeton a démontré que tout individu pouvait émettre des messages par télépathie, quel que soit l'éloignement de la personne destinataire. Il fut même observé que certains messages étaient reçus jusqu'à trois jours *avant* leur envoi. La conclusion est sidérante: les limites fixes de l'espace-temps ne seraient-elles que des commodités de l'esprit et non des absolus? Il se pourrait que nous vivions dans un film à trois dimensions projeté par notre esprit, comme l'affirmaient d'anciens textes indiens.

En vérité, nous *sommes* ce film à trois dimensions. Il n'est pas séparé de nous, mais mêlé à notre matière mentale de sorte que le seul moyen de le voir sans erreur est de voir l'observateur. À l'instar de Krishna, il doit être possible de dire: «Sache que je suis le champ et celui qui connaît le champ.» Le poète Rabindranath Tagore a ressenti intimement ce qu'implique l'acceptation de son propre statut cosmique:

«Le même fleuve de vie qui court dans mes veines, nuit et jour, court le monde et danse en cadence.
La même vie éclate de joie dans la poussière de la terre, en innombrables brins d'herbe, puis s'éparpille en vagues tumultueuses de feuilles et de fleurs.»

Si le champ est tout ce qui existe, alors l'inimaginable impulsion qui mène l'Univers doit aussi se trouver dans toute parcelle de matière, tout embryon de pensée. Plutôt non, elle doit se trouver dans la simple *possibilité* que la matière et la pensée puissent exister. Selon les *rishis*, le siège de toute créativité est dans la pure conscience, mais dans ce cas, ainsi que toute chose, nous y sommes aussi.

«L'erreur de l'intellect»

J'ai beaucoup insisté sur les similitudes entre la pensée védique et la physique moderne parce que ce domaine est resté fort hermétique. Vers la fin des années soixante-dix, il était de bon ton de proclamer que la théorie des quanta avait été précédée par les intuitions des mystiques et avant tout des sages bouddhistes et taoïstes. S'emparant de cette théorie, certains ont prétendu que la sagesse orientale pouvait trouver son interprétation dans la physique moderne et inversement. Grâce à la fusion des idées, un pont était jeté entre l'Orient et l'Occident, faisant naître des perspectives dont les deux mondes allaient s'enrichir.

Mais les physiciens professionnels — entre autres — ne tardèrent pas à rejeter cette idée dans sa totalité. D'après eux, le champ quantique résiste à toute épreuve alors que les visions des mystiques sont par trop diffuses. Une certaine théorie avance que les mathématiques complexes et très pointues annonçant, par exemple, le comportement des quarks et des liptons n'avaient que peu ou rien de commun avec le comportement humain. Soutenir que l'esprit pût avoir un base quantique était pur fantasme puisque les pensées et les particules subatomiques font partie de domaines tout à fait différents que la physique ne pouvait réunir, ce à quoi la plupart des physiciens ne se risquaient pas. (Bien que plus sereins à ce sujet, les bouddhistes traditionnels étaient également affligés car ils proclamaient que l'objectif de leur religion était le salut des âmes engluées dans le cycle des renaissances. Dans cette optique, ils ne trouvaient à la théorie des quanta aucun fondement, pas plus qu'à la nécessité de bâtir ce pont.)

Je souhaite ne pas ajouter à la confusion en faisant remarquer que discuter des anciens sages soit en termes de mysticisme *ou bien* de théorie des quanta leur retire leur véritable originalité et leur vrai discours. Les sages védiques, ainsi que leurs successeurs du taoïsme et du bouddhisme, n'étaient pas des mystiques, ils étaient des observateurs attentifs de ce même monde qui est le nôtre, et ceci, pas seulement par visions subjectives ou intuitions; leurs esprits étaient braqués sur la croisée des chemins de la subjectivité et de l'objectivité. C'était là une perspective unique d'où ils pouvaient visualiser leur propre conscience en train de se muer en ces rochers, arbres, montagnes, étoiles qui, pour le commun des mortels, sont tous au dehors.

Je me suis ingénié à fournir des preuves convaincantes de ce que la réalité est, pour chacun, le résultat de sa propre création. Au niveau strictement intellectuel, il est difficile de s'en rendre compte. Il faut en faire l'expérience directe. L'intellect a souvent dénigré l'expérience spirituelle directe en dressant contre elle les barrières du doute, de la négation et de la peur et en la réduisant à un mysticisme de pacotille. Il devenait difficile d'en comprendre la portée et la nécessité. Si j'ose avancer une définition, je dirai que l'expérience spirituelle est celle qui révèle la pure conscience comme créatrice de la réalité. Quoi d'autre pourrait nous concerner davantage? La réalité nous déborde comme le rêve s'échappe du rêveur, comme la lumière abandonne le feu de joie. Dès lors qu'est acquise la maîtrise de ce processus, il est possible de retrouver un état de liberté et d'accomplissement, en d'autres mots de retrouver le paradis perdu.

La disparition de l'expérience spirituelle, tant en Orient qu'en Occident, a fait voler en éclats les aspirations supérieures de l'être l'humain.

«Toutes vos souffrances s'enracinent dans la superstition, disait un gourou à ses disciples. Vous croyez vivre dans le monde alors que c'est le monde qui vit en vous.»

Les anciens *rishis* allaient plus loin encore et proclamaient que la perfection avait été sacrifiée par *Pragya Paradha*, ou l'erreur de l'intellect.

Le besoin qu'a l'intellect de sonder le monde a pris naissance dans un passé lointain et a atteint son apogée en ce siècle, nous entraînant dans une pénétration si profonde de la diversité de la Création que l'origine de celle-ci — soit la conscience pure — a été perdue de vue. Les expériences intérieures de la félicité et de l'expansion infinies, de la liberté totale et de la toute-puissance sont devenues «mystiques».

De telles expériences, en général, ne surviennent pas spontanément. Il semble qu'il faille des années de méditation pour atteindre l'état de conscience où elles deviennent à peu près possibles. Aujourd'hui, la froide réalité du dehors est devenue si insidieuse que l'esprit n'a plus accès qu'à des pouvoirs réduits, pour autant qu'ils aient pu survivre. Mais peut-être l'existence même de l'esprit était-elle déjà une superstition...

Aussi critique qu'il paraisse, l'état actuel de l'atrophie spirituelle n'est pas incurable: l'erreur de l'intellect peut être corrigée. Il y a ici matière à un optimisme sérieux. Ramener nos problèmes à une origine unique est déjà une percée. Alors, de quelle façon corriger notre erreur? Sûrement pas en renonçant à l'intellect dans sa totalité, ce qui serait un non-sens, mais néanmoins en le situant à sa place réelle, dans l'équilibre global de la conscience. L'expérience répétée de la conscience pure induit cette réhabilitation.

En état d'équilibre, la conscience humaine se met à vivre d'elle-même les deux aspects de la vie: l'état absolu du soi et celui, relatif, du moi. Le fait de rester en contact avec le centre de pure conscience permet de pleinement jouir de la beauté du monde là, au dehors, dans toute sa diversité.

Le poète W.B. Yeats a écrit: «Nous sommes heureux lorsque à tout ce qui est à l'intérieur de nous correspond quelque chose à l'extérieur.» Le mot *correspondance* désigne un courant de communication ainsi qu'une parenté entre deux choses. Pour une conscience équilibrée, la communication avec le monde extérieur est immédiate et spontanée. Il en est de même par la grâce de la pensée. L'écrivain sud-africain Laurens Van der Post raconte que, étant parti un jour en voyage dans la brousse en compagnie d'indigènes, il atteignit un camp où il trouva des hommes assis autour d'un vieillard de la tribu qu'il affectionnait particulièrement. L'ancien était assis, immobile, les yeux clos, en plein recueillement. Van der Post voulut savoir ce qu'il était en train de faire, mais quelqu'un l'arrêta d'un «Chut!» sans réplique et ajouta: «Il fait des nuages, c'est très important.» Pour les *rishis*, vous et moi sommes nés aussi faiseurs de nuages. Mais aussi longtemps que nous n'aurons pas le contrôle de notre nature intérieure, nous n'aplanirons pas les désordres dont pâtit la nature tout entière.

Le piège circulaire

Je crois significatif que les gens s'intéressent si nombreux au phénomène des dépendances. À mon avis, cela indique un conflit des plus graves entre les vieilles habitudes et l'aspiration à la liberté. L'habitude du toxicomane, par exemple, n'est que la version amplifiée de la sujétion à toute autre habitude; elle l'enchaîne à des réalités périmées plutôt que de lui permettre d'accueillir l'aube d'une nouvelle vie. Les causes initiales de la dépendance sont l'objet de controverses passionnées, mais l'un des aspects de ce syndrome est le plaisir qu'il procure à des gens qui ne peuvent en trouver autrement. Ainsi que le fait remarquer Alice Miller:

«Les gens qui, enfants, ont réussi à réprimer leurs sentiments forts tentent souvent de retrouver — au moins pour quelques instants — l'intensité de sensations qu'ils ont perdues, avec l'aide des drogues ou de l'alcool.»

Il me semble évident que bien des gens ont occulté la majeure partie de leur moi sensible. Exhiber des émotions fortes est un comportement social difficilement admis chez nous, alors que le contrôle de soi est suprêmement apprécié. C'est pourquoi nombreux sont ceux qui paniquent littéralement dès la naissance d'une émotion. En reproduisant le déni émotionnel qui nous fut imposé pendant notre enfance, nous dépensons, à nous nier nous-mêmes, une énergie considérable. La dépendance «résout» le problème en autorisant le plaisir, en l'entourant de secret et de culpabilité. L'un de mes patients, qui avait apparemment une conduite irréprochable, menait depuis des années une double vie dans les pires milieux héroïnomanes de Boston:

«Lorsque je me rendais dans les dédales du ghetto, là où l'on se shoote, je me composais plusieurs personnages. Parfois, j'arrivais en costume trois-pièces, au volant de ma BMW; d'autres fois, je venais en tenue militaire ou déguisé en clochard. J'ai vu mourir des gens qui ont mendié de l'héroïne jusqu'à la fin. J'étais étroitement surveillé autant par la police que par les revendeurs qui n'arrivaient pas à me comprendre, pas plus les uns que les autres. Je dormais avec d'autres junkies dans des maisons squatterisées, je déambulais dans les rues avec des gamins d'une dizaine d'années qui devaient tirer à vue sur le premier qui tenterait de leur arracher leur provision de crack. Vous ne pouvez pas savoir ce que c'est que d'en être à vingt sachets par jour. Les junkies en prennent deux à cinq, parfois dix par jour. Quand on en est à de telles quantités, on n'a pas une chance sur cent de s'en sortir. J'en ai pris vingt pendant plus d'un an, et j'ai pu survivre.»

Cet homme décrit avec une totale franchise les joies que lui a apportées la toxicomanie, en tout cas au début. Dès sa première injection, le plaisir, perdu depuis si longtemps, l'avait submergé. Pouvoir apparaître sous plusieurs aspects dans le monde des junkies était une seconde source de plaisirs interdits. N'étant contraint d'être vrai vis-à-vis de personne, il pouvait parfois anesthésier temporairement ce qui le menait à douter de tout, même de sa propre existence. Son accoutumance, bien qu'effrayante vue de l'extérieur, n'était pas tellement différente de celle d'un alcoolique discret qui avale une gorgée de whisky au réveil. Tous deux sont dépendants d'un mélange de plaisir et de culpabilité qui ne manque pas d'attraits. Par essence, toute forme de comportement compulsif implique une répétition sans fin que le plaisir seul ne justifierait pas. Les alcooliques et les héroïnomanes, les boulimiques et les kleptomanes, tous sont soumis, encore et encore, au comportement même qu'ils désapprouveraient chez quelqu'un d'autre.

Il arrive qu'ils trouvent honteux le plaisir lui-même: ils n'ont donc d'autre alternative que de rechercher des plaisirs d'où la satisfaction est exclue. Comme le dit un psychothérapeute: «On n'a jamais assez de ce dont on ne voulait pas au début.» Même le plaisir le plus intense ne crée pas d'accoutumance, tant que la personne concernée garde une idée nette de ce qu'est le plaisir. Mais certains individus n'ont d'autre choix que de coupler les sensations de bien-être avec les sensations de mal-être. Au choc de la drogue se joignent les affres de la culpabilité, sans laquelle la première perdrait son charme.

Les toxicomanes, dans notre culture, inspirent pitié et mépris; la société ne sait toujours pas si elle doit les considérer comme malades ou comme déviants, ou les deux à la fois. L'ambiguïté va plus loin encore. La perte irrémédiable de maîtrise de soi que révèle une toxicomanie à son apogée est horrible mais, au fond, tentante. Si le prix à payer n'était à ce point exorbitant, dites-moi qui n'accepterait d'être ainsi submergé par un océan de plaisir? À mon avis, il ne s'agit pas d'une fuite. Oserai-je dire qu'au cœur de toute dépendance gît une profonde nostalgie du plaisir, et que c'est là un besoin légitime? En dépit de tout ce qu'on a pu nous faire croire, la recherche du plaisir n'est pas mauvaise en soi. La vie de chacun est stimulée par l'éperon du désir. Mais rares sont ceux qui, au sommet d'un très grand plaisir, ne se sentent atteints d'un sentiment de culpabilité, d'égoïsme ou du vague pressentiment que c'est trop beau pour durer.

Objectivement, si les personnes victimes de leur dépendance vivent des fantasmes que nous connaissons tous, il faut admettre qu'elles ne sont ni malades ni déviantes. J'aimerais adopter le diagnostic des *rishis* et décréter que la dépendance est, fondamentalement, le résultat d'une erreur. La personne est prisonnière d'un cercle infernal qu'elle a elle-même conçu; son plaisir n'est pas suffisant pour abolir sa culpabilité et elle ne se sent pas suffisamment coupable pour refuser la prochaine dose. On pourrait dire que les deux impulsions se poursuivent l'une l'autre dans une interminable danse macabre.

Encore un exemple d'intellect égaré: le piège circulaire dépend de la certitude du malade que la conscience, parcellisée, ne peut guérir d'elle-même. À cela, les *rishis* répondent en affirmant que la conscience est toute-puissante, donc qu'elle devrait être capable de n'importe quoi, y compris de se guérir elle-même. Pourquoi une solution à la dépendance ne se situerait-elle pas dans cette direction?

Evelyne Silvers, thérapeute à Los Angeles, est spécialiste de la toxicomanie. Elle a su créer chez ses patients un phénomène remarquable qui les délivre de leur besoin. Par la plus simple des méthodes de suggestion et de pensée dirigée, elle les incite à fabriquer des drogues cérébrales qui semblent agir exactement comme l'héroïne, l'alcool, la cocaïne ou les tranquillisants, pour la consommation desquels ils ont ruiné leur vie.

Auparavant, en 1976, Evelyne Silvers s'était attachée à un problème différent: la douleur chronique. L'excitation que suscitait alors la découverte des endomorphines, c'est-à-dire des analgésiques internes du corps, était énorme; les analyses démontraient qu'ils étaient beaucoup plus puissants que la morphine et autres opiacés. S'inspirant de cette constatation, E. Silvers avait découvert qu'elle pouvait obtenir des patients souffrant depuis longtemps de migraines, d'arthrite ou de douleurs lombaires qu'ils produisent, à la demande et avec une grande efficacité, des substances capables de soulager leurs souffrances.

Il ne s'agissait là, vraisemblablement, que de la simple mise en œuvre des antidouleurs organiques auxquels nous faisons tous appel mais que nous ne pouvons diriger, et les chercheurs sont très rares, dans ce domaine, qui peuvent affirmer savoir comment se déclenchent véritablement les endomorphines. Ce sont des substances chimiques très souvent imprévisibles: en certaines circonstances, sur le champ de bataille ou au cours d'un accident de circulation, le corps peut ne ressentir aucune douleur durant des heures, alors que parfois un léger mal à la tête ou aux dents peut se révéler impossible à neutraliser.

En butte à cette déroutante impossibilité, E. Silvers avait mis au point un procédé d'une stupéfiante simplicité: elle expliquait à ses patients, avec autorité, que la pharmacie interne du cerveau pouvait tout guérir, qu'elle allait leur indiquer une technique simple pour faire naître des drogues cérébrales qui viendraient à bout des douleurs chroniques les plus enracinées. Puis, elle leur demandait de fermer les yeux et d'imaginer qu'ils étaient en train de créer un afflux d'endomorphine à l'intérieur de leur tête, mais sans le libérer. Pour cela, il fallait fabriquer la bonne dose. Pendant les quelques minutes suivantes, elle les tenait en haleine tandis qu'ils sentaient cette dose devenir de plus en plus importante; enfin, elle donnait un signal et chaque patient propulsait un flot d'endomorphine dans son système sanguin.

À ce moment, et comme si une dose massive de morphine leur avait été administrée, ils se sentaient soulagés de leur douleur. Des douleurs chroniques qui avaient résisté à tous les précédents traitements disparaissaient totalement ou diminuaient de façon notoire. Renvoyés chez eux pour pratiquer, seuls, cette maîtrise de la drogue cérébrale qui leur était propre, beaucoup parvenaient à se séparer totalement des produits analgésiques qui leur avaient été prescrits. Plus appréciable encore, E. Silvers avait également observé que, sur un patient toxicomane souffrant de douleurs chroniques, l'utilisation de cette technique effaçait, en même temps que la douleur, tout besoin de drogue. Ceci, même sur des patients qui en avaient fait usage pendant vingt ans. De surcroît, il semblait qu'il n'y eût pas de rechute. En 1986, E. Silvers avait obtenu suffisamment de succès pour expérimenter la méthode sur un groupe entier de toxicomanes invétérés.

Elle choisit vingt adultes qui avaient été pendant cinq à vingt ans assujettis à la cocaïne, à l'alcool, au valium, à l'héroïne ou à plusieurs de ces drogues à la fois. À ces gens désespérés, les drogues ne procuraient plus de plaisir. Ils continuaient à s'y adonner pour échapper à de lancinants sentiments de culpabilité, et aussi à la douleur physique quasi permanente qui les martyrisait. La plupart avaient vu se détruire carrière et vie de famille.

Evelyne Silvers enseigne donc au groupe la technique de base, insistant sur le fait que le cerveau produit ses propres substances antidouleur et ajoutant qu'il fabrique également l'équivalent parfait de toute drogue que l'on peut se procurer dans la rue. La pharmacopée du cerveau, outre qu'elle offrait aux toxicomanes un approvisionnement inépuisable en drogues pures, sans effets secondaires, les libérait en plus du sentiment de culpabilité. Elle déclara au groupe:

«Vous avez utilisé des drogues pour une excellente raison. Celles dont vous avez abusé sont une imitation des substances naturelles qu'utilise le cerveau des gens qui veulent se sentir normaux. Lorsque nous avons la sensation d'être comme ceci ou comme cela, notre humeur est toujours la résultante d'une substance chimique ou autre. Aucun état d'esprit n'existe sans fondement biochimique. Dans le cerveau d'un toxicomane, les drogues internes servant à se sentir normal — calme, équilibré, maître de soi, heureux — font défaut, soit en raison d'une carence congénitale donc spontanée, soit plutôt parce que l'action des drogues amoindrit la capacité de production propre du cerveau. Vos besoins de drogues indiquent que votre cerveau avait un problème, et en utiliser a été un moyen de le résoudre. Bien qu'en abuser ait des conséquences dangereuses, il n'y a pas lieu d'en avoir honte. Vous ne faisiez que vous soigner vous-mêmes, comme un diabétique prend de l'insuline.»

C'était une association thérapeutique audacieuse qu'avait pratiquée là E. Silvers, alliant au pouvoir de la suggestion une science somme toute précaire. Les neurologues n'ont toujours pas établi l'existence d'une production cérébrale équivalente à certaines drogues induisant une accoutumance quelconque (alcool, nicotine ou cocaïne) et moins encore que de telles substances puissent être émises à volonté. Cependant, il ne fait pas de doute que nos cellules sont organisées pour recevoir les drogues de la rue. Et ceci, indéniablement, signifie que les substances inductrices d'accoutumance remplissent un rôle très voisin de celui d'une substance chimique que nous fabriquons nous-mêmes. Inversement, il faudrait supposer que la nature nous ait dotés d'une aptitude à recevoir des drogues illégales des millions d'années avant de les voir apparaître, ce qui semble fortement improbable.

Evelyne Silvers ayant terminé, les membres du groupe ont fermé les yeux, fabriquant mentalement une dose massive de leur drogue favorite et l'ont libérée à son signal. La suite est stupéfiante: les yeux des sujets sont devenus vitreux, chacun de ces individus perdu dans un voyage différent, selon le genre de drogue à laquelle il était habitué. Ils souriaient béatement et déclarèrent plus tard avoir revécu des souvenirs d'enfance. Ceux voués au valium s'étaient apaisés au point de bégayer au début de leur récit. Les alcooliques s'affalèrent dans une détente rêveuse, sans leurs inhibitions: ils parlaient calmement des questions terribles qui avaient jusqu'ici provoqué en eux des réflexes de défense virulents.

Dans chacun des cas, l'émission de drogue fut si forte que E. Silvers dut laisser vingt minutes de battement au groupe afin que les participants soient assez cohérents pour faire le compte rendu de leurs expériences. Tous exultaient, convaincus par le déroulement de la séance alors que celle-ci avait débuté dans un scepticisme total. «Depuis des années, la drogue vous dirige, leur a alors assené E. Silvers. Désormais, ce sera l'inverse.»

Il faut convenir que ce fut là un exemple superbe de guérison par la conscience! Lorsque E. Silvers expliquait à ses toxicomanes que leur culpabilité n'était pas fondée, elle énonçait un postulat étranger à la plupart d'entre eux mais qu'ils étaient heureux d'accepter. Une fois éduqué, l'esprit de chacun d'eux s'est senti libre de franchir une vieille frontière. Il me semble que, dans cette affaire, leur cerveau a agi comme un agent neutre sans aucune volonté propre, capable d'abandonner la toxicomanie comme capable de la poursuivre. Sans instructions émanant du mental, le cerveau ne peut se libérer lui-même.

Evelyne Silvers suit la filière actuelle qui consiste à rechercher des explications dans la chimie du cerveau, mais elle reconnaît que le mécanisme cérébral qu'elle a déclenché lui reste inconnu. Elle insiste beaucoup sur la théorie selon laquelle se sentir normalement équilibré dépend de nombreuses interconnexions neurochimiques. Ceci semble indéniable, mais laisse de côté le mystère entourant une technique isolée capable d'exploiter des substances chimiques dont on ignore même si elles existent dans le cerveau. Par ailleurs, un cerveau de toxicomane pourrait-il, alors qu'il est aussi gravement détérioré par des substances extérieures, se guérir lui-même par des moyens chimiques? Je crois plutôt que la blessure de la toxicomanie a été soignée par un nouvel élément apporté à la conscience.

Le plus étonnant de cette méthode est que, dans son ensemble, elle apporte de l'eau au moulin de la connexion corps-esprit dont on dit qu'elle peut tout, même pour des sujets conditionnés à l'extrême. Pour étayer cette perception de la méthode de E. Silvers, référons-nous au pouvoir de l'effet placebo: administrons un médicament factice à un groupe de cancéreux en leur disant qu'ils sont en train de recevoir une chimiothérapie puissante; un fort pourcentage d'entre eux présentera les effets secondaires typiques de la chimiothérapie, nausées intenses après la prise du remède, cheveux qui tombent et, parfois, qui tomberont tous.

Nous ne sommes évidemment pas pourvus d'un mécanisme cérébral nous permettant de perdre nos cheveux à volonté, non plus que les composantes de la chimiothérapie n'imitent les substances naturelles du cerveau. Pour que fonctionne un placebo, l'esprit doit créer quelque chose de nouveau ne dépendant pas des ressources préalablement connues du cerveau. Au contraire, le cerveau, en serviteur attentif de l'esprit, est capable de transporter ce qu'on lui commande. Lorsque E. Silvers a offert à ces toxicomanes une prise de drogue sans drogue, ils ont eu la révélation sur-le-champ que la toxicomanie n'était pas une prison mais une illusion. Des années de douleurs, de frustrations et de destruction de l'estime de soi devenaient soudain caduques. «Retournant à ma propre nature, je crée encore et toujours», explique Krishna à Arjuna. Et ce n'est pas seulement un dieu transcendant qui parle: c'est le créateur qui vit en chacun de nous.

11

Le champ du pouvoir

Lorsque, en Inde, un homme se distingue par une sorte de grâce émanant de sa vie, chacun le traite avec déférence: «Qu'il aille et vienne à son gré, partout les fleurs jailliront sous ses pieds.» Ce joli proverbe n'était sûrement pas connu de Sidney, un de mes étudiants et mon ami, à qui pourtant il correspondait si bien depuis son accès au monde miraculeux.

— J'étais le dernier à songer que je ferais un jour des miracles, me confia Sidney d'une voix douce et rêveuse. Chez les miens, voyez-vous, la religion n'a pas réellement de sens. Personnellement, je déteste «ce glissement progressif dans un mysticisme nébuleux» si bien évoqué par Stephen Hawking et j'estime avec Freud que lorsqu'ils prient un père dispensateur d'amour infini au paradis, les hommes reportent sans doute sur ce père l'amour déficient de celui qui ne les a pas assez aimés sur Terre.

Je fis à Sidney la remarque suivante:

— Si vous étiez honnête avec vous-même, il vous serait impossible d'affirmer plus avant que vous avez une âme. Au Moyen Âge, les médecins avaient pris coutume de peser leurs patients au moment de leur passage à trépas pour vérifier si oui ou non leur corps s'allégeait à l'instant où leur âme s'envolait. Ils n'ont naturellement jamais rien pu trouver. Mais la métaphysique est restée la mieux ancrée des superstitions. Tout persuadé qu'il était de ce que le mécanisme de l'Univers est logé tout entier dans l'esprit de Dieu, même Newton n'est jamais parvenu à en donner la preuve. Imaginez, toutes les joutes spirituelles dont nous serions dispensés si l'au-delà et ses êtres suprêmes étaient tenus de prouver eux-mêmes leur existence plutôt qu'imposés par la foi! Dieu, l'âme, le péché, l'expiation, la rédemption, l'immortalité... À vingt et un ans, j'avais déjà depuis belle lurette mis au placard ce langage lourd et compassé. Et maintenant, vous affirmez avoir une âme? demandai-je à Sidney avec curiosité.

— Libre à vous de me croire, mais je réponds que oui, je pense effectivement en avoir une.

Sur ces mots, Sidney mit en riant ses mains en bouclier devant ses yeux pour parer l'assaut de nuées d'objections fantômes:

— Avant de me juger, laissez-moi vous raconter comment cela m'est arrivé.

— Bien volontiers.

Sidney est mon ami depuis cinq ans et, à l'occasion, mon patient. S'il avait trouvé son âme, il m'intéressait évidemment d'en apprendre plus. Avec ses quarante-sept ans, Sidney porte sur le monde un regard d'une exceptionnelle acuité. Il écrit aisément sur les sujets les plus divers et, en tant que professeur, il lui arrive parfois de lancer d'épiques diatribes contre toute forme d'orthodoxie. Son discours se déverse alors comme les chutes du Niagara et ses argumentations restent à jamais mémorables. Et c'est à Cambridge, dans le Massachusetts, au café où nous étions entrés cette fois pour fuir la pluie d'un samedi particulièrement gris, que Sidney me fit récit de son aventure:

— Il y a quelques mois de cela, mon esprit jusque-là tout à fait normal s'est vu, à l'évidence, en train de se scinder.

— Avez-vous traversé une période psychotique?

— Sans aller jusque-là, mon état mental atteignait des limites que, chez tout autre, j'aurais attribuées sans hésiter à un esprit dérangé. Mais, je le répète, jugez par vous-même.

C'est au début de l'hiver dernier que m'ont surpris les premières coïncidences étranges de mon existence. Un jour où il neigeait sans arrêt, j'ai dû me rendre à l'épicerie. À l'instant où je sortais de chez moi, une nappe de lumière ensoleillée s'est formée sous mes pas, et j'étais forcé de constater qu'elle descendait la rue avec moi. Arrivé au carrefour, j'ai tourné à gauche et la nappe de soleil, d'un rayon de trois mètres environ, en a fait de même. Un peu plus loin, je me suis arrêté au feu rouge et la lumière s'est immobilisée. Puis j'ai traversé, et ma lumière *idem*! Elle m'a fait escorte jusqu'au seuil de l'épicerie et, pour comble, est réapparue à l'instant où, un quart d'heure plus tard, je sortais du magasin, pour finalement me raccompagner jusqu'à l'entrée de ma maison. Que penser alors?

Sans me laisser intervenir, Sidney poursuivit son récit:

— Attendez, ce n'est pas tout. Le lendemain, j'ai voulu acheter en ville une machine à écrire portative et me suis rendu compte que son prix était de vingt dollars supérieur au prix indiqué le matin même par téléphone. J'ai donc protesté, mais sans obtenir plus de résultats auprès de l'employé qu'auprès du directeur du magasin. Furieux, je me suis pourtant résolu à acheter la machine, afin de ne pas m'être de surcroît déplacé pour rien. Or, savez-vous ce que j'ai trouvé dehors, juste en franchissant la porte de la boutique?

— La nappe de lumière! supposai-je.

— Un billet de vingt dollars, là, à mes pieds! glapit Sidney. Ces incidents à première vue insignifiants m'ont vite semblé de plus en plus drôles.

— Drôles?

— Absolument. Ils étaient d'inspiration *ludique*, comme si quelque espiègle bambin me rendait complice d'un bon tour particulièrement drôle — ou plutôt d'ailleurs d'une intelligence qu'il m'était impossible de voir ou d'interpeller. Mais veuillez écouter ce qui suit. Une semaine plus tard, je roulais seul en voiture, en pleine campagne, à la tombée de la nuit. Je revenais de chez des gens que je visitais pour la première fois. La route zigzaguait et je cherchais vainement le carrefour où je devais tourner. Au bout d'une demi-heure, j'ai compris que je m'étais perdu. Les quelques maisons entr'aperçues n'étaient pas éclairées et j'ai commencé à m'inquiéter. Tout à coup, j'ai senti ma conscience quitter mon crâne et s'étaler devant moi sur tout le faisceau que couvraient mes phares. À l'instant même où je m'en suis rendu compte, j'ai senti ma conscience s'étendre encore et rayonner cette fois dans toutes les directions. La sensation était extrêmement fine. Comment mieux vous la décrire? Je me sentais absolument partout et, sans y réfléchir, j'ai cessé de conduire la voiture. Je tenais le volant, j'appuyais sur les pédales, mais toute sensation de geste conscient m'avait quitté. J'étais devenu cette étendue de conscience glissant doucement dans la nuit, sans souci de me rendre quelque part. Croisant des carrefours, j'ai tourné par-ci, par-là, livré au hasard, du moins en apparence puisque, en dix minutes, j'avais rejoint l'autoroute juste à l'embranchement voulu pour rentrer à bon port.

— Et vous voyez là l'œuvre de votre âme? m'étonnai-je, un peu narquois.

— Si l'âme est notre part du monde invisible, peut-être me suis-je seulement projeté sur le territoire de l'âme. Mon prolongement invisible était vivant et, assurément, n'était autre que moi. Tout vivait de sa présence: la voiture, la terre, le ciel. Quelques vers me reviennent d'un poème: «Étoiles immenses, vivantes sœurs aux sourires d'infinie douceur, toute proches...» Quel était le poète?

— Et comment ressentez-vous tout cela maintenant?

— Plus de la même manière. Il s'est opéré un changement, une évolution. Je suis en permanence en état d'omni-conscience intense et à mesure que les jours passent, je peux sentir parfois une forme d'extase m'envahir délicieusement. Ma vie acquiert dans ces moments une valeur sacrée. Pardonnez la maladresse de mes propos, exprimer cette expérience est totalement nouveau pour moi.

— Je me réjouis pour vous de ce que vous vivez si intensément. Mais, rassurez-vous, vous n'avez pas changé, si c'est cela qui devait vous inquiéter. Vous avez toujours exploré, et je ne suis pas surpris qu'il vous soit donné ainsi d'apprendre encore davantage.

Sidney me remercia du regard:

— J'aimerais vous raconter un événement peu banal. L'idée de miracle vous choque-t-elle?

— Ce n'est pas si certain. N'avez-vous pas déjà fait allusion à un phénomène de cet ordre?

— Bien sûr. Mais vous êtes-vous penché par vous-même sur ce type de réalité?

— Je ne fais pas d'investigations particulières, mais des histoires me parviennent. J'ai eu l'occasion de rencontrer des gens qui me confiaient avoir eu l'habitude de voler dans les airs quand ils étaient enfants. Lorsque la maison était vide, ils flottaient au-dessus de la rampe pour descendre l'escalier et laissaient leurs poupées sur le faîte de très hautes armoires, ce qui avait le don de rendre leurs parents très perplexes. Ceci, jusqu'au jour où, pour s'entendre confirmer qu'il est impossible de voler, ils ont révélé leur secret à leur maman... et sont devenus aussitôt incapables à tout jamais de le refaire. Naturellement, prétendre voler est très extraordinaire, mais tant de gens semblent entretenir des pouvoirs singuliers. Se représenter par exemple des objets perdus et les retrouver d'instinct dès qu'ils en ont besoin. Répondre aux questions avant qu'elles ne soient posées. La plupart d'entre nous nous avérons capables en certaines occasions de prédire l'avenir, même si ces quelques prédictions justes côtoient une foule de projections de notre inconscient, d'espoirs et de fausses prémonitions. Je serais pour ma part incapable de dire où finit la vie ordinaire et où commencent les miracles.

Apparemment soulagé par ma réaction, Sidney reprit, non sans une légère hésitation:

— Depuis quelque temps, je ne dors presque plus. Nullement d'ailleurs par anxiété, mais au contraire parce que j'ai le sentiment extraordinaire d'être empli de lumière. L'extase est telle qu'elle me force à me lever et à déambuler dans la maison. Parfois même, le croirez-vous, couvert d'un manteau, je sors danser sous la lune! Une nuit, poussé dehors par cet état de fantastique sensibilité, j'ai croisé près de chez moi une femme en haillons allongée sur le trottoir. Enroulée dans un vieux plaid crasseux, elle marmonnait en dormant: «Maman, maman, maman...» C'était bouleversant et j'eus l'intuition que cette femme, comme tant de sans-abri, était une malade mentale. Sa voix trahissait son désespoir. Elle exprimait une souffrance insoutenable mais, de mon côté, je me sentais plus radieux que jamais. Penché vers elle, je l'ai réveillée avec le plus de douceur possible. Elle m'a dévisagé avec quelque frayeur mais sans aucun mouvement de recul et, sans savoir pourquoi, je me suis entendu lui dire: «Désormais, vous ne souffrirez plus.» «Quoi?» a-t-elle grimacé d'un air éberlué. «Je suis ici pour vous aider. Maintenant, vous n'êtes plus folle, n'est-ce pas?» Elle était certes médusée, mais, fait nouveau, j'en suis certain, l'expression de son regard était celle d'une personne tout à fait saine d'esprit. Sans un mot, elle a secoué la tête comme pour s'assurer de ce qui se passait à l'intérieur. J'ai alors insisté: «Mais dites-le-moi, vous sentez-vous encore folle?» D'une voix sereine, parfaitement normale, elle a fini par me répondre: «Non.» «Bien, ai-je acquiescé. Je n'en sais pas la raison, mais vous avez simplement beaucoup de chance. Vous irez très bien à présent.»

Sidney marqua un silence.

— Vous avez réellement vécu cela?

J'étais atterré, mais Sidney me le confirma.

— Comment pouvez-vous assurer que cette femme était guérie? Cet épisode donnerait plutôt à suspecter en vous un dérèglement maniaque, vous ne pouvez l'ignorer.

— C'est vrai, reconnut-il. Je suis incapable de rien prouver et il m'était impossible, sur le moment, d'analyser ce qui se produisait entre elle et moi. Soudain, j'ai senti mon cœur prêt à exploser et j'ai éprouvé l'irrépressible besoin de fuir. J'ai entendu la femme me crier: «Qui êtes-vous?» mais j'étais déjà à l'autre bout de la rue. Cinq minutes plus tard, je grelottais dans mon lit. Je n'ai jamais revu cette femme par la suite.

Des pouvoirs invisibles

Sans avoir aucune preuve de la véracité des récits de Sidney, ni davantage de sa santé mentale, je le considère pourtant toujours très équilibré. Ses «miracles» ne semblent avoir ni détraqué ni déboussolé sa personnalité. Ses propos ne se noient pas dans un brouillard de spéculations. Il ne semble pas non plus avoir subi de dépression ou de cruelle désillusion, comme il arrive souvent en contrecoup des accès de démence maniaque. Le fait qu'il cherche à intégrer ces événements insolites en reformant l'idée qu'il se fait de lui-même est assez rassurant, puisque cela signifie qu'il s'en nourrit au lieu de s'en détruire.

Peut-être mon ami n'est-il pas à l'abri d'un retour de manivelle. Franchir les frontières du miraculeux n'est pas sans risques. Selon Maharishi, les personnes qui le font se retrouvent soudain comme des joyaux hors de leur écrin, c'est-à-dire privées du contexte dans lequel leur métamorphose peut avoir un sens. Je peux comprendre comment Sidney en vient à parler de «miracles» pour désigner ses expériences, empruntant au lexique religieux le plus conventionnel, faute de termes plus clairs et plus précis. Il manque en effet de mots inédits, et il est à la recherche d'une explication qui pourrait s'appliquer à son cas.

Peu importe, en effet, de croire ou non à l'histoire personnelle de Sidney. Tant de révélations peuvent sembler au départ invraisemblables. Que je me trouve par exemple à côté de mon ami au moment où, émerveillé, il se penche devant une jonquille pour l'admirer, partager sa perception éphémère et intime de la fleur sera tout aussi délicat, tout aussi inaccessible que son présent récit. Ce qui compte, pour chacun d'entre nous, c'est de comprendre nos propres révélations.

La première précaution serait, selon moi, d'effacer toutes ces connotations magiques dont sont d'emblée parées les premières manifestations de conscience supérieure. Un disciple s'en prit un jour à son gourou:

— Si vous êtes réellement illuminé, pourquoi ne pas nous le prouver par des miracles?

Et le gourou de lui rétorquer:

— Parce qu'il n'y a aucun miracle, excepté si pour vous tout est miracle dans la vie. Mais je me sais au-delà de tout miracle, je me sais normal.

Peut-on imaginer réponse plus sage? Jamais la conscience humaine n'a été dénuée de l'aptitude à s'ouvrir au monde invisible et il est certain qu'un pâtre, du temps de Zarathoustra, souriait aux étoiles avec la même révérence que Sidney. Bien sûr, si vous rappelez à quelqu'un qu'il n'est pas le premier ainsi touché par la grâce, cette observation teinte aussitôt son visage d'une grande déception, car chacun de nous, au plus profond de soi, se voudrait unique dans sa sainteté. Puis à la réflexion, ne plus se croire seul dans ce cas devient vite un grand réconfort pour les miraculés. Découvrir sous les flots agités de l'existence humaine le magnifique et vaste flux de l'esprit aux ressources infinies procure en vérité une joie sans pareil.

— Que faire? me demanda un jour Sidney. Privilégier ces états de grâce ou m'en détourner? S'ils sont singulièrement attirants, je réalise aussi combien ils peuvent me plonger dans l'erreur. Le plus grand péril serait de me perdre dans mes fantasmes. Qui sait, peut-être en suis-je déjà la proie?

— Non, vous ne semblez pas le moins du monde aliéné par vos fantasmes. Vous semblez marcher sur un fil, et votre expérience passée ne vous y a pas préparé.

Je priai mon ami de ne pas errer plus longtemps seul et sans appui dans l'espace mental; il avait à mon sens besoin de garde-fous, de filets de sécurité. La sagesse ancestrale, par tradition, a dressé et analysé un immense répertoire d'expériences spirituelles. Si les *Védas* des *rishis* passent pour les écrits les plus anciens et les plus autorisés en la matière, toute tradition spirituelle qui a su rester vivante a le grand avantage de transmettre une précieuse carte pour ce voyage dont elle repère aussitôt la destination.

Si ce détail revêt à mes yeux une telle importance, c'est que des épisodes de guérison, de communion intense ou d'expansion de conscience, tels que relatés pas Sidney, font généralement partie du voyage, mais comme simple étape d'une vaste odyssée entraînant la personne vers un but qu'elle peut ne pas soupçonner. L'expérience miraculeuse n'est rien en comparaison de l'extase d'une complète métamorphose spirituelle. Et de le savoir fait toute la différence entre l'évolution et le chaos. Au lieu d'errer au gré de l'aventure, il s'agit de viser un objectif — un état de conscience plus élevé — et de s'y consacrer. Les sages védiques tenaient pour principe inébranlable que cet accomplissement est le sens naturel de la vie. En effet, la maturation, l'évolution, l'expansion et l'extraordinaire ramification de l'activité de l'esprit ne se produisent pas par hasard. Ce sont autant de tentatives pour échapper au fini et accéder à l'infini.

Pour éviter toute terminologie ésotérique, disons que pour Sidney le réel étend son champ, s'écartant peu à peu des modèles auxquels se conforment habituellement nos sens, ce qui peut se concevoir et s'admettre sans difficulté. Repousser ainsi les frontières du réel peut donner le vertige, la sensation que non seulement nos hypothèses mais le sol tangible qui nous porte se dérobent sous nos pieds.

Un jeune patient entra un jour dans mon cabinet en m'adressant un surprenant:

— *Namaste kya hal hai, Doctor sahib?*

Ce «Bonjour, docteur, comment allez-vous?» aurait été tout à fait naturel de la part d'un Hindou, mais cet homme-là avait les yeux bleus et de blonds cheveux bouclés.

— Où avez-vous appris à si bien parler hindi? lui demandai-je, intrigué. Vous avez si peu d'accent!

— À New Delhi, répondit-il. J'ai un peu étudié au Hindou College. Je suis né au Cachemire et j'y ai grandi.

Me contentant de cette réponse, je passai aussitôt à ses problèmes de santé, d'ailleurs sans gravité. Puis, je lui fis une ordonnance et allais refermer son dossier lorsque mes yeux tombèrent par hasard sur un: «Lieu de naissance: Santa Barbara, Californie».

— Pardonnez ma curiosité, ne m'avez-vous pas dit être né au Cachemire?

— C'est exact.

— Pourtant, selon votre dossier votre lieu de naissance est Santa Barbara.

— C'est vrai, j'aurais dû préciser, ajouta-t-il sans hésiter, la fois d'avant, j'étais né au Cachemire.

— Ah bon! C'est donc également à cette époque que vous avez appris l'hindi?

— Oui.

Sa voix était aimable et neutre. Mon premier réflexe fut de pousser mes questions afin de détecter des signes évidents de son dérangement mental:

— Je vois que vous êtes barman dans un hôtel du centre-ville. Ce ne doit pas être un endroit très pur, j'imagine, pour une personne sensible au point de garder à l'esprit ses vies passées?

— Hélas! soupira-t-il. Mais j'y reste par nostalgie. En fait, cet endroit me rappelle le mess des officiers de Mhow.

Mhow comptait parmi les plus grandes garnisons britanniques en Inde centrale et, de nos jours, tout officier de l'armée indienne a de grandes chances de s'y trouver affecté au moins une fois dans sa carrière.

— Vous pouvez même vous souvenir de Mhow? m'étonnai-je.

— Et comment! fit-il vivement. C'est là que j'ai été tué.

Notre conversation se poursuivit un moment sur ce ton anodin et courtois, sans autre détail anormal ou flagrant. Au bout de quelques instants, je dus — à regret — laisser partir le jeune homme. Je m'en voulus presque aussitôt de ne pas lui avoir injecté des neuroleptiques pour calmer ses délires et l'expédier en hôpital psychiatrique. Aujourd'hui, j'aurais du mal à établir une limite nette entre sa démence et le malaise où son étrangeté me plongeait. C'est une propriété du temps que de faire ressurgir sous nos yeux tout ce qui nous a paru impossible, tout comme ces antiques monstres marins tenus longtemps pour disparus alors qu'ils sont seulement endormis au fond des océans. Nous gardons bon espoir d'élucider l'origine réelle de ces phénomènes de résurgence. Aussi loin qu'on remonte dans le temps, les êtres humains ont toujours préféré se tourner vers l'extérieur plutôt que d'en chercher la cause en eux-mêmes lorsque la logique du monde se fracassait contre le quotidien. Or, un beau jour, l'extase nous vient comme surgie du néant. Comment expliquer une telle transformation, si ce n'est par l'intervention d'un facteur divin demeurant au royaume des cieux? Pourtant, actuellement, les savants tendent à rapprocher terre et ciel sur le champ de la physique quantique. Impossible alors de se trouver hors du champ pour regarder vers l'intérieur, qu'il s'agisse de Dieu se penchant sur l'homme ou de l'homme se tournant vers Dieu: nous sommes tous partie intégrante du champ. Et ce champ n'est autre que l'existence, étendue à l'intérieur, autour et à travers toute chose. Il est l'arène de tous les possibles.

Ce champ est omniprésent et omnipotent. Il unit invisiblement deux quarks que séparent des années-lumière; il lie existence individuelle et cosmique, naturel et surnaturel. Lorsqu'ils parvenaient au plein rayonnement de leur conscience, les anciens *rishis* avaient pouvoir de clamer, comme Krishna: «Je suis le champ même.» Atteignant ce degré de maîtrise, ils aboutissaient au constat que leur propre conscience s'identifiait à celle qui sous-tend l'Univers. La qualité qu'ils reconnaissaient ainsi au champ était d'être omniscient, ce qui peut donner pas mal à réfléchir. En effet, l'omniscience est en Occident l'attribut exclusif de Dieu, à moins que vous ne considériez — et pourquoi pas? — le champ comme foyer du divin.

Penser que le sacré nous serait extérieur ne peut se défendre selon la théorie quantique, qui veut que notre implication soit inhérente à la construction de toute expérience, quel qu'en soit le niveau, profane ou sacré. Le premier ministre Nehru avait un jour visité, en Inde centrale, l'importante garnison militaire de Jabalpur où mon père se trouvait en poste. En ce début des années cinquante, Nehru était vénéré autour de nous et par nous-mêmes comme étant le sauveur de l'Inde. La ville entière avait envahi les rues pour l'accueillir. Tout était noir de monde à perte de vue. Telles des fourmis, les hommes grimpaient aux arbres pour tenter d'apercevoir Nerhu dans la jeep ouverte qui sillonnait la ville en pétaradant, et les gamins les plus dégourdis s'étaient accrochés en grappes aux plus hautes branches.

J'avais à peine sept ans et j'étais loin d'imaginer la mystérieuse raison pour laquelle mon père et ma mère restaient là debout, immobiles et muets acteurs d'un silence trop chargé pour n'être pas assourdissant. Car je me souviens parfaitement du silence de cette foule que Nehru traversait, debout sur le siège noir de la jeep, une rose à la main, précédé d'une énorme vague de saluts déférents. Ma mère se mit à pleurer, et par quelque heureux hasard, il lança sa rose pratiquement à ses pieds. Personne ne bougea. Le silence s'éternisait et ma mère se pencha pour ramasser la rose. Le lendemain, des gens vinrent dans notre maison voir la fleur régner dans son vase en argent, et personne ne s'autorisa à parler en la contemplant.

À présent, je sais que les sentiments exaltés manifestés par ces gens leur provenaient d'une source intérieure et non exclusivement, sinon même pas du tout, de Nehru. La foule participait à un phénomène collectif; elle était en proie à une émotion qu'elle laissait s'exprimer en toute indépendance, au point d'en vénérer la trace dans une rose lancée au gré du hasard. Ce qui n'infirme en rien le caractère sacré de leurs sentiments. Dès qu'un flux de conscience émerge des profondeurs de l'esprit humain, cela produit généralement à une allure spectaculaire les plus grands chambardements. La chute du mur de Berlin a donné le signal de nouvelles libertés dans le concert des nations, une nation n'étant autre chose qu'un ensemble d'individus. La politique illustre bien ce qui se passe à l'extérieur en réaction aux événements mentaux qui évoluent à l'intérieur. En effet, pour pouvoir extérieurement tomber physiquement, le mur de Berlin devait d'abord tomber dans la conscience des gens.

Si les changements politiques sont rarement envisagés de cette façon, c'est essentiellement que les êtres humains ne partagent pas souvent une conscience unifiée de ces perspectives intérieures. Il arrive que se produise un raz-de-marée de consciences unanimes. Gandhi a su gagner la conscience de millions d'Hindous à l'idée d'un rassemblement silencieux contre la domination britannique. Et cette multitude n'a rien fait d'autre que de s'unir un moment, assise ou debout dans les rues, mais elle créait une manière de témoin silencieux très semblable à celui dont il m'arrive de parler à mes patients. Le simple fait de regarder calmement son ennemi en face a sur lui un impact moral accablant, car il se voit dans vos yeux. Le témoin silencieux projette la vérité aveuglante à laquelle l'ennemi devra finalement se résoudre.

Je ne dis pas que la conscience collective n'est faite que d'émotions personnelles ou de morale. Je parle plutôt de l'esprit qui nous unit tous et que nous avons en partage sous la couche superficielle de notre esprit individuel. Cet esprit qui nous est commun crée le monde que nous partageons. Le monde devient ainsi la carte de ce qui est communément reconnu et, parallèlement, de ce qui est exclu comme irréel. La raison pour laquelle l'impossible, ou ce qui fut refoulé comme tel, refait surface dans notre culture après des siècles de mise en veilleuse, tient dans ce que notre conscience collective s'en est laissée pénétrer. Le deuxième facteur est l'affaiblissement des puissants rouages d'une censure intérieure en train de perdre tout pouvoir sur nous. Une fois aboli le pouvoir du censeur, il n'y aura plus de limites à ce qui pourra pénétrer car, au niveau du champ, tout le possible est virtuel et latent.

«Vous êtes la cause unique de toute création, tout est parce que vous êtes», assurait un gourou à ses disciples. Il serait arrogant d'affirmer que le Big Bang ait attendu notre consentement pour se produire. Mais ce n'est pas à mon sens ce qu'affirmait le gourou. Il exprimait simplement que la conscience humaine et la conscience cosmique ne font qu'un. Le champ danse et attend de nous que nous nous joignions à sa danse. Selon une image plus familière, le champ s'enroule et se déroule indéfiniment, comme le ferait une couverture infinie dans un séchoir à linge à programme et vitesse infinis. Ceci illustre assez bien comment tout point de l'Univers est partout à la fois, partageant tout de l'Univers y compris son caractère omnipotent, omniprésent et omniscient. Chacun est donc en droit de se considérer centre du Cosmos et muni d'indescriptibles pouvoirs.

Des Jumeaux hors du commun

Siddhi est en sanskrit le mot qui désigne le don de commander à la nature. Il signifie donc «pouvoir», mais implique des pouvoirs perfectionnés dans la conscience. Guérir la maladie, par exemple, est un *siddhi* au même titre que savoir voler dans les airs, se rendre invisible, lire passé et avenir, autant d'exploits surnaturels dont les *yogis* sont censés acquérir la clé en agissant sur leur conscience. Des gens apprennent ainsi à réaliser tout à coup des prouesses impossibles avec autant d'effort qu'il m'en faut pour lever un bras.

Déplacer sa conscience ne présente aucune difficulté. Celui ou celle qui parvient au niveau de conscience où le *siddhi* lui devient naturel peut transformer les choses à son gré, aussi simplement que nous pouvons vous et moi espérer ou rêver le faire, c'est-à-dire sans plus d'énergie qu'il n'en faut pour émettre une pensée. Le principe étant ici qu'aux états de conscience différents correspond une réalité différente. Si je rêve d'un arbre, je peux aussi bien le rendre bleu que sauter par-dessus ou le survoler très haut dans le ciel. L'état de rêve m'en donne le pouvoir. S'il n'existait pas d'autres états de conscience auxquels le comparer, le rêve serait mon unique réalité et je ne saurais en rien l'invalider.

Au réveil, hélas! je m'aperçois que je ne sais plus sauter par-dessus un arbre. Mais pour quelle raison? À en croire les *rishis*, ce n'est pas l'arbre qui m'en empêche mais l'intervention de ma conscience à l'état de veille. Cet état me projette en effet dans un monde régi par d'autres lois de la nature. Un *rishi* tiendrait le raisonnement suivant:

«Vous pensez que l'arbre rêvé est dans votre tête tandis que l'arbre réel est à l'extérieur. Or, cette idée ne peut vous être venue qu'*après* vous être éveillé. Tant que vous êtes dans le rêve, l'arbre vous semble extérieur à vous tout autant qu'à l'état de veille. En fait, ce que vous jugez être l'unique arbre réel devrait être nommé ‹arbre d'état de veille›. Et si vous n'êtes plus capable de sauter par-dessus, peut-être avez-vous simplement besoin de vous éveiller cette fois de l'état de veille. Il vous serait alors évident que même cet arbre-là se trouve dans votre tête.»

La maîtrise d'un *siddhi* est encore plus stupéfiante chez des gens dont l'esprit est limité à des ressources très ordinaires que lorsqu'elle est pratiquée par un homme aux facultés exceptionnelles. C'est le cas dans un célèbre essai d'Oliver Sacks intitulé *Les Jumeaux* (*in L'homme qui prenait sa femme pour un chapeau*...) où sont décrits deux jumeaux identiques capables de prouesses en calcul mental tandis que tous les tests révèlent chez eux les limites d'un quotient intellectuel n'excédant jamais soixante. C'est en 1966 que Sacks avait rencontré pour la première fois les «Dupond et Dupont». Les deux frères avaient alors autour de vingt-cinq ans et jouissaient déjà d'une certaine notoriété. Grotesques et grassouillets, ils corrigeaient par d'horribles lunettes des yeux globuleux plantés au milieu de visages tout ronds, étaient tous deux bourrés de tics et d'irrépressibles manies. Ils vivaient retranchés dans un univers mental tout à fait personnel et hermétiquement clos pour qui voulait s'en approcher, mais Sacks fut frappé de la pathétique énergie avec laquelle ils se lancèrent dans leur plus fameux «numéro»:

«Donnez-nous une date, demandaient les jumeaux à l'auditoire. N'importe quelle date extraite des quarante mille ans passés ou à venir...» Vous leur lancez une date et ils vous annoncent presque instantanément à quel jour de la semaine tombe cette date. ‹Une autre date!› exigent-ils et ils renouvellent aussitôt leur exploit. Ils sont capables aussi de vous préciser le jour de Pâques sur une période de quatre-vingt mille ans. [...] Leur mémoire des chiffres est fantastique — et probablement sans limites. Il leur est aussi facile de répéter un nombre de trois que de trente ou trois cents chiffres.»

Nos deux génies idiots ont fait couler beaucoup d'encre. Leurs talents époustouflants n'en font pourtant pas un cas unique. Au contraire, ils permettent de les classer dans la catégorie connue des calculateurs de calendriers, où se rangent (avec un taux égal de gens attardés ou normaux) tous les phénomènes capables d'aligner de mémoire les trois mille décimales du nombre π, ou de calculer par cœur, en centimètres cubes, le volume d'un parallélépipède dont un côté serait de sept millions trois cent quarante-cinq mille deux cent soixante-dix-huit mètres et les deux autres de cinq millions quatre cent soixante-dix-huit mille deux cent trente-quatre mètres.

(En réponse à un problème de ce type, un jeune génie âgé de huit ans demanda à brûle-pourpoint: «Dans quel ordre dois-je vous donner la réponse, en commençant par le premier ou par le dernier chiffre?»)

À ma connaissance, Sacks eut le premier l'intuition que les jumeaux ne calculaient pas, mais *voyaient* les nombres. De même que nous allons à la recherche d'anciens visages dans nos souvenirs, leurs cerveaux allaient dénicher la réponse au pays des nombres, avec une précision, une clarté et une rapidité impressionnantes. Le raisonnement de Sacks est simple: les jumeaux étaient incapables du plus élémentaire calcul arithmétique. Additionner quatre et quatre était au-dessus de leurs moyens et des années d'entraînement leur avaient tout juste suffi pour savoir faire la monnaie et prendre l'autobus. Selon l'explication la plus répandue, les savants idiots du calendrier auraient en mémoire un menu court, une formule mathématique ou un algorithme spécialement programmés pour aller aux dates voulues sans qu'il soit besoin de faire défiler toutes les années du calendrier. Un ordinateur peut ainsi être programmé de façon à préciser le jour de Pâques, et ce jusqu'à l'occurrence de quatre-vingt mille années.

Mais comment, s'est demandé Sacks, ces jumeaux pourraient-ils calculer les dates, même avec une formule, quand ils sont incapables de la plus simple addition? Leur don de visualiser avait été par ailleurs maintes fois remarqué. Vous pouviez citer n'importe quelle journée de l'année de leurs quatre ans, ils savaient aussitôt revoir le temps qu'il faisait, décrire tout ce qui s'était passé autour d'eux et rappeler les événements politiques importants du jour. Sacks s'était également amusé à noter avec grande précision chez les Dupond et Dupont les expressions et indications cliniques de leurs visages lorsqu'ils donnaient leurs fabuleuses réponses:

«Leurs yeux roulent et se fixent d'une façon très particulière — comme s'ils passaient en revue, tout au fond du regard sur écran intérieur, un calendrier mental.»

Cette impression de vision, renforcée par les yeux tournés en l'air puis par le ton neutre et monocorde de leurs voix donnant la réponse comme à la lecture de chiffres imprimés, pouvait évidemment donner à penser qu'ils calculaient mentalement les réponses. Mais deux autres faits restaient alors inexpliqués. D'une part, les jumeaux étaient capables de *voir* des nombres premiers de dix, voire de vingt chiffres. Or, il y a vingt ans, trouver des nombres premiers très longs relevait de l'exploit, y compris pour les ordinateurs les plus puissants, aucune formule n'étant connue à cet effet. Pourtant, ces deux idiots qui gloussaient dans un coin comme des demeurés vous clouaient le bec avec des nombres premiers si longs que Sacks ne disposait pas de manuel de mathématiques assez poussé pour les vérifier.

Par un mystère plus grand encore, il fut noté qu'un seul des jumeaux avait eu dès son plus jeune âge la révélation des nombres, mais qu'il avait transmis plus tard à son frère ce don prodigieux dans le moindre détail et d'une manière restée secrète. Doubles génies, au sens propre de ces termes, ils passaient des heures assis dans un coin à marmonner des suites de nombres interminables et à pouffer au plaisir non dissimulé d'avoir ensemble accès à quelque nouvelle clé des nombres dont personne autour d'eux ne pourrait rien comprendre.

Comment ne pas reconnaître que, en fait, les jumeaux avaient un *siddhi* particulier, peut-être le *Jyotish Mati Pragya*, faculté de voir à travers la lumière, qui était l'un des mieux connus de l'Inde antique? Les *rishis* affirment que, au degré le plus fin, tout est fait de lumière; la lumière est la plus subtile manifestation de la Création avant qu'elle ne se mêle à la conscience pure. D'une façon ou d'une autre, les jumeaux avaient pu accorder leur esprit à ce degré de conscience. Et ils savaient apparemment très bien ce qu'ils faisaient. Sacks écrit à ce sujet:

> «Si vous leur demandez comment ils peuvent enregistrer autant de données, qu'il s'agisse d'un nombre de trois cents chiffres ou d'un trillion d'événements survenus en quatre décades, ils vous répondent avec simplicité: ‹*Nous les voyons.*»

La méthode des jumeaux nous apporte quelques lumières sur la manière dont opèrent généralement les *siddhis*. Un *siddhi* est une faculté mentale qui va simplement plus en profondeur que la pensée ordinaire. Si une personne jouit de ce pouvoir, elle accède directement à ces rives où la conscience pure est sur le point d'émerger sous diverses formes manifestées. Là où, en langage de physicien, l'intention localisée est sur le point de générer des résultats délocalisés. En d'autres termes, plutôt que de rester confiné dans l'enceinte étroite de mon crâne, mon désir de voir apparaître les vingt chiffres d'un nombre premier va rayonner dans le champ, qui me renvoie aussitôt la juste réponse.

Ce moi n'a pas directement réfléchi, élaboré ou formulé sa réponse. Le champ a agi par lui-même, il a déroulé en même temps la question et la réponse, de sorte qu'elles se rencontrent dans l'espace et le temps. Mon seul rôle aura consisté à émettre un ordre, puis à laisser le champ calculer le résultat instantané et automatique demandé, quelle qu'en soit la complexité. Pour exercer à votre tour un *siddhi*, tout le secret résidera donc dans votre faculté de vous connecter sur l'ordinateur cosmique, en prenant votre cerveau pour clavier.

Les *siddhis* peuvent vous venir aussi spontanément que la bosse des nombres chez les jumeaux mais, le plus souvent, vous devez les cultiver. (*Cf.* le troisième livre du traité de yoga du *rishi* Patanjali. Les *Yoga Sutras* enseignent tout le savoir classique sur la manière d'obtenir les *siddhis*. L'ensemble de ces techniques sont reprises et dispensées de nos jours par Maharishi, dans le cadre d'un programme de perfectionnement qui peut s'apprendre à la suite de la Méditation Transcendantale.) Dans un premier temps, la méditation dispose l'esprit à la transcendance; la seconde étape est de pouvoir formuler une pensée précise sans rien perdre de la transcendance. L'exercice peut sembler totalement contradictoire: il l'est effectivement, le transcendantal étant par définition silencieux et vide de pensée. Mais l'objectif est d'atteindre cet état de contradiction. En effet, les *rishis* ont découvert à l'aube des temps qu'une personne peut entretenir simultanément deux états de conscience.

Le secret d'un *siddhi* est de réunir notre conscience quotidienne et notre conscience transcendantale, car dès qu'elles sont en nous étroitement mêlées, la nature exécute comme des ordres nos désirs les plus divers. Il s'agit là d'un prodigieux développement, mais qui tend à des fins plus élevées: déposséder la réalité ordinaire du pouvoir de nous emprisonner. Telle est la finalité effectivement poursuivie à chacune des étapes du yoga.

«Dès l'instant où vous comprenez que le monde est votre projection, vous vous libérez de lui, disait un gourou à ses disciples. Tout ce que vous voyez exister autour de vous se trouve projeté sur l'écran de votre conscience. Qu'elle soit belle ou laide, l'image que vous voyez ne peut en aucun cas vous tenir prisonnier. Rassurez-vous, nul ne vous l'impose. Vous êtes seulement pris au piège de l'habitude et cela durera tant que vous confondrez l'imaginaire et le réel.»

Ainsi se présente en effet la réalité pour qui l'envisage à un degré plus élevé de conscience. Les *siddhis* sont une passerelle essentielle pour l'accession à cet état supérieur. Ils nous donnent à expérimenter l'illusion du monde. Un ami m'a raconté récemment l'histoire suivante:

«Il y a de cela plusieurs années, j'étais parti en voiture camper dans le Far-West. Un beau matin, dans le Montana, je me suis réveillé avec une formidable envie de voir un arc-en-ciel. J'avais assez peu d'espoir cependant, car le temps était couvert et gris. Nous sommes partis du côté de Glacier Park escalader un col de haute montagne. Tout était noyé dans la brume quand, soudain, le ciel s'est ouvert comme un rideau tiré par un machiniste. Entre deux pans de brouillard, j'ai vu juste en face de moi un somptueux arc-en-ciel

relier deux pics comme un pont de lumière étincelant posé là à mon intention par les dieux.
Le spectacle était prodigieux et la coïncidence heureuse. Nous avons descendu les Rocheuses en direction du Wyoming et, le lendemain, lors d'une halte dans le massif des Tetons, j'ai vu un arc-en-ciel géant enjamber les eaux du lac Jackson. Puis un nouvel arc-en-ciel m'est apparu dans les Green Moutains le jour suivant, et un autre encore près d'Aspen le surlendemain. Je fus ainsi comblé six jours de suite. Le septième jour, je traversais un profond canyon dans le désert de l'Utah où, depuis des semaines, n'était pas tombée la moindre pluie. Pas l'espoir d'un nuage dans ce ciel brûlant de juillet. Aux environs de midi, mes yeux se sont écarquillés en apercevant une merveille incroyable: un arc-en-ciel, assez petit mais très net, irradiait juste le banc de sable blanc où nous avions bivouaqué. Quelle pouvait en être l'explication?

N'étant pas du genre à conclure au miracle, je fus fort intéressé quelques jours plus tard en écoutant le garde forestier me raconter le phénomène suivant: lorsque le soleil est brûlant, la canicule peut provoquer dans le désert une inversion de température. L'humidité dégagée par les canyons rencontre alors une chape d'air plus froid qui la retient prisonnière et où elle va se condenser. Parfois, les gouttelettes d'eau sont assez nombreuses pour former une pellicule en aplomb des rives du canyon et pour donner naissance à un arc-en-ciel. J'avais ainsi l'explication naturelle de tout ce qui m'avait tant émerveillé. La nature sait par elle-même créer les arcs-en-ciel. Cependant, je reste intimement convaincu qu'elle sait aussi les créer quand et où je le veux.»

L'esprit du feu

Les *rishis* auraient été parfaitement en accord avec la théorie quantique qui veut que le monde matériel soit construit des vibrations de l'espace initial vide. En revanche, nous ne sommes guère familiarisés avec le principe védique de l'espace intelligent présent dans tout. Cet espace de la conscience pure, le *Chit Akasha* du sanskrit, se trouve aussi bien à l'extérieur de nous qu'à l'intérieur de notre tête, où il génère notre pensée du dedans. Nietzsche nous a légué une réflexion remettant en cause le fondement même de la logique occidentale:

«Toute philosophie suppose préalablement que nous pensons, or il n'y a pas moins de vraisemblance à présumer que nous soyons pensés.»

Dans la mesure où, pour notre système conventionnel de logique, la pensée est toujours intérieure, les phénomènes naturels qui se déroulent autour de nous ne peuvent nous apparaître comme des modes particuliers de la pensée. Or, il ne s'agit là que d'un présupposé culturel. Nous pourrions tout aussi bien reconnaître partout la présence du *Chit Akasha* et nous capterions alors la nature comme une manifestation de l'esprit, travesti sous l'une de ses innombrables formes. En vérité, tout est pensé à chaque instant: les rochers, les montagnes, les océans, les galaxies, strictement autant que nous-mêmes.

Le pouvoir d'affronter le feu, de marcher sur les charbons ardents, selon un rite ancien toujours vivace dans certaines contrées, est un phénomène assez frappant auquel on s'est beaucoup intéressé ces dernières années. À travers les siècles et les traditions culturelles les plus diverses, ce rite a toujours fait figure d'expérience initiatique. Dans l'ouvrage *Firewalking and Religious Healing*, l'anthropologue Loring Danforth décrit magnifiquement le culte de l'Anasténaria dans le nord de la Grèce.

Personne n'a jamais vraiment su l'origine de ce rite. La légende veut qu'il remonte à un troublant événement survenu il y a des siècles de cela. Un incendie avait éclaté dans l'église de Kosti, petit village situé en Thrace orientale. Des cris perçants retentirent de l'enceinte de l'église. Une fois revenue de sa frayeur, l'assistance réalisa que les icônes de saint Constantin et de sa mère, sainte Hélène, réclamaient du secours. Les villageois les plus hardis bravèrent les flammes sans plus hésiter et ressortirent tous sains et saufs de l'église, rapportant avec eux les précieuses reliques, parfaitement intactes.

C'est en mémoire de ce miracle que chaque année, le 21 mai, les fidèles de saint Constantin se réunissent pour célébrer leur saint patron pieds nus dans un brasier rougeoyant. En plus d'y marcher, ils y scandent une danse en martelant copieusement de leurs pieds les charbons ardents et, les bras haut tendus, arborent en direction du ciel les icônes des deux saints. Ces anasténarides, frénétiques danseurs sur le feu, sont peut-être encore une centaine, dispersés dans les villages de la Grèce septentrionale. Presque tous situent leurs origines dans le village de Kosti.

Prouvant leur zèle inextinguible et leur défi du feu, les danseurs anasténarides pressent des braises incandescentes dans leurs mains à vif d'où fusent de flamboyantes étincelles. L'un de ces adeptes du feu, Stéphanos, est connu pour être resté cinq mois enfermé chez lui, assis en totale hypnose près de l'âtre de la cheminée dont, heure après heure, il retirait à pleines mains les charbons brûlants, jusqu'au jour où sa mère excédée de ne plus savoir où cuire le pain familial réussit à lui faire entendre raison.

Les pratiquants grecs de cette marche dans le feu sont persuadés d'être prémunis contre les brûlures par leur foi. Tous ils affirment «appartenir aux saints» et avoir obtenu leurs pouvoirs exceptionnels en l'échange de leur totale soumission à la volonté divine. Le pouvoir de marcher sur un brasier vous situe à vie en marge de la société du commun des mortels. Vous êtes alors de ceux qui ont accédé à la voie libre, de ceux que les saints peuvent conduire n'importe où à leur gré.

Voici la façon dont l'un de ces élus, le paysan Mihalis, décrit ce qu'il éprouve au moment de danser dans le brasier:

«Si vous avez accédé à la voie libre, vous ne ressentez plus du tout le feu comme un ennemi. Au contraire, vous avez l'impression qu'il est pour vous comme votre propre femme ou votre propre mari. Vous vous sentez plein d'amour pour le feu, et plein de courage. Ce que vous voyez n'est rien, vous n'en faites pas une montagne. Et de cette façon, vous vous sentez libre d'avancer sur les braises. Si au contraire vous voulez entrer dans le brasier avec votre seule volonté, vous éprouvez le doute et la peur devant lui: il est dressé devant vous comme un terrifiant ennemi, une montagne infranchissable. Alors que si votre courage vous vient du saint, vous avez vraiment envie d'aller danser dans le feu. Votre pouvoir est extérieur à vous. Vous n'êtes plus le même.»

Ceci ne va pas sans rappeler le cas, déjà mentionné en début d'ouvrage, de ces paranoïaques devenus incapables de différencier leur esprit et l'esprit de Dieu. Il est caractéristique d'une telle pathologie de vouloir assumer personnellement la responsabilité d'arrêter les guerres ou de remédier aux cataclysmes naturels. Le paysan Mihalis et ses semblables présentent une confusion tout à fait identique, mais avec une vision des choses inversée. Eux refusent l'idée que marcher dans le feu soit en eux un pouvoir d'ordre personnel ou même d'ordre spécifiquement humain. Il est essentiel pour eux d'affirmer que ce don émane de Dieu par l'intercession des saints. Il serait totalement inconcevable à leurs yeux qu'un profane étranger à leur culte se mette aussi à marcher sur le feu.

Or, l'inconcevable énergumène fit pourtant bel et bien une apparition parmi eux. Cela se produisit en 1985, lorsqu'un grand Américain souriant et bien bâti arriva pour les fêtes de saint Constantin au village de Langadas où se pratiquait le rite des anasténarides. Il avait d'abord montré à tous, dans un restaurant du village, une photographie le représentant pieds nus dans le feu quelque part dans l'Orégon. Il lui fut aussitôt permis de se rendre sur les lieux de la célébration. Un an auparavant, un touriste italien s'était grièvement brûlé en voulant se joindre à l'envoûtante danse. Les adeptes grecs s'étaient trouvés une fois de plus renforcés dans leur conviction qu'il est impossible à l'homme de braver le feu sans intervention des saints.

Cette année-là, le visiteur était assez exceptionnel: il était moniteur de marche sur le feu. Mais la marche sur le feu avait fait des adeptes fort loin du petit monde des fidèles d'Anasténaria, elle s'était particulièrement popularisée dans les communautés en quête d'élévation par un travail sur les énergies humaines, et des stages de marche sur le feu étaient proposés toutes les semaines sur la côte Ouest américaine. Le mouvement *New Age* voyait dans cette discipline une nouvelle forme de psychothérapie, une expérience de libération d'énergie, d'ailleurs plus teintée de spiritualisme que de connotations religieuses. L'entrée de l'Américain Ken Cadigan dans le feu des anasténarides représenta donc l'incroyable choc des deux mondes.

Au début, tout se passa très bien.

«Ken parvint à se frayer un chemin dans la foule pour rejoindre avec les anasténarides le cercle de feu, indique Loring Danforth. Avec eux il dansa quelques moments autour du feu. Puis dès que Stamatis (leur chef) eut rejoint le feu, Ken y entra aussi. Vêtu tout en blanc, il tenait ses mains le plus haut possible au-dessus de sa tête. ‹Je n'ai pas immédiatement saisi leur danse et j'ai d'abord foulé le feu en faisant un peu n'importe quoi›, raconta Ken.»

Nul ne sait ce qui se passa dans l'esprit des fidèles grecs, toujours est-il que les fouleurs de feu eurent ensuite un geste effroyable.

«Après avoir traversé déjà deux ou trois fois le brasier, Ken vit Stamatis s'approcher d'un autre anasténaride et lui demander d'entraîner Ken avec lui dans le feu, écrit Loring Danforth. L'anasténaride vint chercher Ken, mais ce dernier dégagea son bras. Il rentra de nouveau dans le feu et y dansa un bon moment. Cette fois, il dansait vraiment comme eux sur les braises. Et c'est à ce moment-là que l'anasténaride le prit à nouveau par le bras, avant de lui marcher sauvagement sur un pied... Ken se dégagea de nouveau et quitta le feu.»

Applaudi par la foule, l'étranger eut droit ensuite au feu des questions des journalistes. N'étant pas un fidèle, comment parvenait-il à marcher sur le feu? Et à la fin, avait-il été brûlé? Ken Cadigan préféra rire et refusa d'attribuer l'incident à un geste malintentionné de l'anasténaride qui l'avait abordé dans le brasier. Il était pourtant intimement convaincu que l'homme l'avait poussé dans les braises à seule fin qu'il s'y brûlât, ce qui est d'ailleurs effectivement arrivé.

Marcher sur le feu est très particulier, car la foi est une condition primordiale pour y arriver. Qu'un sceptique entre dans le feu à moins d'un pas derrière un adepte fervent, seul le sceptique se brûlera. Et il suffit qu'un fouleur de feu expérimenté se laisse distraire par la voix d'un spectateur qui le hèle pour qu'il se brûle également. La température du feu étant la même pour tous (assez élevée pour brûler les chairs en l'espace d'une demi-seconde), il suffit d'y réfléchir pour se convaincre que la conscience a forcément un rôle primordial.

Il arrive que des personnes se brûlent grièvement en sautant à pieds joints sur les braises alors qu'une voix intérieure leur criait d'arrêter en les avertissant du danger: «Ne fais surtout pas ça!» Et dans les mêmes séances, d'autres continuent à marcher sans se faire le moindre mal. Aucune explication scientifique n'est actuellement capable de nous renseigner sur l'origine de ces différentes réactions du corps, ni sur les processus impliqués dans ce genre d'exploit. Quant à Ken Cadigan, il a perdu sa capacité de prolonger sa propre invulnérabilité au moment où il a été saisi par la malveillante humeur de son agresseur. Landing Delforth observe dans son livre que, malgré la profondeur des brûlures qui avaient tout de même entamé les nerfs de ses pieds, ni sur le brasier ni après Ken n'avait éprouvé la moindre douleur.

En cours de préparation de son ouvrage, Landing Danforth s'est elle-même rendue chez les anasténarides qui, depuis le départ de l'Américain, n'avaient plus d'autre sujet de conversation. Comme par réflexe, les adeptes grecs de la marche sur le feu s'étaient très vite retranchés dans une version rationalisée des choses. À les entendre, le visiteur avait traversé trop vite le brasier, sans réellement danser, et il avait dû très vite quitter la cérémonie parce qu'il s'était brûlé. Les fidèles arrivaient ainsi à préserver l'exclusivité déterminante de leur lien avec les saints et leurs droits privilégiés d'accéder à «la voie libre».

Il n'en reste pas moins vrai que la grande finalité de leur vie spirituelle — dompter le feu et s'en libérer — est strictement la même que celle des adeptes du *New Age*. «C'est votre peur du feu et non le feu qui vous brûle», répètent les fouleurs de braises américains. Et dans les deux communautés, le feu symbolise également les obstacles intérieurs qu'il nous faut traverser pour prouver que la réalité va au-delà de ce qui est perçu par nos sens. Or, nous devons pousser encore l'investigation et sonder ce mystère: «Quel est donc ce lien qui relie l'univers subjectif du marcheur de feu aux braises qu'il est capable de fouler?»

Le fouleur de feu peut entrer dans le feu sans danger dès lors qu'il *pense* pouvoir le faire. Si ses pensées désamorcent les dangers du feu, c'est que, en conséquence, le feu *comprend* ses pensées. C'est ainsi que les adeptes grecs interprètent leur expérience: dans leurs récits, il affirment souvent que le feu les convie. Ils ne savent fouler des braises que si le feu préalablement y consent. Comment ne pas conclure en effet à l'intelligence du feu? Et si ce présupposé d'intelligence heurte trop l'entendement, on peut concevoir qu'un fouleur de feu soit en relation avec le feu par le phénomène de la permanence du champ. Dès que quelqu'un pense, une vibration est émise dans le champ. Une autre vibration s'y produit lorsque le feu est censé refroidir. Aucun mystère là-dedans: il s'agit seulement d'un champ qui parle à un champ. Ainsi, le paysan Mihalis n'a pas, à proprement parler, marché sur le feu, il a tout simplement marché à la lisière de son esprit.

Deux plénitudes

Notre réalité ne tient que grâce à la logique, qui rationalise avec acharnement les événements survenant à l'état de veille. Nous volons en rêve parce que défier les lois de la gravité en rêve est uniquement fonction de quelques altérations des ondes cérébrales: à l'évidence, tout ce qui se passe dans un rêve, du plus rationnel au plus étrange, est en nous une production autonome. Le phénomène n'est guère différent à l'état de veille, à un détail près cependant: assis dans un fauteuil et éveillé, je peux toujours, à l'instant même, au lieu de le rêver, penser: «Je veux voler», mais alors rien ne se produira. S'il me manque visiblement certains dons du rêveur, c'est vraisemblablement que le contrôle de certaines lois de la nature, notamment la loi de la gravité, est hors de portée.

D'après les *rishis*, cette mise à l'écart serait le fait de l'être humain. Que la gravité soit une loi de la nature n'est pas ce qui me retient au sol. Ce qui m'y maintient, c'est *le choix* des lois qui s'exercent en cela. Dès que quelqu'un accède à un niveau de conscience supérieur, il sait que ces choix, s'ils sont déjà faits, peuvent être défaits. À toute loi de la nature me permettant de rester dans mon fauteuil peut s'en substituer une autre, encore en sommeil dans le champ, pour me permettre de voler.

Vu sous cet angle, obtenir des *siddhis*, c'est accéder à une plus grande liberté de choix. Pour citer les *rishis*: «*Purnam adah, purnam idah*». Plénitude est ceci, plénitude est cela. Dans ce précepte, *ceci* renvoie à la réalité manifeste et visible autour de moi, et *cela* renvoie au monde invisible de la transcendance et de l'être, donc au champ. Les deux mondes du paraître et de l'être sont plénitude — autrement dit infinitude — et si je ne me résous pas aux lois de la nature qui m'enferment ici, je peux en activer d'autres à l'intérieur du champ. Il serait vain de vouloir défier l'ensemble des lois du présent quand il suffit d'en éveiller une nouvelle. Ainsi, le feu est-il assurément brûlant à certains moments et froid à certains autres.

Le principe du «Plénitude est ceci, plénitude est cela» est ce qui permet au *yogi* de déclarer la nature parfaite. Il n'a pas à l'esprit, dans cette affirmation, l'image de la présente réalité et il ne se prononce pas en vains propos sur les lourdes imperfections qui entraînent tant de souffrance. Le mot *perfection* ne semble en effet pas pouvoir s'appliquer à la férocité et à la violence dont ce monde est le théâtre. Mais un autre monde est à notre disposition sitôt que nous accédons à la grâce de l'être. Ce seul fait permet alors de dépasser le mal dont le quotidien nous rend témoins. La nature est parfaite en ce qu'elle contient tous les possibles.

La question fut brillamment développée par Maharishi[2] dans un fascinant débat lancé par un sceptique au cours d'une conférence à Londres il y a trente ans:

«*C (le contradicteur)*: — Je n'admets pas que l'œuvre de l'intelligence de la nature soit considérée *a priori*

---

2 • On parle ici de psychothérapie parce que c'est jusqu'à maintenant — outre le «laboratoire» du groupe de recherche — le lieu d'application de l'abandon corporel, mais cela n'exclut pas d'autres champs d'application possible, l'éducation par exemple.

parfaite. L'Univers aurait pu être plus humain, il pourrait y avoir moins de souffrance et de douleurs.

Maharishi: — Votre Univers n'aurait en ce cas aucune cohérence.

C: — Ce n'est pas de cohérence dont nous avons besoin.

Maharishi: — Oh! mais, sans cohérence, vous n'avez plus les moyens de faire fonctionner un système et tout est chaos. Dans votre Univers, par exemple, le feu ne vous brûlerait pas quand vous le toucheriez, mais il ne cuirait pas davantage votre riz!

C: — Pourtant, il arrive bien que des gens marchent sur le feu sans que le feu ne les brûle.

Maharishi: — Certes, et c'est encore l'œuvre de la toute-puissante nature qui veut que, selon les circonstances, ce qui est chaud puisse tout aussi bien être froid. Vous voyez que vous rêvez de créer un Univers qui existe déjà! Prisonnier de ses limites, l'esprit humain ne peut concevoir qu'un Univers tronqué de moitié. Car s'il n'est pas capable de voir le tout, il n'aura vu qu'une partie du tout.»

Nous commençons tout juste à nous détacher des parties pour avoir une vision du tout. Déjà, les grands physiciens de la génération Einstein en étaient venus, dans leur étude des quanta, à postuler que la «réalité locale» est une base hypothétique douteuse. Cette expression de «réalité locale» sert à désigner les événements isolés se produisant en toute indépendance dans le temps et dans l'espace. Ainsi, un atome d'oxygène sur Mars est-il une réalité locale dans la mesure où cet atome est totalement étranger à son homologue sur Vénus, de la même façon qu'un homme souffrant en Chine n'a rien de commun avec ma réalité. Humainement, cette approche ne me satisfait jamais vraiment, parce que je compatis aux souffrances du Chinois.

Avant que ne s'impose la théorie des quanta, rien ne permettait d'en dire autant de deux atomes. Pour leur reconnaître une relation de sympathie, il aurait fallu nier les millions de kilomètres de vide entre eux. Si l'on s'en tient au sens commun, le vide est vide et ne peut rien contenir par définition. Pourtant, les puissants radiotélescopes permettent aujourd'hui d'observer que l'Univers est organisé en structure ordonnée sur d'énormes distances. Où qu'elles se trouvent dans le Cosmos, les étoiles observent les mêmes lois naturelles et suivent les mêmes étapes dans leur vie que leurs semblables situées à l'extrémité opposée. De nos jours, il est également prouvé en laboratoire que certaines particules élémentaires sont appariées comme des jumelles (selon le principe d'identification par le type de spin) et que, de plus, quelle que soit la distance observée entre deux particules ainsi apparentées, tout changement de spin chez l'une s'équilibre automatiquement chez l'autre par un changement identique mais inverse et instantané. Comme si un câble téléphonique, qui s'est avéré fait de rien, les reliait invisiblement.

Notre logique ordinaire se cabre devant l'étrangeté de ces phénomènes inexplicables. Aussi les physiciens ont-ils eu la prudence d'annoncer que le vaste règne des quanta est infiniment plus étrange non seulement que nous ne le pensons, mais que nous ne pouvons le penser. Le *rishi* s'insurge contre une telle idée. Selon lui, rien ne diffère moins au contraire d'une pensée qu'un quantum. Les émissions invisibles et flottantes de l'esprit savent se métamorphoser en molécules de neurotransmission aussi localisables et concrètes que la dopamine ou la sérotonine. Mais d'où pourrait-on observer la métamorphose d'une émotion en molécule? Il est impossible de toucher comme de voir une émotion; c'est tout juste si on peut la repérer dans le temps, car elle n'a pas la moindre espèce de raccordement dans l'espace. Les molécules au moins peuvent objectivement êtes vues, stockées et manipulées. Elles sont beaucoup plus commodes à étudier que les émotions, aussi les scientifiques sont-ils toujours plus tentés de prendre la réalité des molécules comme référence plutôt que celle des émotions, qu'ils ont tendance à reléguer au rang des réalités inférieures.

Le monde des quanta est totalement différent. Tout comme nos pensées, un événement quantique est invisible, imprévisible et flottant. Savons-nous où était la lumière, avant que le Soleil n'en soit devenu l'émetteur? Les photons n'ont pas de point de départ. Il est impossible de les stocker, il est très difficile de les repérer dans le temps et ils n'ont aucun point d'attache pour les localiser dans l'espace (la lumière est sans volume et sans masse). D'où cette similitude étonnante entre pensée et photon.

La pensée est une activité quantique, et c'est en quoi elle nous permet d'exercer notre maîtrise sur les lois de la nature. Bien sûr, le *rishi*, qui est parvenu à l'accomplissement du soi, sait réaliser ce pouvoir infiniment mieux que moi, mais je ne manque pas totalement de talent. Il suffit de songer au calcium en moi qui peut fabriquer un fémur, une clavicule et le moindre de mes os. Le calcium n'a pas de logement fixe dans mon corps: il y est en constant déplacement. Il passe d'un os à l'autre selon le besoin (lorsque, par exemple, vous portez un nouveau modèle de chaussures, si les os de votre jambe doivent, pour s'y adapter, modifier légèrement leur structure interne). Le calcium délaisse parfois mes os pour passer dans mon sang; puis il retourne se mêler au monde extérieur *via* ma peau et mon urine, tandis que la nourriture m'en délivre de nouvelles doses. Et c'est bien moi qui gère et maîtrise tout ce flux avec une minutieuse précision, sans être jamais conscient de la tâche accomplie.

Imaginez que je peux à l'instant même intégrer à mes os le carbonate de calcium des blanches falaises de Douvres, parce que je goûte de ce mouton qui en broutait hier encore les flancs rocheux avant d'atterrir au marché. N'est-il pas remarquable qu'à travers les différentes haltes de leur parcours, allant de la falaise à l'herbe, du mouton au rôti, puis du sang à l'os, les atomes de calcium demeurent strictement les mêmes? Cependant, je ne ressemblerai ni à la falaise ni au mouton parce que, une fois ingéré, le calcium va se transformer en moi. Là, s'opère un changement radical puisque l'atome de calcium devient soudain une structure intelligente d'une extraordinaire complexité. La métamorphose se produit précisément à ce niveau quantique où tout, dans la Création, se voit attribuer son identité. Mais que le calcium pénètre ou quitte mon corps, qu'il s'y déplace autant qu'une feuille emportée sur l'aile du vent, je reste inchangé, solidement structuré en tant que corps quantique.

J'ai lu quelque part que nous absorbons, à chaque inspiration de nos poumons, plusieurs millions d'atomes (quantité estimée à 10^{22} atomes par inspiration, soit le chiffre un suivi de vingt et un zéros) autrefois respirés et rejetés par le Christ, Bouddha, Confucius et tous les grands maîtres spirituels du passé. Mais dans ce que j'inhale aujourd'hui se trouvent aussi quelques millionièmes de ce que respirait hier un paysan chinois, puisque son souffle effectue la moitié du tour de la planète en moins de vingt-quatre heures pour se mélanger aussitôt à l'air que je respire dans cette pièce.

Cela peut nous émerveiller mille fois, mais le plus prodigieux est que je ne deviens pour autant ni Christ, ni Bouddha, ni paysan chinois. Mon identité est donc réellement enracinée, implantée dans le champ, et si une matière brute vient à me pénétrer, c'est moi qui lui imprime mon influence. Ainsi, lorsque j'ai peur, mon calcium a peur; mais je le libère lorsque je meurs, jusqu'à ce qu'un nouvel esprit s'empare de lui. Car c'est ainsi que l'esprit immédiat coopère en permanence avec l'esprit de l'Univers.

Les *rishis* ont su voir avec une extrême clarté que le champ, source de toute création, est un jeu merveilleux offert à chacun de nous, exactement de la façon dont une plage de sable argileux est offerte pour que l'enfant y construise des pâtés, des châteaux et des maisonnettes selon son inspiration. Impossible d'entrevoir la moindre architecture dans le sable informe, et pourtant, tous ces chefs-d'œuvre pouvaient en un sens virtuellement s'y trouver. L'enseignement des *Upanishads* ne commence-t-il pas par le fameux axiome: «Je suis Cela, tu es Cela, comme tout ceci est Cela»? Aucun spécialiste de la physique quantique ne renierait une telle assertion dès lors que «Cela» serait traduit par «le champ».

Malgré tout son pouvoir et son immensité illimitée, le champ se laisse facilement commander, ce que nous faisons chaque fois que nous avons la moindre pensée. Cependant, si nous voulons pouvoir le maîtriser totalement de sorte que notre désir le plus profond devienne réalité, il nous appartient de rechercher la voie permettant d'accéder aux états de conscience supérieure. La conscience peut avoir autant de force ou de faiblesse que la nature. Elle est plus forte chez ceux dont l'esprit s'identifie au champ, elle est plus faible chez ceux dont l'esprit reste rivé, sans décoller, à la surface de la vie. S'identifier pleinement au champ serait d'ailleurs la meilleure définition que l'on puisse donner de l'illumination, de la réalisation spirituelle du soi, état d'accomplissement dans lequel s'effacent les entraves de la réalité immédiate et qui vous rend enfin libres de participer au jeu de création de l'Univers.

Si quelqu'un s'aperçoit que ses désirs commencent à se réaliser sans rapport avec les lois habituelles du réel, il se sent généralement transporté d'avoir acquis ce surcroît de pouvoir, il en éprouve une sensation de triomphe et de fusion avec le cœur même de la nature. («J'étais émue comme une orpheline qui aurait retrouvé le chemin de sa maison», confie une femme.) Toute frayeur perd alors son sens et laisse place à un fantastique soulagement devant la réelle simplicité de la vie.

La simplicité est la clé. Les *rishis* observaient dans leur vie un code plus proche de la magie que de la lutte, un code dont Maharishi donne une merveilleuse définition:

«Laissez votre désir revenir à l'intérieur et soyez patient.

Laissez l'accomplissement venir à vous, et résistez doucement à la tentation de poursuivre vos rêves dans le monde.

Poursuivez-les dans votre cœur jusqu'à ce qu'ils se fondent dans le soi et laissez-les là.

Cela vous demandera un minimum de discipline, mais soyez simple et bon. Occupez-vous de votre santé et de votre bonheur intérieurs. Le bonheur rayonnant comme le parfum d'une fleur attire à vous tout ce qui est bon. Laissez votre amour vous nourrir, vous et autrui. Ne soyez pas tendu envers les besoins de la vie — il vous suffit d'y être sereinement attentif et conscient. De cette manière, la vie suit sans effort son cours le plus naturel. La vie est là pour qui sait en jouir.»

Être simplement nous-mêmes est le secret qui permet à notre destinée de nous porter au-delà de tout ce qui est concevable. Pour cela, il est suffisant de se souvenir que l'être nourri au-dedans de moi est ce même être enveloppant chaque atome du Cosmos. Lorsque tous deux se reconnaîtront mutuellement égaux, ils seront égaux, car la même force contrôlant les galaxies sous-tendra également mon existence personnelle. Si une personne prétend être parvenue à l'illumination, je n'ai besoin que d'une question pour m'en assurer: «Vos désirs s'accomplissent-ils sans effort?» Si elle répond par l'affirmative, je reconnais alors que sa pensée est devenue magie.

Cependant, à une telle personne, j'aurais encore une question à poser: «Et quelle est la portée de vos désirs?» Si elle répond que ses désirs ne concernent qu'elle-même, je pourrai en conclure aussitôt qu'elle ne s'est pas affranchie de la réalité immédiate. Si elle répond au contraire que ses désirs sont pour le vaste monde, je saurai alors que tout l'Univers œuvre en son nom, qu'elle a aussi toute maîtrise sur la réalité non immédiate: qu'elle est citoyenne du champ.

12

Vivre l'unité

Il faut leur accorder le bénéfice du doute: les parents de Nicolas ne cherchaient pas à le détruire de manière délibérée. Tout au contraire: dès l'instant même de sa naissance, il fut adoré comme un petit dieu. Sa famille, riche, lui offrit tous les jouets possibles et le moindre de ses désirs était aussitôt satisfait. Ses attitudes et ses babillages enfantins charmaient sa mère au point qu'elle ne pouvait en détacher ses yeux. Dès qu'elle était obligée de s'éloigner, les grands-parents, qui aimaient cet enfant très tendrement, prenaient immédiatement le relais auprès de lui.

Pendant trois ans, il sembla normal à Nicolas d'être couvé du regard par les adultes. Beaucoup trop petit, il ne pouvait imaginer être l'objet d'une garde à vue. Puis sa mère l'entreprit un jour sur un sujet qui semblait lui tenir très à cœur. Après trente-cinq ans, Nicolas se souvient encore de l'intense émotion qu'avait trahie sa voix.

«Tu es issu de moi et tu fais partie de moi, quoi qu'il advienne. Mais nous désirons, ton père et moi, te mettre au courant de quelque chose. Ta venue ne s'est pas passée comme celle des autres bébés. Tu as été adopté.»

Nicolas sourit, tout au plaisir de ce mot nouveau, car son trop jeune âge l'empêchait de s'interroger sur la possibilité d'être tout à la fois né de sa mère et adopté. Simplement, il se sentait plus digne d'intérêt qu'auparavant. Il répéta alors inlassablement: «Je suis adopté! Je suis adopté!» et se dépêcha d'annoncer cette heureuse nouvelle à son meilleur copain. Deux années furent nécessaires à sa compréhension totale de ce qu'être adopté signifiait.

«Mes parents m'ont toujours étroitement surveillé, m'a-t-il dit. Et j'ai réalisé progressivement combien leur amour était entaché de désespoir. J'étais pour eux une obsession. La crainte maladive de me voir enlevé, la nuit, par ma véritable mère, tel un prince de légende par des bohémiens, les obligeait à me surveiller constamment.»

Un contrôle incessant de l'enfant avait paru à ses parents le seul moyen de juguler leur hantise de le perdre. En elle-même, cette attention remplie d'angoisse et d'adoration n'était pas forcément destructrice. Mais, à l'évidence, Nicolas n'avait pas tout dévoilé.

«Quelque chose ne va pas chez mon père, tenta-t-il de m'expliquer. On pourrait le qualifier de misogyne, d'homme haïssant les femmes. Il s'offusquerait en entendant cela, lui dont la façon de traiter ma mère est très affectueuse, parfois infiniment romantique, surtout en public. Cependant, il s'emploie continuellement à l'abaisser et à l'humilier, d'une manière subtile. Je ne l'ai jamais vu la frapper, mais dès mon plus jeune âge je percevais sa crainte et sa totale impuissance en face de lui.»

Alors que Nicolas devenait un garçonnet, une crainte identique s'insinuait dans sa propre vie. Il comprit que ce père adorable, qui le pressait si fort contre lui et le couvrait de cadeaux, était capable de colères soudaines. Alors que rien ne le laissait prévoir, il se déchaînait et les interdits qui l'empêchaient de molester sa femme ne tenaient plus vis-à-vis de son fils.

«Mon père me battait souvent, sans raison apparente. Que faisais-je de si vilain? Ma mère et moi cherchions à le calmer par tous les moyens, à être le reflet de ce qu'il souhaitait, mais la moindre de mes paroles dite sur un ton qu'il n'appréciait pas, le moindre atermoiement de ma part dans l'exécution d'un ordre, me valaient une gifle ou une rude fessée.»

Nicolas se souvient du sentiment de culpabilité qui l'incitait à cacher les bleus laissés par les violentes raclées paternelles et de s'être senti, lorsqu'il était puni, une victime innocente et en même temps inexplicablement honteux:

«Pour être juste envers mon père, ajouta-t-il prudemment, sa violence n'a jamais été poussée à l'extrême. C'était beaucoup plus la cause de la punition que la brutalité des coups qui me faisait si mal. Qu'avais-je donc fait pour mériter un tel mépris de sa part?»

Le fait d'être battu pour des bêtises insignifiantes — ses chaussettes traînant par terre, sa chambre mal rangée — ne permettait pas à Nicolas de voir clairement les raisons de ses punitions. Les pulsions auxquelles son père était soumis demeuraient étrangères à un si jeune enfant, il ne pouvait pas les comprendre et elles étaient trop fortes pour qu'il puisse s'en défendre. Évidemment, la mère de Nicolas essayait de s'interposer, mais le père, en maître absolu, faisait régner ses colères sur son foyer sans rencontrer de véritable résistance.

N'étant pas de taille à lutter, Nicolas, sous l'influence de sa mère, s'efforçait de préserver la paix. Soumis et enfermé dans une conspiration de silence, il donnait l'illusion d'un enfant heureux au sein d'une famille harmonieuse:

«J'ai découvert, en grandissant, que l'attitude de déni, si souvent répandue dans les familles, était aussi la nôtre. Je n'avais, alors, aucun point de comparaison. Les dérobades de ma mère, témoin de ce qui se passait, me mirent rapidement devant la triste évidence: elle ne cherchait pas vraiment à me protéger, aussi dramatiques que fussent les événements.»

S'obligeant à jouer le rôle de l'enfant modèle, Nicolas devint le fils idéal dont rêve tout parent. Un garçon intelligent, sensible, «bien élevé», appliqué à l'école. Il grandit et devint un très beau garçon. C'était un athlète et un *leader* naturels. Il eut beaucoup de succès. Mais la décomposition n'épargne pas le bois doré! Elle s'insinuait au fond de lui, faisant naître un sentiment d'effroi qui ne le quittait plus:

«Je conservais mon secret à tout prix, surtout en face de mes grands-parents, immigrés grecs ayant de moi l'image d'un petit génie blond et remarquable. Tous attendaient de moi que je décroche la lune et j'avais à cœur, par-dessus tout, de ne pas décevoir. À cinq ans, je me sentais déjà un homme. Je comprenais les sentiments des adultes, leurs désirs, l'obligation de se préserver du scandale. Ma famille vivant essentiellement à travers moi, j'étais soumis à une immense tension intérieure.»

Plus les parents de Nicolas enfouissaient leurs graves problèmes affectifs, plus ils éprouvaient la nécessité de manipuler leur enfant. Le jeu de leurs frustrations cachées se déroulait dans l'arène de son psychisme:

«Je savais que j'étais l'agneau du sacrifice et je l'acceptais. Je ressentais tout ce que mes parents ressentaient. Mon rôle consistait à servir de tampon entre eux. Pourtant, ce n'était pas juste. Je n'avais accès à aucun des sentiments personnels, des sentiments enfantins comme en avaient mes amis. Je n'étais jamais ni banalement heureux, ni banalement triste. Mes émotions étaient complexes comme celles des adultes, comme celles dont mes parents s'étaient déchargés sur moi.»

Aucun enfant n'est destiné à subir de telles pressions et Nicolas se sentit vite profondément troublé dans son émotivité et son identité:

«Je me souviens que lorsque j'avais six ans je demandais à Dieu avec angoisse pourquoi on me tourmentait autant. Mais que faire? Ma mère disait que j'étais sorti d'elle et, en même temps, que j'étais adopté. Mon père proclamait son amour pour moi mais il me battait sans raison. Et leur objectif final, à les entendre, était de faire de moi leur véritable enfant. Étrangement, tout est venu de ce que j'étais adopté. Chaque fois qu'il me frappait, mon père semblait dire: ‹Bon sang! tu n'es peut-être pas mon fils, mais si je te bats suffisamment, tu le deviendras!»

Par-delà le jeu des contraires

L'histoire de Nicolas est celle, vue de ses trente-huit ans, d'un homme qui, se souvenant des douleurs de son enfance, en aurait tout compris. Nicolas est venu me trouver pendant la dernière phase de traitement d'une dépendance sévère, au moment où il commençait à pratiquer la méditation — qui devint le point d'attache de la guérison de son identité. Nous eûmes des conversations portant essentiellement sur le thème de l'intériorité puisque les problèmes strictement médicaux de la dépendance étaient réglés. En face de l'homme ouvert qu'il est aujourd'hui, il est difficile à un étranger de comprendre les terreurs de son monde d'enfant. Sa nature et ses sentiments réels n'apparaissent pas clairement dans l'homme qui est en face de moi. Le Nicolas adulte comprend tout aisément. Il a lu beaucoup de traités sur les dysfonctionnements familiaux et a participé à des thérapies de groupe. Il peut même aujourd'hui parler avec sympathie de son vieux père, qui est le monstre de son récit:

«Il a soixante-dix ans maintenant, mais il est toujours fragile sur le plan émotionnel. Lorsqu'on évoque ces années, il est bouleversé. Si je veux pouvoir aimer mes parents aujourd'hui, il me faut assumer la responsabilité de mon passé, de tout mon passé. Je veux m'occuper de mon avenir.»

C'est par ces paroles conciliantes que Nicolas conclut notre premier et long entretien. Pendant tout ce temps, il avait parlé d'une voix parfaitement et presque mystérieusement calme. Quant à moi, le récit des agressions de son père m'avait bouleversé le cœur. Il était évident que l'histoire de Nicolas me choquait plus qu'elle ne le choquait lui-même — ce qui me donna à réfléchir. Un adulte qui se voit confier un secret de honte ou de culpabilité peut subir une tension psychologique extrême, mais au moins, il a une personnalité formée, prête à le recevoir. Nicolas n'a jamais été dissocié de ses secrets, qui ont été coulés dans son psychisme depuis sa plus tendre enfance. Je me demandais jusqu'à quel point Nicolas avait dû se contraindre pour devenir aussi docile.

Mais telle n'est pas la question que je souhaitais approfondir. Après des années de douloureux efforts, Nicolas a fait de lui quelqu'un d'admirable. C'est un homme bon, sain, aimable et tolérant. Mais être bon, ce n'est pas forcément être *un*, complet, unifié. Ces deux notions peuvent être exactement opposées si la bonté est le fruit d'une guerre dans laquelle une partie du soi doit en vaincre une autre. Quoi que recouvre la notion d'unité, il ne peut certainement pas s'agir d'une guerre. C'est un état d'esprit par-delà les conflits, que le mal n'atteint pas, ignorant la peur. Un tel degré de liberté psychologique peut paraître inaccessible, mais le concept même d'unité implique l'absence de fragmentation même en ces dualités fondamentales que sont le bien et le mal, l'amour et la haine, le blanc et le noir.

Puisque la réalité se divise à l'infini, comment l'unité peut-elle exister, et s'il en est ainsi, comment peut-elle s'accorder au monde fragmenté? Les anciens *rishis* ont entrepris de répondre à ces questions et ont trouvé ceci: l'esprit humain peut être soit silencieux, soit actif. Dans ce cas, la dualité est évidente. «Le jeu des contraires», comme disent les *Upanishads*, ne peut être aboli. Mais les contraires peuvent coexister sans se provoquer mutuellement — et c'est là que réside le secret. Pour que l'unité soit une réalité vivante, il faut apprendre à s'évader au-delà des champs de la réalité pour embrasser les qualités de vie les plus opposées: le bien et le mal, la joie et la souffrance, l'amour et la haine.

En repensant à Nicolas, j'ai compris que son éducation était fondée sur une «solution» fort répandue: elle consiste à concentrer tous ses efforts pour offrir une apparence de vie parfaite tout en camouflant les peurs, les colères, les culpabilités. Ce n'est absolument pas la répression de la douleur qui m'inquiète, car la psychiatrie a largement décortiqué ce mécanisme. Mais que devient l'autre pôle? En affichant que tout était parfait, Nicolas a renforcé en lui l'illusion selon laquelle rien ne peut *vraiment* être parfait. Pour lui, perfection égale tromperie. Il est triste de penser que la plupart des gens le croient aussi.

À mes débuts de jeune médecin, l'un des pires chocs fut de constater à quel point la plupart de mes patients étaient intérieurement divisés. Ils préservaient leur façade jusqu'au moment où je les priais, dans la salle d'attente, d'entrer dans mon bureau. Dès que je fermais la porte, ce moi destiné à l'extérieur s'écroulait. Un fleuve débordant de douleur venait à moi. Bien plus que leur maladie c'est toute une vie de colères contenues, de doutes de soi, d'affliction et de remords qui s'exhalait d'eux. Je faisais ce que je pouvais, et une demi-heure plus tard, après un gratifiant au revoir dont la cordialité me glaçait, ils traversaient à nouveau la salle d'attente, leur façade officielle recomposée aussitôt.

Être fragmenté, c'est exactement ceci: vivre sous le pendule des contraires. Cet état est si loin de la guérison que la perfection — qui devrait être considérée comme un état naturel de la vie — prend l'allure d'une ennemie.

Lorsque des patients entrent en thérapie, c'est avec le désir d'être soignés. Mais ils répugnent à crier ce qu'ils ont sur le cœur, à montrer leur vulnérabilité, à se lamenter sur un amour perdu ou à clamer leur joie. C'est pourtant ce que font les gens normaux quand ils sont en accord avec eux-mêmes. Le grave problème qu'apporte Nicolas, et pas seulement lui, est de ne pas savoir sortir de ses limites étant entendu que la prison est l'unique mode de vie confortable qu'il connaît.

Il faut avant tout être suffisamment honnête pour admettre d'emblée que la vie n'est pas parfaite. Cette étape, qui devrait être la plus facile, est souvent et bizarrement la plus rude, car il convient de la franchir au niveau du senti. Regarder autour de soi et dire calmement: «Oui, on pourrait apporter quelques améliorations sur ce point» n'a aucun rapport avec les émotions refoulées, les sentiments piégés, la colère, la déception, l'humiliation ou la douleur. On peut vouloir le nier, mais il reste quand même certain que tout le monde connaît de tels sentiments. Si je me risque à cette généralisation sans nuances, c'est que je ne connais personne qui vive une vie parfaite. De plus, puisque la perfection est à la fois naturelle et possible, il doit se trouver quelque chose qui la refuse ou qui la retient.

Un disciple, incrédule, était un jour en visite chez son gourou. Les gourous modernes ne vivent plus dans des grottes, et celui-ci habitait un minuscule appartement de Bombay.

— Où est la différence entre vous et moi? demanda le disciple. Je vois simplement deux hommes âgés assis dans la même pièce et attendant leur repas.

Le gourou répondit:

— Votre niveau de conscience vous fait voir un vieil homme assis dans une pièce. Mais pour moi, cette pièce et tout ce qu'elle contient n'occupent que le plus microscopique des points sur l'horizon de ma conscience.

— Même si vous avez adopté cette perspective, vous n'en vivez pas moins dans le même monde que moi, argua le disciple.

— Non, votre monde est personnel, privé, impartageable. Personne d'autre que vous ne peut y pénétrer, car personne ne peut entendre ni voir les choses exactement comme vous le faites, personne ne peut avoir vos souvenirs, vos pensées, vos désirs. Et c'est là tout ce que vous possédez, tandis que mon monde est la conscience elle-même, il est ouvert à tous et partagé par tous. On y trouve la relation aux autres, l'intériorité, l'amour. L'individu contient la globalité d'être, et c'est ce qui fait sa réalité. Vous êtes irréel. Vous êtes enfermé dans ces quatre murs, dans votre corps isolé et votre esprit conditionné. Cette réalité que vous acceptez sans chercher à comprendre est imaginaire. Elle n'est rien de plus qu'un rêve.

— Mais alors, à quoi sert votre présence ici? grogna le disciple.

— Rien ne m'oblige à être dans votre rêve, répliqua le gourou, car je possède la vérité: je suis infini. Quand même, cela me fait plaisir de visiter votre rêve, parce que je pourrais bien vous cajoler suffisamment pour vous réveiller.

Une particule de conscience

Pendant des milliers d'années, le passage de l'ignorance à l'illumination a été symbolisé par la métaphore de l'éveil. À l'éveil, on ouvre les yeux et on voit, chose irréalisable quand on est endormi; on passe d'un état de conscience totalement inanimé à un autre, attentif et réceptif; le sens de l'identité perdu pendant le sommeil se récupère. Le contraste est tout aussi évident pour celui qui accède à l'illumination, la réalisation du soi. Cependant, il faut noter un détail très subtil: l'éveil implique un processus naturel qui échappe à la contrainte. Il n'est pas nécessaire de se forcer à s'éveiller le matin — ça se fait tout seul et, malgré la faible résistance que vous manifestez, le réveil finit par l'emporter. Les *rishis* considéraient que l'éveil spirituel est tout aussi naturel et inévitable.

L'illumination des sages de l'Antiquité est différente de la nôtre seulement en ce qu'elle lui fut antérieure. Le fait de prendre conscience de cela suffit à nous tirer de notre profond sommeil. Le processus se déroule à son propre rythme et, dans la plupart des cas, se manifeste sans ou avec peu d'indices apparents. Le cas de Nicolas illustre mon propos. Absolument conscient des nœuds qui liaient et définissaient sa personnalité, à dix-sept ans, il s'est mis en scène dans un poème qui illustrait son autoanalyse. De plus, il y projetait sous forme de prédictions une grande partie de son avenir tourmenté. Le héros du poème, marin angoissé, effectue les préparatifs d'un voyage sur des rivages inconnus:

«La paix des jours et des nuits
S'est changée en réussites et déceptions.
Oh, pouvoirs démoniaques qui avaient trahi mes esprits,
Je suis hanté par le rien.
Au large! Au large!
Je dois partir, détruire cette autodestruction
Au cœur de mon âme douloureuse.»

Ces mots accolés avec passion témoignaient de la vérité vraie du jeune Nicolas: son enfance chaotique ne lui avait rien offert de stabilisant, si ce n'est son navire solitaire — son moi — et la tentation d'autodestruction revint à la charge pendant toute son adolescence et le début de l'âge adulte. Quelques années lui suffirent pour découvrir que le fantasme de l'évasion se réalise plus facilement dans un poème romantique que dans la vie réelle.

Très rapidement lui était apparue la nécessité de se battre pour survivre. Un combat sans limites — contre sa propre famille, la toxicomanie, ses propres démons intérieurs —, tel était le thème essentiel de la vie de Nicolas. Cette raison m'amenait, pour Nicolas plus que pour quiconque parmi tous ceux que j'ai rencontrés, à tenter de trouver une voie au-delà du combat. Pour créer cette issue, il fallait impérativement se concentrer sur les rares îlots calmes des phases sans lutte. Ces moments exceptionnels témoignaient des signes avant-coureurs d'une promesse d'unité à laquelle son psychisme tentait d'accéder.

L'unité est associée à un sentiment d'accomplissement. Tout ce qui me cause une satisfaction extrême me fait me percevoir entier, complet. Même s'il s'agit d'un bref instant, j'accède à un état où je me dis: «Je suis», et je me suffis à moi-même, sans autre exigence, sans qu'aucun autre besoin maladif ne se manifeste. À ce moment-là précisément, il y a de la joie de vivre, tout simplement, avec l'air, le soleil, le ciel et les arbres. Rien ne manque. Se trouver là devient la plus haute des récompenses.

À sept ans, j'ai eu l'occasion de faire une expérience de ce type dont la conclusion m'a accompagné depuis comme un talisman. J'avais l'occasion de partager tous les jours un petit rituel familial avec ma mère et mon plus jeune frère, Sanjiv, âgé de quatre ans. Afin de nous faire partager la lecture des versets du *Ramayana* extraits d'une légende épique du dieu Rama, ma mère nous regroupait autour d'elle. Cette lecture n'a pas d'équivalent en Occident. On y trouve les batailles et les aventures propres aux récits épiques. Le *Ramayana* est aussi un texte sacré. Rama, prince exilé, est également une réincarnation de Dieu. On ne peut dissocier son humanité de sa divinité et les mêmes versets de cet ouvrage nous entraînaient mon frère et moi-même dans des rêves d'exploits guerriers tandis que ma mère se plongeait dans une pieuse exaltation.

Lire et écouter ne nous suffisaient pas. Le *Ramayana* se récitant en musique, ma mère s'asseyait près de son petit harmonium pour accompagner chaque verset. Mon frère et moi-même chantions en même temps et nos émotions s'élançaient avec la musique. Variations innombrables, passant des plus folles extases aux désespoirs les plus intenses, la saga de Rama effleure au passage toute la gamme des émotions. Après son travail, mon père vêtu de son strict uniforme militaire avait l'habitude de nous regarder dans l'embrasure de la porte et il ignorait chaque fois dans quel état il allait retrouver sa femme et ses enfants, partagés entre les pleurs et les hurlements de plaisir.

Ma mère, conteuse talentueuse, interrompait son récit quotidien à un moment particulièrement palpitant de l'histoire. Un jour, elle s'arrêta au moment où, pendant la bataille, le démon Ravana, le méchant de la légende, vient de blesser Lakshman, le frère de Rama. Lakshman est étendu, moribond, et il n'existe qu'un seul remède pour soigner sa blessure empoisonnée: une plante qui pousse sur les flancs de l'Himalaya. Malheureusement, la bataille se déroule au Sri Lanka, deux mille kilomètres plus au sud. Le plus grand allié de Rama est le roi des singes, Hanuman qui, par un don incroyable, peut voler. Il en fait la révélation à ce moment précisément. Dans l'instant, il se propose d'aller quérir et de rapporter l'herbe qui sauvera la vie de Lakshman. Hanuman vole jusqu'à l'Himalaya sans pouvoir trouver la plante dont il a besoin. Il vole et cherche sur les sommets et les plaines, sachant que chaque seconde est précieuse. Il ne trouve la plante nulle part. Hanuman est désespéré.

À la fin de cet épisode, ma mère ferma le livre, nous laissant partir cette nuit-là nous coucher, frissonnants de crainte et d'espoir. J'avais commencé à nous identifier, moi-même et Sanjiv, à Rama et à son jeune frère et j'étais particulièrement inquiet quant au sort de Sanjiv. Le lendemain, ma mère psalmodia le récit de la manière dont l'astucieux roi des singes trouva la solution à son problème. Il arracha la montagne, y compris les racines, la transporta dans les airs jusqu'au Sri Lanka et la déposa aux pieds de Rama. Rama trouva la plante en question et par bonheur la vie de Lakshman fut sauvée *in extremis*.

Débordant de joie, ma mère, mon frère et moi nous nous précipitâmes dans la cour. Toujours en chantant, nous entrâmes dans une ronde, main dans la main, sur un rythme de plus en plus rapide. Pris de vertige, je finis par m'asseoir dans la poussière, en riant. Lorsque ma tête cessa de tourner, je levai les yeux. Tout ce que je voyais avait revêtu un aspect de parfaite justesse. Je me sentais au centre d'un monde parfait, étincelant de clarté et d'allégresse. Le ciel, les rayons du soleil étincelaient à travers les branches, le bruit tout proche des rues de Delhi et ma mère radieuse qui se penchait sur moi, tout cela se fondait en une image de totale unité.

Depuis cet instant, je me suis reporté très souvent à ce sentiment temporaire qui ne manque jamais de me rappeler à sa vérité, aussi présent dans mon esprit que Rama lui-même. Quelque chose cependant place cette expérience en marge des autres joies que j'ai pu éprouver: c'est que Ravana, le démon, en faisait partie. Je l'aimais d'avoir tiré la flèche sur Lakshman! Le mal qu'il avait fait a permis le triomphe du bien; il avait rendu possible toute l'aventure de Rama. Avant de trouver la spiritualité, ce fut le plus près que je pus approcher de la sérénité du sage devant le bien-fondé de la vie. J'avais eu la révélation que la beauté d'un ensemble surpasse de très loin la laideur ou la beauté d'une quelconque partie de cet ensemble.

Il est rare d'avoir été assez loin dans le sentiment de l'accomplissement pour pouvoir affirmer que la satisfaction complète, durable, est inhérente à la nature humaine. C'est cependant, exactement, ce qu'il y a de plus évident dans les états supérieurs de conscience. Nicolas découvrit furtivement pour la première fois une ébauche d'état d'unité dans une école secondaire expérimentale du Vermont. Dans le cadre de leur cursus, les étudiants passaient des semaines en randonnée de montagne; ils s'initiaient à l'autonomie en campant seuls dans les bois.

«Je restais seul avec moi-même pendant plusieurs jours consécutifs et cela me procurait un sens du soi que je n'avais jamais connu jusqu'alors, se souvient Nicolas. Je demeurais pendant des heures très calme intérieurement. Je me sentais protégé et il m'apparaissait désormais tout à fait possible de rester en paix avec moi-même.»

Cette communion avec la nature eut sur lui un effet durable, mais le retour au foyer l'ayant exposé une fois de plus aux orages émotionnels familiaux, son sens du soi était redevenu fragile, n'apparaissant que de manière très fugace.

Quelques années plus tard, le père de Nicolas exigea qu'il abandonnât ses études et prit en charge l'entreprise de bâtiment qu'il possédait. Nicolas s'y révéla particulièrement efficace mais il eut affaire, peu de temps après, à sa première épreuve sentimentale d'adulte. Pendant des années, avant cela, à chaque fois qu'il avait osé ouvrir son cœur, Nicolas avait éprouvé, instantanément, les affres de la défiance. Rien d'étonnant à cela, si l'on se souvient que les modèles d'amour qu'il avait eus sous les yeux, enfant, de son père et de sa mère, étaient des modèles de trahison. Un magma émotionnel d'amour et de méfiance était imprimé dans son psychisme de manière quasi indélébile.

Au début, cette empreinte était inconsciente: Nicolas connut les rites habituels aux adolescents, faits de rendez-vous et de moments éphémères d'intimité. Le désastre se produisit lorsque, à l'âge de vingt-cinq ans, il épousa une femme nommée Claire. Je ne peux guère avoir une idée de ce à quoi elle ressemblait car Nicolas en parle peu, sinon pour évoquer son divorce après deux années tumultueuses. Apparemment, leur entente ne dura guère plus longtemps que leur lune de miel. Nicolas découvrit bientôt avec horreur qu'il était préprogrammé pour se comporter avec sa femme ainsi que son père avec sa mère:

«Dans mon travail, je subissais des pressions énormes, n'ayant que trop tardivement découvert l'erreur commise en me lançant dans l'affaire de mon père. Il était plus despote que jamais, et lorsque je rentrais à la maison le soir, je me voyais me venger sur Claire. Je lui parlais sèchement et suscitais des disputes sans raison. Mon vœu fondamental, profondément enfoui au-dessous de ce comportement irrationnel qui me bouleversait totalement, était d'agir exactement à l'inverse, de m'ouvrir à elle et d'en faire ma confidente. Mais il subsistait en moi, comme un bloc au milieu de ma poitrine, une résistance impossible à vaincre.»

Telle est la tragédie d'un soi fragmenté. Certains sentiments sont frappés d'interdit car le passé les a rendus trop menaçants pour qu'ils puissent s'incorporer à ce que l'on est. Le bloc, au milieu de la poitrine de Nicolas, faisait partie de lui, mais il avait une indépendance telle qu'il ressemblait à un objet, à un morceau de non-moi impossible à évacuer.

«Chaque fois que je tentais de partager un sentiment avec Claire, j'avais le pressentiment terrifiant qu'elle allait me trahir. Ces deux tendances conflictuelles s'accrochaient l'une à l'autre, et je crois fermement qu'aucune torture n'aurait pu me forcer à lui dire ce que je ressentais; telle une huître, je me serais retrouvé mort si l'on avait ouvert ma coquille. Frustrée par une attitude interprétée par elle comme un rejet de ma part, Claire a commencé à se désolidariser de moi et bientôt nous nous sommes retrouvés l'un et l'autre complètement séparés.»

Le mariage de Nicolas s'avéra un échec mais cela lui avait permis de comprendre que la guerre menée au-dedans de lui n'était pas fatale. Une particule de conscience frémissait au-dessus de la mêlée. Cela est incontestable dans la mesure où il avait géré le conflit qui l'emprisonnait tout en ne disposant pas assez de confiance pour s'en dégager totalement. Cette poussière de conscience ne prendrait toute sa force qu'après un certain nombre d'années. Dans l'instant, cette conscience infime ne faisait qu'accroître sa propre souffrance devant l'étendue des dégâts imposés à une Claire devenue plus que jamais sa victime.

Être un et le vivre

Développer un brin de conscience jusqu'à une conscience complète du moi est un processus naturel, même si peu nombreux sont ceux qui y parviennent. En fermant les yeux, assis confortablement, chacun peut faire l'expérience du «Je suis», tout comme le *yogi*. Les proportions du sentiment essentiel s'étendent du très limité au très grand, à l'immensément grand. Une crise peut sans difficulté détruire ce sentiment, qui peut être d'une extrême fragilité tout comme il peut se révéler si résistant qu'il supportera le poids du monde.

Le soi fragmenté simule fermeté et robustesse, mais le rocher intérieur n'est qu'accumulation de douleurs, d'émotions refoulées et de culpabilité. Cette douleur refoulée se dévoile soit en provoquant la souffrance, soit en exploitant un miroir (dans le cas de la femme de Nicolas) qui révèle la présence de la douleur même si elle ne peut être confrontée directement. La toute-puissance du déni est incontestable. Quelle que soit la cruauté d'une réalité, elle peut être perçue ou même vécue comme acceptable ou même idéale. Le contenu d'une phrase de l'un des Pères de l'Église chrétienne m'a ému:

«Dieu a placé les âmes en enfer, mais dans sa miséricorde, il leur permet de croire qu'elles vivent au paradis.»

En réalité, il n'y aurait là nulle clémence sans la possibilité qui nous est donnée de nous échapper des situations catastrophiques.

Toute sa vie durant, l'individu s'applique à tracer son parcours au travers du processus de l'éveil. Rien ne serait plus «clément» que de faire croire à chacun que l'étape où il se trouve est l'étape ultime.

Cette réflexion nous porte tout naturellement vers la notion de fausse unité. Malgré l'importante diversité des états de conscience, chacun pense avoir découvert l'unité en tant que sentiment d'être en prise directe avec la réalité, de voir les choses telles qu'elles sont. Persuadé de l'invasion imminente des Martiens, le pire des paranoïaques nous regarde avec pitié car nous sommes incapables de partager sa compréhension de la réalité. Le saint qui voit Dieu dans un oisillon tombé de sa branche est tout à fait conscient qu'il ne peut imposer la singularité de son interprétation à tout le monde.

La certitude profonde et personnelle de la justesse de notre niveau de conscience empêche d'admettre la vraisemblance d'un état d'unité vraie. Les *rishis* nomment *Brahmi Chetna* la conscience de l'unité et définissent celle-ci comme l'objectif à atteindre par le biais des autres états de conscience. Disposer d'une particule de conscience de soi quels que soient nos égarements est la condition première d'un tel voyage. La différence qui existe entre moi — humain en état d'éveil ordinaire — et un homme dans l'unité est que je perçois le monde comme essentiellement constitué de différences: ma réalité n'est qu'une accumulation de fragments distincts. Un homme dans l'unité perçoit également ces fragments mais il en perçoit aussi la plénitude sous-jacente. Pour lui, le monde dans son immense complexité ne fait qu'*un*. Un monde d'une seule pièce: voilà qui semble curieux. Cela n'empêche pas les *rishis* de le trouver merveilleux parce que ce qu'ils projettent dans toutes les directions est leur propre conscience. La Création leur permet de se regarder dans le miroir. Leurs yeux rendent les objets vivants: ils respirent; leur être coule sans difficulté dans celui du *rishi*. Cette conscience vivante, ordinairement imperceptible, peut quelquefois briller et faire irradier de l'intérieur une table ou un arbre ou bien remplir l'air de jaillissements d'étincelles.

Le monde visible ou invisible, désormais non cloisonné, devient extraordinairement près de la personne en unité. Elle peut ressentir la texture d'un mur sans y poser la main et sentir sous ses pieds la rotation de la Terre sur son axe. Elle peut toucher une étoile.

«Puisque tout événement n'existe qu'en fonction de la conscience, selon les *Upanishads*, il n'y a rien, dans la Création, qui ne soit ce que je suis.»

La manière dont l'esprit s'immisce dans l'unité s'avère aussi radicale que la transition de la veille au sommeil ou du sommeil au rêve. Un livre peut difficilement décrire la valeur intrinsèque des faits, mais représentez-vous un explorateur se réchauffant une tasse de thé dans l'Arctique. Il est entouré de tous les côtés par le même et unique élément: la molécule H_2O, sous forme de banquise, du tapis de neige qui recouvre celle-ci, de l'océan Arctique qui cerne l'horizon, des cumulo-nimbus qui emplissent le ciel, sous la forme de l'eau contenue dans sa bouilloire et de la vapeur qui s'en échappe, sans parler même de son corps constitué d'eau pour les deux tiers. L'œil, dans toute sa complexité, ne peut percevoir une telle unité. Un état très spécifique de conscience, éduqué selon les principes de base de la physique, seul peut englober une multitude d'éléments différents, tour à tour durs, mous, froids, chauds, blancs, bleus, perceptibles ou imperceptibles, en mouvement ou immobiles, formes multiples d'une substance essentielle unique.

L'explorateur est capable de manier une fraction de la réalité grâce à ses connaissances: transformer la glace en eau, l'eau en vapeur, etc. L'état d'unité nous entraîne plus loin: tout aspect de la réalité peut être modifié sans manipulation des molécules ou des atomes mais en agissant sur la couche essentielle de la conscience qui lie les aspects les plus variés de la nature. Changer son esprit devient possible dans la mesure où le monde est constitué à partir d'éléments identiques. En revanche, le monde peut être métamorphosé par un étonnant coup de baguette magique.

Nous évoquons ici un développement classique, naturel, des couches les plus profondes de l'esprit. Les *rishis* revendiquent notre capacité, nichée au plus profond de nous, à dominer les forces de la nature, à peser sur chaque atome de l'Univers. Faut-il tout prendre pour argent comptant? Notre état de conscience actuel favorise la certitude que nous sommes petits et démunis. Au regard de la puissance des forces naturelles, un individu paraît quantité négligeable. Un environnement tout-puissant et implacable fait fi de nous. Le plus grand des hasards semble distribuer des événements terribles à des humains qui ne semblaient pas les avoir mérités et les circonstances mènent le bal, entraînant chacun d'entre nous sans possibilité de contrôle et de résistance.

Accepter tacitement cette réalité est la plus terrible des ignorances, au dire des *rishis*, car ce qu'elle décrit se réalise. Au cas où la théorie de la relativité d'Einstein vous serait étrangère, votre ignorance n'entamera pas d'un iota cette théorie; par contre, ne rien connaître à votre propre moi entraînera son rétrécissement à la mesure de la conception que vous en avez. Lorsqu'une personne est plongée dans un profond déni de la douleur et de l'indignation, l'image de la réalité qu'elle se crée sera doublement insidieuse: chaque tentative pour échapper à sa propre douleur fera souffrir cette personne alors même qu'au départ le déni initial était d'éviter la douleur. L'ignorance est le plus circulaire des pièges circulaires.

Non seulement la conscience détient-elle la possibilité de se soigner elle-même mais, en plus, elle renferme un noyau sain que rien ne peut atteindre. Il s'agit en effet du sens de l'être, du «Je suis» inaltérable et indestructible. Seul un individu en unité voit l'être sous toutes ses formes, mais en chacun réside une parcelle de cette conscience illimitée, point de départ de toute évolution.

Au cours de leur exploration du cerveau, les neurologues se sont posé des questions au sujet de la conscience. Wilder Penfield, célèbre neurochirurgien canadien, a passé plusieurs décennies, à partir des années trente, à sonder le cerveau de patients épileptiques avec des électrodes (pratique absolument indolore). Alors qu'il stimulait leur cortex cérébral, il s'est entretenu très longuement avec eux. Dès que l'aiguille entrait en contact avec le cortex — partie du cerveau contrôlant les fonctions les plus élevées de la pensée — les réactions les plus diverses venaient à se produire. Ainsi, le passé pouvait resurgir, non pas dans un souvenir vague et lointain, mais sous sa forme la plus précise, comme si l'événement se déroulait au présent.

Penfield raconte la stupéfaction d'un jeune Sud-Africain de se voir à mille lieues de là, dans la ferme de ses parents, riant avec son cousin, alors qu'il se savait, dans le même temps, allongé sur une table d'opération à Montréal. Penfield était fasciné de découvrir qu'une réalité définie, totalement plausible, pouvait être reconstituée à partir du cerveau. La ferme, le cousin, le soleil étaient tout aussi réels que le jour où cet épisode fut vécu par le patient. Mais Penfield était plus stupéfait encore par le fait que cet homme était conscient de ne pas être en Afrique du Sud. Sa conscience s'ouvrait sur deux réalités, mais il demeurait clair pour lui qu'une seule était vraie. Le neurochirurgien pouvait en tirer la conclusion qu'une image cérébrale ne pouvait suffire à constituer une réalité: une partie de l'être, située en marge, gardait la faculté de juger l'image sans s'y perdre.

De même, Penfield pouvait à loisir bouleverser l'aspect visuel de la salle d'opération, en touchant un autre point du cortex, d'un seul coup elle devenait beaucoup plus grande ou plus petite. Mais toujours, le patient était conscient qu'il s'agissait d'une illusion d'optique. D'ailleurs, il ne disait pas: «La pièce s'agrandit», mais «Je vois que la pièce devient de plus en plus vaste». Pour un profane, la différence peut paraître mince, mais pour le neurochirurgien, elle constituait un témoignage d'une importance fondamentale: la conscience pouvait donc être étudiée indépendamment des pensées et des images qui l'habitent.

Autrement dit, quelque part, l'esprit n'est pas prisonnier de la dualité. Il nourrit un état permanent d'intelligence consciente; il lui suffit d'être. Ce centre de lumineuse clarté est la conscience elle-même, dans son acception la plus pure, la plus authentique. Qu'il le comprenne ou non, tout individu est doté d'un esprit ancré dans la clarté. La pure conscience demeure inaltérable, même au sein des plus atroces violences infligées à la vie (au rang desquelles je range la neurochirurgie). S'il ne peut pas être détruit ou altéré, le centre de pure conscience peut être ignoré, oublié. En tant qu'être libre, chacun peut choisir d'accorder son attention soit à la partie inconstante de l'esprit, soit à la partie stable.

Les *rishis* savaient qu'un esprit ayant réalisé son unité — c'est-à-dire ayant atteint un état supérieur de conscience — pouvait réussir la fusion de ces deux différentes formes d'attention: l'une de ces formes accompagne l'activité du monde, l'autre demeure immobile, immergée dans sa nature propre. L'être se situe enfin au-delà de toute souffrance lorsque la personne peut penser et agir sans troubler la silencieuse clarté de l'esprit. Ainsi que le disent les *rishis*: «Le reflet de la pleine lune se brise sur le lac agité par le vent, mais la lune reste intacte.» En une phrase poétique, des grands sages énonçaient ce que des siècles plus tard Penfield devait découvrir grâce à ses électrodes.

À l'instar de toute autre blessure, une blessure de la conscience doit guérir à son rythme. C'est-à-dire que pour beaucoup, les premiers pas sur le chemin de l'évolution ramèneront les douleurs, les colères, les culpabilités qu'ils auraient préféré oublier à tout jamais. Mais la conscience est comme un corps d'armée qui avance en rangs serrés, ne laissant aucun traînard à l'arrière: tous les anciens traumatismes doivent être affrontés. Comme le précise Maharishi, «illumination» signifie que l'esprit dans sa globalité reçoit la lumière. Les coins sombres disparaissent et rien ne reste qui puisse effrayer le regard.

La méditation ne nous met pas directement face à nos vieilles blessures. Chacune est enregistrée par le système nerveux, et ce sont ces vieilles cicatrices qui se trouvent peu à peu effacées.

Ainsi, la marche vers l'illumination se fait sans violence. Aucune vitesse de progression déterminée n'est imposée. Franz Kafka, dont la réputation littéraire est fondée sur ses descriptions des souffrances les plus aiguës, écrivit ces mots pleins de perspicacité sur la voie qui mène à l'illumination:

«Il n'est pas nécessaire que vous quittiez votre chambre. Restez assis à votre table et écoutez. N'écoutez même pas, attendez simplement. N'attendez même pas, soyez tranquille et solitaire. Le monde s'offrira librement à vous pour que vous lui ôtiez son masque; il n'a pas le choix, il roulera en extase à vos pieds.»

Je sens dans ces phrases le souffle de l'expérience. L'auteur m'invite à l'imiter sans que sa propre tranquillité en souffre et pour connaître ce dont il parle, il me suffit d'être aussi paisible que lui.

Lutte et ouverture de la conscience

Entre ses vingt-cinq et trente-cinq ans, la vie de Nicolas fut une terrible empoignade avec lui-même pour retrouver la perception de la conscience qu'il avait à cinq ans. Cette décennie fut la période la plus chaotique de sa vie. Sa volonté de se débarrasser de ses démons a pris la forme d'un énorme désordre souvent autodestructeur. Mystérieusement, pourtant, l'unité s'installait à un niveau de lui-même profond et indécelable.

Tout d'abord, il divorça, mais ce ne fut pas à l'amiable! Ensuite, ses parents firent valoir devant la justice leurs droits sur sa maison et son compte en banque, qui leur avaient été transférés par une manœuvre de la procédure de divorce destinée à obtenir que Nicolas ne verse qu'une faible pension alimentaire à Claire. Ils refusèrent tout simplement de lui rendre ses biens. Le père mit froidement Nicolas au défi de le poursuivre devant les tribunaux, affirmant qu'il avait les moyens d'entretenir un conflit judiciaire pendant de nombreuses années. Furieux, Nicolas quitta l'affaire familiale. Un fonds fiduciaire lui ayant procuré de l'argent, il partit pour l'Italie ou, pendant une année, il apprit à piloter une voiture de course sur un circuit de Grand Prix. Il conduisait avec fureur, repoussant toujours plus loin les limites de la prudence. Émergeait en lui une tendance à l'autodestruction qui ne faisait que commencer et qui poursuivit son œuvre quand il revint à Boston et s'adonna à la cocaïne. Cette pratique nouvelle lui procurait les sensations fortes qu'il avait ressenties en conduisant une voiture de course.

L'impulsion des forces qui le faisaient se livrer à la drogue était énorme. La façade de normalité qu'il avait pu entretenir jusque-là — petit jeu auquel il excellait quand il avait cinq ans — volait en éclats alors qu'il en avait trente-cinq. Il fit des efforts immenses pour positiver ses énergies — courant plus de huit kilomètres par jour, en nageant plus de trois en piscine, travaillant sa musculation au gymnase et entretenant un important cercle d'amis — mais il s'aperçut que le désespoir et la rage envahissaient inexorablement son esprit et venaient abîmer la plupart de ses désirs. Son être le plus secret criait vengeance. Par étapes, Nicolas se guérit de sa toxicomanie. À chacune d'elles surgissait un point commun: l'élargissement du champ de conscience. Ce qui donne une violence accrue à toutes les formes de tourment est une notion fausse du soi. L'être se sent attaqué, torturé par la peur, la dépression, le désespoir, comme si un quelconque ennemi intérieur le tenait sous sa coupe. Il faut savoir qu'il n'existe pas d'ennemi intérieur, qu'il n'y a que la matière mentale. Celle-ci, malléable à souhait, se prête à tous nos caprices, se moule dans tous nos sentiments, nos désirs, nos pensées.

Cette substance invisible et infinie est d'une utilisation délicate car elle se prête à tous nos jeux, même les plus contradictoires, victime et en même temps bourreau. Il y a quelques années de cela, à une époque où Nicolas s'était libéré de la drogue et se sentait en grande forme physique, il passa une semaine dans un hôtel à la Jamaïque et pratiqua la plongée sous-marine. Il me raconta qu'un matin, alors qu'il prenait sa douche, il s'était soudainement retrouvé à genoux, pleurant à gros sanglots, totalement hors de lui-même, submergé par une vague de désespoir surgie de quelque coin sombre de lui-même.

«Dieu! s'était-il exclamé, pourquoi cela m'arrive-t-il à moi? Est-ce que je dois me tuer? Existes-Tu? Si tu es Dieu, délivre-moi de ma souffrance.»

Il me racontait cet instant de tourment indicible d'une voix agréable, calme, maîtrisée, comme toujours. Je me sentais bouleversé par le vide qu'il avait pu ressentir.

— Pensez-vous que Dieu vous ait entendu? lui demandai-je en me ressaisissant.

— Je ne sais pas. Comment pourrais-je affirmer que Dieu existe? J'aurais aussi bien pu interpeller le destin ou le néant.

— Donc, à votre avis, votre voix n'a pas eu d'écho?

— Je ne sais pas, se contenta-t-il de répéter.

— Mais il y a au moins une personne qui a entendu votre appel.

— Qui?

— Vous, bien sûr. Pourquoi ne pas commencer par là? Plutôt que de vous interroger sans fin sur l'existence d'une toute-puissance capable de vous délivrer de vos tourments, abordez donc en premier votre besoin de vous comprendre vous-même, de véritablement vous écouter et de savoir qui vous êtes. Lorsque vous criez, votre voix est d'abord entendue par vous-même. Lorsque vous avez peur, c'est vous-même qui vous faites peur. Si vous vous déchirez intérieurement, vous êtes à la fois celui qui déchire et celui qui est déchiré. Ne regarder qu'une seule facette du phénomène conduit à la souffrance, que vous contempliez celui qui agit ou celui qui subit. En réalité, l'acteur n'est pas distinct de celui sur lequel pèse l'action. Tout cela n'est que vous.

Le visage de Nicolas reflétait la stupéfaction et la tristesse. Il songeait, en même temps que moi-même, aux vaines souffrances qui sont la conséquence de ce terrible processus. Mais la tristesse n'était pas le thème de notre rencontre. La période de vie qui suivit fut, pour Nicolas, très heureuse. Il avait compris que les déchirements de son enfance avaient une solution et que, s'il voulait vivre en paix, il lui faudrait démonter les menaces obsédantes de son passé.

Au début de sa démarche, il avait rencontré un thérapeute ouvert et intelligent chez qui il se rendait plusieurs fois par semaine. À ce moment, la colère qu'éprouvait Nicolas contre son père était si violente qu'il était impossible d'en parler.

«Lorsque j'ai commencé à expulser mes fantasmes de revanche et que j'ai parlé de tuer mon père, j'ai dû avoir l'air si convaincant que mon thérapeute m'a averti qu'il allait prévenir mes parents du danger que je représentais pour eux. Devant cette menace terrible, j'ai fini par me calmer.»

Au cours de ces dernières années, Nicolas avait connu de nombreux centres de désintoxication et subi neuf cures de réinsertion. Peu à peu, la sauvagerie de son monde intérieur a commencé à se domestiquer. Il a vu diminuer ses accès de rage folle et a cessé de les redouter. La panique qui le réveillait régulièrement à minuit pendant toute son adolescence a reculé. Le Nicolas superficiel, gentil petit garçon qui cherchait à faire plaisir, a compris que le Nicolas sauvage et autodestructeur n'était qu'un enfant sanglotant dont les terreurs et les émotions étaient justifiées. Il ne méritait, cet enfant, ni condamnation ni blâme.

Il y a un an, alors qu'il achevait sa thérapie, Nicolas a abordé la méditation. Ce fut pour lui une révélation. La clarté, trouvée vingt ans plus tôt dans les bois du Vermont et perdue ensuite, lui revint aussitôt. Ses expériences du silence intérieur étaient brèves mais, à chaque fois, il avait la sensation de prendre contact avec une source de profonde unité. Il retrouvait ainsi la première sensation d'un moi unifié qu'il avait ressentie des années auparavant et il éprouvait le premier sentiment de pureté et de joie capable de rendre sa honte, sa culpabilité et son dégoût de lui-même hors de propos.

«Il me revenait sans cesse les mêmes images, me racontait-il, celle d'un nageur, seul, perdu au milieu d'un océan. J'étais ce nageur et je me débattais en tous sens pendant que des monstres jaillis des profondeurs cherchaient à m'atteindre. Lors de ma première méditation, cette scène horrible s'est transformée. Il m'est venu à l'idée que j'étais le nageur mais aussi la mer et que les monstres n'étaient autres que moi-même.»

Il se tut un long moment et sans transition me raconta son histoire:

«J'ai recherché ma vraie mère pendant treize ans. La retrouver était devenu extrêmement important pour moi. Je me demandais si ma toxicomanie pouvait être liée à mon ascendance. Et surtout, je voulais voir un visage auquel je pourrais ressembler. J'ai tout tenté. J'ai dépensé une fortune en détectives privés, la plupart de tristes charlatans. Mais je n'ai obtenu aucun résultat. Or, un jour, j'écoutais la radio. C'était à l'époque où je commençais à méditer. Sur les ondes, une femme expliquait qu'il lui fallait tout juste six semaines pour retrouver les parents d'enfants adoptés mais que, bien sûr, elle ne pouvait dévoiler ses méthodes. Je lui ai immédiatement fait parvenir mes coordonnées. Comme elle me l'avait assuré, je reçus, six semaines plus tard, le nom de ma mère par courrier.»

Cette histoire ressemble à un roman trop bien ficelé. Nicolas apprit alors que sa mère biologique était une gitane, conforme en cela au conte de fées qu'il se racontait lorsqu'il était enfant. Peu de temps après son adoption, elle avait menacé de l'enlever et avait même traqué les parents adoptifs pour leur soutirer davantage d'argent (ils n'ont pas révélé si elle avait réussi).

— Ma vie a commencé alors à prendre forme, reprit Nicolas. Mon univers impersonnel et aléatoire avait disparu et je prenais pied subitement dans un monde qui avait un sens. Je suis incapable de vous dire à quel moment cette notion de sens m'a envahi, mais je me suis alors senti incroyablement libre. Une seule chose comptait désormais, contacter ma vraie mère et lui dire que tout allait bien, que peu importait ce qu'elle avait pu faire, je lui pardonnais, je pardonnais à mes parents adoptifs, à tout le monde.

— Pourtant, cette femme vous avait vendu et avait ensuite tenté d'extorquer de l'argent à vos parents adoptifs, lui fis-je remarquer.

— J'étais tellement fasciné de l'avoir retrouvée. Comment aurais-je pu ne pas lui pardonner? Quand je lui ai téléphoné la première fois, j'étais très nerveux. La femme qui avait retrouvé sa trace m'avait conseillé de lui écrire d'abord, puis ensuite de l'appeler au téléphone. Ma mère s'appelait Eva Z. J'ai fait semblant d'être un lointain parent. Mais après un moment, elle a commencé à se méfier et à me poser des questions. Elle me demandait pourquoi je savais tant de choses sur les Z, alors que je n'avais jamais fréquenté les réunions de famille. Alors, je me suis décidé, je lui ai demandé: «N'avez-vous jamais eu un fils?» Sans hésiter, elle me dit que non. Nous avons un peu tourné en rond puis je suis allé droit au but: «Avez-vous donné naissance à un petit garçon le 5 août 1953 et l'avez-vous fait adopter par un riche couple de Glen Rock, dans le New Jersey?» Elle devenait de plus en plus méfiante et me demanda à nouveau de préciser mon identité. Alors, sans le vouloir, j'ai dit: «Je suis votre fils.» Elle m'a aussitôt répondu: «Tu ne me croiras peut-être jamais, mais je t'aime.» Et mon cœur a fondu littéralement. Tous deux, nous avons éclaté en sanglots. Elle voulait me voir sans plus attendre. Moi, j'ai hésité. J'avais besoin de temps pour m'habituer au fait que j'avais retrouvé ma mère après treize années de recherches. Quand notre rencontre eut lieu quelques semaines plus tard, ce fut merveilleux. Je ressemble à Eva, et ses deux filles me ressemblent. Elle rit d'un rire magnifique. Un jour, elle riait tellement qu'elle ne pouvait plus s'arrêter. J'en étais inquiet et j'ai tenté de la calmer. Elle m'a doucement arrêté en me disant: «Laisse-moi, j'ai juste envie de rire.» Alors, nous sommes allés danser et je l'ai tenue dans mes bras. Elle souriait et levait ses yeux vers moi et je pensais: «C'est ma mère et je la tiens là, dans mes bras, et je peux la toucher. Comment ne pas lui pardonner?»

Nicolas a interrompu son récit pour se replonger en lui-même. Le secret de sa naissance lui était enfin révélé et un puits d'émotions inconnues s'ouvrait en lui. Mais ce n'était pas tout. Il était en plus ébloui par le spectacle merveilleux d'un cœur qui commence à se connaître, c'était là sa seconde naissance.

Je réalisai combien j'avais changé moi aussi. Ma certitude absolue que la vie est implacable, avançant comme une roue de moulin broyant tout sur son passage, de la naissance à la mort, s'en était allée. Car voir le monde, c'est ne regarder que les apparences et passer à coté de l'essence des choses. Changer de point de vue, c'est le faire ressembler davantage à la réalisation d'un vœu, à l'accomplissement d'un grand désir, tandis que nos souhaits et nos rêves prennent forme en lui.

Certes, dans cette vie humaine, nous ne pouvons arrêter la meule, mais sur d'autres plans, nous avons tous les pouvoirs car nous sommes les enfants préférés de la nature. Si nous savons identifier nos désirs les plus profonds, ils ne peuvent que se réaliser, simplement parce que, depuis son commencement, le grand vœu du monde ne cesse de se dérouler.

Nicolas et moi étions là, assis dans le silence, partageant une conception de la vie tellement riche, tellement fascinante. Il n'avait rien de plus à dire. J'entendais encore cet accent nouveau de sa voix transformée par la joie pure, et que je n'oublierai jamais.

LA COLLECTION
PARTAGE

Dirigée par Josette Ghedin Stanké

Recherches
Créations
Débats d'idées contemporaines

Y a-t-il inceste?
**Comment le détecter, l'évaluer, protéger l'enfant
et soutenir la cellule familiale.**

RENÉ LAPOINTE, TRAVAILLEUR SOCIAL
LOUISE MERCURE, PSYCHOLOGUE

Un travail de pionniers qui fut récompensé par le prix d'excellence décerné par l'Association des Centres de services sociaux du Québec (1989).

Explorer le chemin le moins fréquenté
ALICE ET WALDEN HOWARD
PRÉFACE DU DR SCOTT PECK

Une innovation dans l'exploration individuelle et en groupe des valeurs soutenues par Scott Peck.

L'abandon corporel
Au risque d'être soi.

AIMÉ HAMANN • GILLES DESHAIES
CLÉMENCE DUBÉ • ROCH PELLETIER
FERNANDE RICHARD • GILLES RIOUX

Un regard neuf qui émerge d'une longue réflexion clinique en différentes dimensions de l'expérience humaine. Le religieux, l'éducation, l'institution, la psychothérapie et la vie conjugale.

Se libérer des prisons intérieures

Unir l'esprit et la psychologie
pour rejoindre notre réalité personnelle.

Dʀ DEEPAK CHOPRA

Chef de file international de la médecine corps-esprit, l'auteur se demande pourquoi nous ne pourrions pas atteindre à la plénitude de vie autrement que par la souffrance et la maladie grave. Ses réponses s'appuient sur la psychologie occidentale et la philosophie indienne.

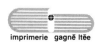
imprimerie gagné ltée

IMPRIMÉ AU CANADA